U0023178

寫給所有人的
圖說世界史

【下】

郭方⊙編著

國家圖書館出版品預行編目(CIP)資料

寫給所有人的圖說世界史／郭方編著. -- 初版. -- 新北
市：繪虹企業, 2017.01
　　面；　　公分. --（史博館；1-2）
ISBN 978-986-93232-5-3（上冊：平裝）. --
ISBN 978-986-93232-6-0（下冊：平裝）. --
ISBN 978-986-93232-7-7（全套：平裝）

1.世界史

711　　　　　　　　　　　　　　　　　105009640

史博館 002

寫給所有人的圖說世界史（下）

編著／郭方
特約編輯／劉素芬
主編／王瀅晴
美術設計／亞樂設計有限公司
出版企劃／月之海
發行人／張英利
行銷發行／繪虹企業股份有限公司
電話／(02)2218-0701　　傳真／(02)2218-0704
E-mail／rphsale@gmail.com
Facebook／繪虹粉絲團
www.facebook.com/rainbowproductionhouse
地址／231新北市新店區中正路499號4樓

台灣地區總經銷／高見文化行銷股份有限公司
電話／(02)2668-9005
傳真／(02)2668-9790
地址／新北市樹林區佳園路二段70-1號

港澳地區總經銷／豐達出版發行有限公司
電話／(852)2172-6513　　傳真／(852)2172-4355
E-mail／cary@subseasy.com.hk
地址／香港柴灣永泰道70號柴灣工業城第二期1805室

ISBN／978-986-93232-6-0
初版一刷／2017.01
定價／新台幣450元

第一章

諸強雄起

第二章

殖民爭霸

第三章
| 兩戰風雲 |

第四章

世界新格局

第一章

諸強雄起

十六世紀到十八世紀，是歐洲出現轉折、君主樹立權威、變革多發的時代。

英國內戰爆發、查理一世走上斷頭臺、克倫威爾獨裁統治、斯圖亞特王朝復辟……血雨腥風；法國亨利四世宣揚治國之道、黎胥留縱橫捭闔、路易十四叱吒風雲……驚心動魄；俄國沙皇混亂爭奪，彼得大帝建立曠世偉業……風雲江湖；荷蘭「風車」掀起三次英荷戰爭……

諸強雄起，刀光劍影、多姿多采。

西元1533年—西元1603年

🔹人物：伊莉莎白一世　　🔹地點：英格蘭　　🔹關鍵詞：童貞女王

「童貞女王」伊莉莎白

誰說女子無才便是德？伊莉莎白一世的睿智和果敢恰到好處地顛覆了這句話。為了國家利益，她放棄私人婚姻，將自己嫁給了英格蘭國家和人民。這位「童貞女王」把英國逐漸領進了「光榮時代」，即伊莉莎白的輝煌時代。

▍英格蘭的晴日

西元1558年的一天，二十五歲的伊莉莎白（Elizabeth I）正坐在哈特福德莊園的一棵橡樹下看書。一群王公貴族策馬而來，紛紛在她身邊下跪，稱呼她為女王。那一刻，她雙手合十向上天感激道：「這是神的奇蹟啊！」她一直期待的那一天終於來臨了。

與姊姊瑪麗（Mary I）相比，伊莉莎白的早年命運也並未好到哪裡去。她的性格並不像瑪麗那樣古怪，而是出人意料的早熟和敏感。她非常懂得如何保護自己，小小年紀便能說一口流利的希臘語、法語、義大利語及西班牙語等。而父親的薄情寡義，讓伊莉莎白在青春期時便對婚姻失去憧憬。

在捱過了姊姊瑪麗一世的腥風血雨之後，新教徒伊莉莎白一世的登基宛如英倫頭頂的一輪晴日，成為英國民心所向。從被貴族們稱為「女王」的那天起，伊莉莎白就開始了任命新內閣的工作。這位新女王所展現的王者風範，讓王公貴族們無不紛紛傾倒。1559年1月15日，人們歡呼著、簇擁著

◆伊莉莎白賜予德雷克爵士的寶石

海盜頭子德雷克因在打擊西班牙海盜事業中的傑出表現，成為伊莉莎白女王的寵臣。德雷克於1581年環球航行歸來後，被授予騎士稱號。

伊莉莎白一世在西敏寺進行加冕典禮。在前往加冕的途中，女王收下路邊一個乞丐獻給她的鮮花，並將這束鮮花帶進西敏寺教堂。這一舉動讓眾人熱淚盈眶，他們感知到了新女王的誠懇與善良。在加冕典禮上，人們高呼「上帝佑護我王」，伊莉莎白一世則睿智地回應道「天佑我民」。在她加冕的那個下午，全英國處處洋溢著歡樂沸騰的情緒。

伊莉莎白一世開始執政時，英國正處於內憂外患之際。在外，英國在歐洲大陸的最後一塊陸地加萊（Calais）被法國人奪去，從此英國真正成為一個大西洋上的島國；在

◆ 瑪麗一世和伊莉莎白回到倫敦

瑪麗一世是英國第一位女王，性格古怪，勇敢而倔強，人稱「血腥瑪麗」。

內，天主教與新教之間的宗教衝突從未止息過。在當時負債累累的情形下，伊莉莎白一世確立了自力更生的島國民族信念，英格蘭民族的自我意識從這一刻開始覺醒。另一方面，伊莉莎白在即位之初，羅馬教廷就拒絕承認她王位的合法性。她順勢帶領英國脫離與羅馬教宗的關係，宣布英國為新教國家，並發布至尊法令，將政教大權一齊抓在自己手中。她以圓融又堅持原則的政治手腕，選

9

◆ 被軟禁的瑪麗・斯圖亞特

1568年5月19日，逃到英格蘭的瑪麗・斯圖亞特被伊莉莎白的軍官囚禁在卡萊爾城堡。在囚禁期間，她說了一句名言：「我死即我生」（In my end is my beginning），並將這句話鑲嵌在衣服的花邊上。

擇了一條折中的宗教路線，使新教與天主教至少在外表上取得平衡，重新確定了聖公會外圓內方、兼收並蓄的特質，使其成為英國人區別於歐洲其他國家的特有標誌之一。1571年，伊莉莎白一世主持定稿〈三十九信條〉（The Thirty-nine Articles），編入《公禱書》（Book of Common Prayer），沿用至今。〈三十九信條〉採取中間立場，寬容而中庸：既與天主教一刀兩斷，又保留其基本形式；既堅守新教要義的「因信稱義」，又與加爾文的嚴酷無情保持距離；既對馬丁・路德的一些看法保持沉默，又對激進的再浸禮派進行批評。無論如何，伊莉莎白一世的宗教方針使得英格蘭至少與信仰新教的蘇格蘭能達到「貌合」，為後來的統一打下基礎。

追求獨立自主的女王

自從伊莉莎白一世登上王位，求婚者就

絡繹不絕。因為女王在即位時已經二十五歲，已過了當時的婚齡。女王的婚姻成為英國內外所有人的關注焦點，大臣們輪流向她進言，請求她盡快選擇一位合適的丈夫，盡早為王國誕育接班人。而各國的求婚大使也絡繹不絕——包括她的姊夫、西班牙國王腓力二世，以及瑞典國王、奧地利大公、法國國王、薩伏依公爵、安茹公爵等王公貴冑。然而，伊莉莎白知道與這些宗教信仰水火不容、家族利益爭鬥得你死我活的外國求婚者中的任何一個結合，都可能使英國捲入歐洲大陸無窮無盡的衝突中。而如果與國內的任何一個大貴族單身漢結婚，則會引起激烈的宮廷宗派鬥爭，甚至引發內戰，這兩樣結果都是伊莉莎白所不樂見的。實際上，透過父母的婚姻、姊姊瑪麗的不幸婚姻，她早已將婚事看淡。所以，她的婚事一拖再拖。

伊莉莎白在二十九歲那年染上天花，這在當時被認為是不治之症。在重病之餘，伊莉莎白和議會大臣們開始考慮繼承人的問題。那時，她的表姪女蘇格蘭女王瑪麗・斯圖亞特（Mary Stuart）、凱薩琳・格雷（Lady Catherine Grey）都是有繼承權的人，但她們兩人一個是熱誠的天主教教徒，一個後來在婚姻問題上違背並觸怒了伊莉莎白。因此，兩人都不被列入繼承英國王位的人選。幸運的是，伊莉莎白經過一段時間的養護，重獲健康。她終於可以專心重建英格蘭的經濟，以及應對那些覬覦她王冠的人。

◆ 伊莉莎白畫像

伊莉莎白一世是都鐸王朝的第五位也是最後一位君主，因終身未嫁，被稱為童貞女王。

1563年，伊莉莎白試圖讓寡居的瑪麗·斯圖亞特嫁給新教徒萊斯特伯爵一世羅伯特·達德利（Robert Dudley, Earl of Leicester），以獲得宗教上的統一。但是，這個計畫被瑪麗拒絕。1565年7月底，瑪麗出人意料地嫁給了湯恩利勳爵亨利·斯圖亞特（Henry Stuart）——此人具有英格蘭和蘇格蘭王室的血統，兩人的孩子極有可能繼承蘇格蘭和英格蘭的王位（事實上也的確如此）。這次聯姻令伊莉莎白惱怒並感到王位面臨威脅。不久，1566年，瑪麗女王生下了繼承人，即後來的英格蘭詹姆士一世、蘇格蘭詹姆士六世（James I and James VI）。隨後，湯恩利在一次事件中身亡，人們紛紛揣測是瑪麗女王殺了親夫，因為她在十二週之後就嫁給了新教徒伯斯維爾伯爵（Earl of Bothwell）。這一次，蘇格蘭的貴族們趁機起兵反叛瑪麗，瑪麗被迫退位，將王位傳給了只有一歲的詹姆士。隨後，她從蘇格蘭逃到英格蘭。1568年5月19日，瑪麗被伊莉莎白軟禁起來，在長達十八年的軟禁生涯中，瑪麗仍參與了數起奪取英格蘭王位的陰謀。最終，伊莉莎白再也不能容忍瑪麗，以企圖刺殺伊莉莎白的罪名，於1587年2月8日在北安普敦郡法瑟林蓋城堡（Fotheringhay Castle）將她處以極刑。

女王的生意經

1573年，伊莉莎白已經四十歲，如再不結婚將無法誕育子嗣。面對大臣們提出的結婚請求，伊莉莎白將戒指戴在無名指上說：「我只有一個丈夫，那就是英格蘭。」這句

話震撼了全英國人心，人們也將她奉若神明——從此她便以「童貞女王」著稱。

伊莉莎白接手英國時，英國是個負債累累的國家。至十六世紀八〇年代，英國不僅償還了外債，國庫也有了相當的積累。這與伊莉莎白的治國方針有著莫大的關係。身為新教徒的女王厲行節儉，同樣也追求金錢。她的宮廷開支不到瑪麗時期的三分之一，即使說她吝嗇也並不過分。她總是精打細算，省之又省。例如她喜歡跳舞，但盛大的舞會通常不是在宮廷，而是在大臣的莊園和官邸舉行。當然，這筆巨額開銷令許多大臣叫苦不迭。此外，伊莉莎白具有商人的經濟頭腦，聘請被稱為「商人之王」的格勒善

（Thomas Gresham）為財政顧問。1560年，在她的支持下，一座巨大的王家交易所在倫敦成立，成為英國和歐洲各地商人雲集之地，興隆的生意使女王快速累積不少財富。

在經商的同時，女王也投資冒險生意——海盜搶掠。在她的帶動下，許多大臣也紛紛投資海盜事業，獲利豐厚。當西班牙大使一次次地上門提出緝捕凶手時，伊莉莎白也發布緝捕海盜命令，但那不過是做做樣子而已，因為霍金斯（John Hawkins）、雷利、德雷克等海盜巨頭都是女王的座上賓。當西班牙要求英國處死德雷克時，女王卻把他封為騎士。1588年，西班牙與英國衝突激化，西班牙組織了一支龐大的「無敵艦

◆ 西班牙「無敵艦隊」

1588年夏，西班牙的「無敵艦隊」在英國艦隊炮火的轟擊下，慌亂撤退。

隊」，向英國撲來。面對來敵，不甘示弱的伊莉莎白迅速組織起由一百四十艘船隻組成的艦隊。此時昔日的海盜霍金斯、德雷克、雷利成為皇家海軍——他們的船炮或許不如西班牙，但他們具有豐富的海戰經驗，加上海盜的亡命精神，都使英軍戰鬥力強於對手。果然，在一場大風的幫助下，西班牙的「無敵艦隊」一敗塗地，從此日漸衰落。而英國在伊莉莎白的領導下，則是逐漸踏上海上霸主之路。

西元1642年—西元1651年

 人物：詹姆士一世　查理一世　　地點：英格蘭　　關鍵詞：英國內戰

英國內戰第一槍

　　儘管這是一場內戰，卻被視為一個時代的開端，被定性為一場資產階級性質的革命。內戰的挑起者是國王查理一世，內戰的另一方是希望限制王權的議會。而對王權的約束是一個具有劃時代意義的事件。

◆詹姆士一世畫像

蘇格蘭女王瑪麗・斯圖亞特與第二任丈夫所生的唯一兒子。伊莉莎白去世後，由於沒有子嗣，於是將王位交由詹姆士一世繼任。

國王與議會的矛盾

　　1603年，英國歷史上叱吒風雲的國王伊莉莎白一世去世後，因為沒有子嗣，由蘇格蘭的詹姆士繼位英國國王，是為詹姆士一世（James I）。詹姆士一世是一位權力欲極強的封建君主，藐視議會權威，奢侈成性，以及濫權。

　　1625年，詹姆士一世去世後，他的兒子查理繼承王位，即查理一世（Charle I）。查理一世繼承了王權至高無上的想法——這種想法必然會與限制王權的議會產生衝突。查理一世的性格古怪，為人刻板，平時沉默寡言，在生活上嚴格按照自己擬定的時間表進行，日復一日按部就班。

　　在查理一世剛剛即位的幾年中，英國不斷地同西班牙和法國爆發戰爭。戰爭需要大量的費用，而當時英國國庫已經入不敷出。在英國，國王要徵稅必須徵得議會的同意，而查理一世在即位的第一年，就已經與議會

鬧僵了。1625年6月至8月，查理一世即位後召開第一屆議會。在這屆議會上，查理一世要加大賦稅的徵收額度，但是議會不僅不同意，反而只允許他徵收一年的噸稅和磅稅——噸稅和磅稅都是關稅的一種，在查理一世之前，每個國王都可以終身徵收。現在查理一世額外徵收賦稅的要求不僅沒能得到滿足，權力反而受到削弱，這讓他甚為不滿。

無法透過正常管道徵稅，查理一世就運用國王的權力，不經過議會直接強制徵收各種苛捐雜稅。1627年，有五名爵士因為認為國王的徵收不合法，拒絕繳納強制性賦稅而被關進監獄，這一事件更加劇了議會的憤慨。1628年，為了表示抗議，議會通過了「權利請願書」，主要內容是國王不經議會同意不能隨意徵收捐稅，不能以國王的權力非法逮捕任何人。

查理一世為了獲得議會對他的好感，獲得金錢的援助，先是假惺惺地在「權利請願書」上簽字，接著又開始強制徵收賦稅。當議會起來反對的時候，1629年3月，查理一世將議會強行解散，此後十一年再沒有召開過議會。

再次召開議會

沒有了議會的限制，查理一世更加獨斷專行，也激起了民眾愈來愈多的不滿。從1636年開始，英國各地出現各種內容的小冊子，有的是直接批評查理一世的獨斷專行政策，有的是揭露宮廷裡的腐敗生活，有的是攻擊查理一世跟前的紅人勞德（William Laud）大主教，有的則是發洩群眾心頭的憤

◆ 英王查理一世和妻子瑪麗亞皇后

在查理一世身邊的是未來的詹姆士二世，瑪麗亞皇后抱著的則是未來的查理二世。

懣。這些小冊子從各個大城市，一直到偏遠的山村都在廣泛傳播著。

就在群眾的不滿之聲此起彼伏的時候，由於查理一世對蘇格蘭的倒行逆施政策，引爆了蘇格蘭起義。蘇格蘭從1603年詹姆士一世即位為英國國王時起，就與英格蘭由同一個國王治理，但是蘇格蘭與英格蘭的差異依然很明顯，並仍有著獨立王國的性質。蘇格蘭和英格蘭的信仰分屬於基督教的不同教派。在信仰上，教派的不同是一件大事。但是，查理一世即位後，按照勞德大主教的意見，一定要讓蘇格蘭與英格蘭信仰的教派統

一。1633年，查理一世到蘇格蘭視察後，決定把英格蘭使用的祈禱書，推行到蘇格蘭，這是統一教派之舉。但此舉引起了蘇格蘭上至王公貴族、下到平民百姓的普遍不滿。1634年，有人舉報蘇格蘭的巴爾馬力諾勳爵有一份反對使用英格蘭祈禱書的請願書，查理一世馬上下令以叛國罪將巴爾馬力諾勳爵逮捕。這一事件無異於火上澆油，使蘇格蘭人民的不滿情緒進一步升級。

1637年，蘇格蘭人自行選舉出一個代表團，這個代表團於1638年2月起草了一份《民族公約》，公約中宣稱他們將不接受新的祈禱書和新的宗教法規。這份公約本身的措詞還算溫和，顯然不想與國王鬧得太僵，但是查理一世得知這一消息後卻火冒三丈，揚言要進行鎮壓，使和平解決問題的希望徹底破滅。1639年，蘇格蘭人組織軍隊，開始攻入英格蘭境內。

查理一世也想組織大規模的軍隊進行鎮壓，但是再次苦於軍費無處籌措，一些大商人也拒絕捐獻費用給國王幫助他去打一場戰爭。無奈之下，1639年6月，查理一世與蘇格蘭人簽訂了停戰協定。查理一世此舉只是緩兵之計。為了徵收賦稅與蘇格蘭作戰，1640年4月，查理一世召開了已經停開十一年的議會，要求議會通過他的徵稅條款。但是，議會召開後不僅沒有同意國王的徵稅請求，還重申議會應該具有的權力，查理一世一怒之下，又將議會解散了。

蘇格蘭人見國王並無停戰誠意，於是再次攻入了英格蘭境內，一路上勢如破竹。查理一世的軍隊根本無法抵禦蘇格蘭人的進攻，1640年9月，又被迫同蘇格蘭人簽訂停戰協定，這一次蘇格蘭人索要了高額的賠償費。英國的國庫裡已無法支付賠償數額，查理一世只好決定再次召開議會籌措費用。

爆發內戰

1640年11月，查理一世下令召開議會。此次議會是

◆ 查理一世畫像

英格蘭、蘇格蘭和愛爾蘭國王，也是英國歷史上唯一一位被公開處死的國王。在荷蘭畫家凡·戴克創作的〈穿獵裝的查理一世〉中──查理一世側身站立，一手拄著枴杖，一手扠腰，顯得傲慢自大、目空一切。

在全國群情激憤的情況下召開的，議會中的大部分議員是反對查理一世的。在議會召開不久，一些議員就提出要審判查理一世的寵臣、最被人們痛恨的斯特拉福德伯爵（Earl of Strafford）。民眾對於這一提議積極回應，舉行了大規模的示威遊行，敦促議會盡早通過處決斯特拉福德伯爵的法案。1641年5月8日，議會終於通過了處決斯特拉福德伯爵的法案。但是根據當時的制度，議會通過的法案還需要經過國王同意才能生效。查理一世本想透過召開議會來籌措費用，沒有想到議會的法案竟然首先指向了他的寵臣，查理一世否決了這個法案，並向斯特拉福德伯爵保證，一定會保住他的性命和財產。

民眾得知查理一世還在包庇自己的寵臣的時候，憤怒異常，成千上萬的人開始聚集到國王居住的王宮前。查理一世面對著這樣的局勢嚇得膽戰心驚，只好在議會提交的處決斯特拉福德伯爵的法案上簽字。5月12日，當斯特拉福德伯爵被推上斷頭臺的時候，圍觀的群眾人山人海——這是民眾的勝利，也是議會的勝利。

此後，與斯特拉福德伯爵同樣惡名遠播，同樣是查理一世寵臣的勞德大主教也被以叛國罪逮捕，囚禁在倫敦塔裡。查理一世還被迫通過了議會提交的「三年法案」。根據這個法案，議會要定期召開，並且間隔年限不能超過三年，如果國王不下令召開議會，議會可以自行召開；國王也不能隨意解散議會；查理一世在議會閉會期間徵收的一些捐稅被宣布為非法。

查理一世召開議會的初衷不僅沒有得到滿足，自己的權勢反而受到愈來愈多的限制，這使他心中對議會充滿了抱怨。為了再度顯示自己的權威，查理一世下令逮捕議會中要求限制王權的五名激進議員。但是這五名議員提前得知消息，躲過了逮捕，並於一週後在民眾的簇擁下，堂而皇之地再度走進議院。

在倫敦無計可施的查理一世，於1642年1月率領著親信前往英國北部的約克郡（York）——聚集那裡的王黨成員準備對議會進行反撲。8月22日，王黨成員在諾丁漢（Nottingham）的一座山頂上升起了王黨的軍旗，宣布討伐議會裡的「叛亂分子」，打響了內戰的第一槍。

◆ 斯特拉福德伯爵畫像

十七世紀英國資產階級革命時期，君主派的代表人物。他是英王查理一世的寵臣，後來以叛國罪被判處死刑。

西元1600年—西元1649年

◎人物：克倫威爾　查理一世　◎地點：英格蘭　◎關鍵詞：斷頭臺

查理一世走上「斷頭臺」

　　查理一世倒行逆施，引發了納西比之戰——克倫威爾讓他一蹶不振。此戰之後，他由君主淪為階下囚。但是囚禁中的他依然策畫著叛亂，希望恢復自己昔日的權威。但最終的結果是，在忍無可忍的英國民眾的呼聲中，他被推上了斷頭臺。

◆查理一世畫像

由丹尼爾所畫的查理一世像，充分展現了帝王氣派——查理一世腰佩長劍，手拄枴杖，旁邊則是王冠和手托的十字聖球。

第二次內戰

　　1646年6月，議會軍攻克了王黨軍的大本營牛津，國王查理一世變裝逃跑，躲至蘇格蘭。不久之後，英國議會與蘇格蘭議會經過討價還價達成協議——英格蘭人以四十萬英鎊從蘇格蘭人手裡買回查理一世。查理一世成了英國議會的階下囚，被監管在漢普頓宮（Hampton Court Palace），但擁有一定程度的人身自由。

　　查理一世被軟禁之後，議會中出現分歧，大多數人包括克倫威爾都不想懲治國王，甚至只是想逼迫國王做出某些讓步。但是被軟禁的查理一世不甘心失敗。11月11日夜，查理一世趁著漢普頓宮的防守鬆懈，逃到南部的懷特島（Isle of Wight），蘇格蘭使者在那裡迎接他的到來。

　　查理一世逃跑的消息傳出後，在國內引起了巨大震撼，民眾和下層士兵們紛紛要求追捕國王。克倫威爾最初還因為國王逃脫而暗自慶幸，因為他並不希望與國王鬧得太僵，甚至對查理一世抱有很大的幻想，希望查理一世能夠滿足他們所提出的條件。但是到了11月21日，克倫威爾的態度卻突然轉變，因為這天他截獲了國王給王后的一封密信。信件的內容顯示，查理一世寧願和蘇格蘭人合作，

也不願意和克倫威爾合作，並承諾成功之後
會給蘇格蘭人各種好處。面對殘酷的現實，
克倫威爾只好打消了和國王合作的念頭。

　　1647年12月26日，查理一世與蘇格蘭人
簽訂祕密協定，約定蘇格蘭人派軍隊幫助他
恢復王位，解散英國的議會軍和議會，而查
理一世則回報以在全國推行蘇格蘭人信仰的
教派。一場新的內戰正在醞釀。

　　1648年2月，南威爾士的王黨暴動，蘇
格蘭人應時而動，由原來與英國議會合作，
轉而支持查理一世，第二次內戰爆發。此時
從倫敦到其他城市的一些王黨成員也紛紛行
動起來，就連海軍艦隊也有一部分投效王
黨，形勢危急。

　　面對危急局勢，議會內部消除了分歧，
議會軍再次開赴前線，迎戰王黨軍隊。議會
軍作戰英勇，加上得到了民眾的大力支持，
戰局很快就有利於議會軍。1648年7月上

◆ 查理一世來到卡里斯布魯克城堡

查理一世來到城堡後，接受一名少女獻上的玫
瑰花。但不久之後，他的行徑就遭到了眾人的
譴責。此畫現存於羅浮宮博物館。

旬，議會軍成功平息了南威爾士王黨的叛
亂。8月，王黨的軍隊被徹底擊潰，第二次
內戰結束。

圍繞國王的鬥爭

　　1648年12月，查理一世再次淪為階下
囚，被囚禁在溫莎城堡（Windsor Castle）。
議會軍再次取得了勝利。但是以克倫威爾為
首的一些人，仍然無法下定決心懲治國王，
也不願廢除君主制度。但在民眾與士兵的呼
聲中，議會只好組織人討論審判國王的問
題。然而，討論持續了近半個月，直到12月
28日，議會下議院才通過決議，把查理一世
做為背叛國家、挑起內戰、破壞法律和人民

19

◆ 查理一世走向斷頭臺的前夜

查理一世走向斷頭臺的前一天晚上，與兩個孩子依依道別。畫中，我們看到兩個孩子表情難過，無法接受父親即將離去的現實。

自由的罪犯加以審判。但是，克倫威爾卻將對國王的審判看成無奈之舉。12月底，他在議會討論審判國王的問題時說：「任何人，無論是誰，如果打算廢黜國王或者剝奪國王子孫的王位繼承權，他就將是這個世界上最大的叛徒和犯上作亂的人。但是，如今上帝已經把這樣的角色加在我們身上，我們別無他法。」

英國的議會分為上議院和下議院，根據當時的法律規定，審判國王的決議由下議院先通過，下議院通過後要經過上議院的同意才能生效。但是當決議遞交到上議院時，上議院的十六名議員一致投了反對票。民眾和

士兵對這樣的結果十分不滿。既然上議院不同意，那麼就讓下議院享受最高權力。

1649年1月4日，在民眾和士兵的推動下，通過了下議院享有最高權力的決議。決議規定：國家的法律來源於人民，代表人民的下議院是最高的權力機關，下議院的決議可以不經過上議院和國王的同意直接生效。

於是在1月6日，下議院通過了審判國王查理一世的最終決議——成立了由一百三十五人組成的特別法庭。

查理走上斷頭臺

對查理一世的審判，從1649年的1月20日開始。對查理一世的指控是：國王本來應該為謀求國家的和平和人民的利益而努力，但是查理一世卻一心貪圖權力，橫徵暴斂，當議會不滿足他的無理要求時，他便挑起了內戰，致使無數人喪生，其罪行深重。

對於懲治國王的事情，高等法院中達成一致，但是在如何懲治上，卻產生了很大分歧——高等法院中的一部分人提出判處查理一世死刑，但很多人表示反對——曾經能征善戰的議會軍總司令費爾法克斯，甚至宣布拒絕出席對國王的判決。但是民眾和士兵卻支持處死咎由自取的查理一世。

1月20日，查理一世被帶到了倫敦的西敏寺（Westminster Abbey）大廳，他將在這裡接受審判。但在王權專制的國家中，法律上沒有明文規定如何審問國王。儘管沒有明確的法律條款可以宣判查理一世，法官們還是援引了羅馬法對查理一世進行判決。

1月27日，在簽署最後判決書時，一百

三十五位特別法庭成員只有六十七人出席，而最後在判決書上簽字的僅有五十二人——這說明很多人還是支持王權的。判決書上對查理的判決是：他是暴君、叛徒、殺人犯和善良人民的公敵，判處查理一世死刑，判決將在1月30日執行。

1月30日，天氣晴朗卻寒風刺骨，上千名市民圍在白廳廣場周圍，等待著國王查理一世被推上斷頭臺。這樣的事情在英國史上沒有發生過，更是震驚了整個歐洲。

查理一世被帶到距離白廳廣場不遠的一個房間裡，他正在做人生落幕前的最後準備。他已經與兩個孩子做了最後的道別，也向上帝做了最後的禱告。他看見廣場周圍有無數的人，在等待著他被推上斷頭臺的那一刻。但他心裡並未有太多的恐懼，因為他知道自己應該為倒行逆施付出代價。

之後，他被推上了斷頭臺，但他仍試圖表現出國王的氣度和威嚴，甚至對圍觀的人說：「我寬恕將我送上斷頭臺的人，因為寬恕是國王的權力。」查理一世進行默禱之後，他的生命便走向了終點。

◆ 查理一世之死

1649年1月30日，查理一世在白廳廣場前被送上斷頭臺。

西元1599年—西元1658年

◎**人物**：奧利佛‧克倫威爾　◎**地點**：英國　◎**關鍵詞**：弒君　獨裁

「弒君者」克倫威爾

　　1644年7月2日，在英格蘭北部的馬斯頓荒原上，國王軍與議會軍展開了一場血戰。大炮的轟鳴聲此起彼伏，火繩槍發射後的白色煙霧籠罩著整個荒原。突然，一隊身披重甲的騎兵如同尖刀一般切入國王軍的肋部。僅僅一個晚上，這支騎兵就消滅了國王軍四千人。而指揮這支鐵騎的軍官，就是被尊為「護國公」的克倫威爾。

新模範軍

　　1642年，查理一世的國王軍在諾丁漢點燃英國內戰的烽火。戰鬥一開始，議會軍隊連戰連敗，被國王軍一路追殺。為了扭轉戰局，議會決定重新建立一支強大的新軍隊。正是在這個背景下，克倫威爾登上了歷史的舞臺。

　　克倫威爾（Oliver Cromwell）於1599年4月25日，出生於英格蘭亨廷頓郡（Huntingdonshire）的一個清教家庭。他早年在劍橋大學學習歷史與法律，上學時就接受了清教的信仰，成為一個虔誠的清教徒。1628年和1640年，克倫威爾兩次被選為議員，由於他思想激進而且能言善辯，很快就成為議會中引人注目的人物。英國內戰爆發後，克倫威爾從家鄉的農民和手工業者中挑選青年，組建了一支軍隊。由於這支新軍紀律嚴明，作戰勇敢，主力部隊是身披重甲的騎兵，所以被人們稱為「新模範軍」和「鐵軍」。

◆**身穿戎裝的奧立佛‧克倫威爾**

奧立佛‧克倫威爾是英國內戰中的軍事將領，是議會軍戰勝國王軍的關鍵人物。

內戰終結

　　1645年6月14日，國王軍與議會軍在英格蘭中部的納西比（Naseby）荒原展開最後的決戰。戰鬥一開始，查理一世就命令國王軍的騎兵猛擊議會軍的側翼，想要來個側翼包抄。查理一世的騎兵還沒有所突破，克倫威爾的騎兵就已經擊潰了國王軍的右翼，直接攻入查理一世所在的主陣。驚慌失措的查理一世在衛兵的掩護下變裝成僕人，逃往蘇格蘭。1647年2月，英格蘭議會以四十萬英鎊的高價將查理一世從蘇格蘭人手中買回，持續了五年的內戰暫時告一段落。

◆ 新模範軍

　　這支新軍紀律嚴明，驍勇善戰，主力部隊是身披重甲的騎兵，稱為「新模範軍」和「鐵軍」。

　　然而，保王黨剛被打敗，革命陣營的內訌又開始了。當時議會中分為長老派和獨立派。長老派代表大資產階級和上層新貴族，政治上較為保守，老想和國王妥協；獨立派代表中小貴族的利益，主張建立共和國。雙方不斷爭吵，以至於對監獄的看管也大大放鬆了，查理一世趁機逃跑。1648年，查理一世在英格蘭西南部挑起暴亂，最後被新模範軍鎮壓，查理一世再次被抓回監獄裡。

此時，長老派議員對查理一世還抱有幻想，仍然主張讓查理一世復位。軍人們流了多少鮮血才打倒國王，現在議員們居然要讓國王復位，軍人們的憤怒終於被點燃了。

1648年12月6日，新模範軍的普萊德（Thomas Pride）上校率領一支軍隊進入議會，驅逐了大約一百四十名長老派議員，這就是英國歷史上著名的「普萊德清洗」（Pride's Purge）。經過清洗，議會中只剩下六十名左右的獨立派議員，因為議會達不到法定人數，所以這個時期的議會被稱為「殘餘議會」（Rump Parliament）。

當時「殘餘議會」主持的第一項工作，就是審判查理一世。1649年1月27日，議會組織的最高法庭對查理一世進行審判，法官以「叛國罪、挑起內戰罪、破壞法律和英國人民自由罪」判處查理一世死刑。第二天，克倫威爾平靜地在判決書上簽了字。1649年1月30日下午1時，憔悴的查理一世被押上斷頭臺結束了他的一生。

查理一世的死激起全歐洲封建王朝的憤怒，他們把惡毒的詛咒全部「送給」處死國王的克倫威爾。同年5月19日，在全歐洲的譴責聲中，「殘餘議會」宣布英國為共和國。

護國公征戰

共和國成立之後，克倫威爾掌握了英格蘭的軍政大權。為了鞏固自己的統治，他發動了對愛爾蘭和蘇格蘭的戰爭。1652年5月，經過血腥鎮壓，克倫威爾終於征服愛爾蘭。克倫威爾的地位在戰爭中得到鞏固，軍隊也從中得到巨大利益，成為克倫威爾建立獨裁統治的一大支柱。1652年9月3日，英格蘭、蘇格蘭兩軍在伍斯特（Worcester）展開決戰。克倫威爾再次力挽狂瀾，蕩平了蘇格蘭。1654年，英格蘭

◆奧立佛・克倫威爾畫像

英國政治家、軍事家、宗教領袖等。1653年，克倫威爾稱「護國公」，從此開始了他的獨裁統治生涯。

合併了蘇格蘭，英倫三島正式宣告統一。

克倫威爾率軍隊從蘇格蘭班師回國後，與「殘餘議會」的衝突開始公開化。1653年4月19日，克倫威爾在倫敦召開軍官會議，要求議會自動解散。第二天，議會也針鋒相對地推出新的選舉法，準備與克倫威爾抗爭到底。得知這個消息後，克倫威爾馬上帶著自己的衛隊進入了議會。「議員先生們，你們的罪行已經太多了，人民要選擇更好的人來執掌政權！」克倫威爾以響亮的嗓音高喊著。「你怎麼敢污辱議會！」議員們憤怒地指責克倫威爾。此時，克倫威爾大手一揮，兩隊人高馬大的士兵立即衝進來，把議員們全部驅逐出去。克倫威爾走到了議長的位置旁，拿起議長的權杖，笑著說：「這個玩具有什麼用呢？」權杖原是國家權力的象徵，現在卻成了克倫威爾手中的玩具。

1653年12月16日，克倫威爾正式成為「英格蘭、蘇格蘭和愛爾蘭終身護國公」。在盛大的就職儀式上，克倫威爾身披黑色長袍，腳穿便鞋，表示不以軍人身分出場。他接過象徵權力的玉璽和寶劍，一個軍事獨裁政權就這樣建立起來了。從此，克倫威爾將內政、外交、軍事、立法種種大權牢牢控制在自己手中，成為英國的最高統治者。

護國公之死

成為護國公之後，克倫威爾在英國實行軍事統治。他把全國分成十一個區，每個區派一名將軍做行政長官，實行軍管。行政長官直接向護國公負責，他的意志在區域內不

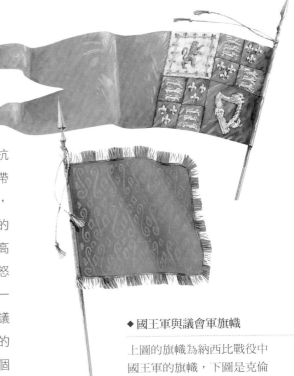

◆ 國王軍與議會軍旗幟

上圖的旗幟為納西比戰役中國王軍的旗幟，下圖是克倫威爾的議會軍旗幟。

可違背。軍政府還制定了嚴格的清教戒律，要求英國人必須按照清教規定行事，人們不僅不能喝酒，不能賭博，在安息日還不能出門，店鋪也不能營業，這天若在街上閒逛就會受到嚴厲懲罰。

相對於對內的高壓統治，克倫威爾還把海外擴張的「事業」做得興隆旺盛。他透過議會頒布《航海條例》，規定外國商人不得與英屬殖民地通商，進入英國的商品必須由英國船隻或者生產國的船隻運入英國港口，否則就會被沒收全部貨物。這個規定讓熱衷海上中轉貿易的荷蘭收入銳減，而英國商人則賺得口袋飽滿。為了這個規定，英國和荷蘭還爆發了一次大規模的海戰。最終，荷蘭

因為實力不濟，被迫同意這個《航海條例》。接著，英國又憑藉著自己無堅不摧的新式炮艦挨家挨戶地找人「做生意」，先後取得了與西班牙殖民地通商的特權和自由進出波羅的海的權力。在法國的支持下，英國還透過對西班牙的戰爭，奪取了加勒比海上奴隸貿易的中心——牙買加，以及有「歐洲大陸金鑰匙」之稱的敦克爾克（Dunkirk）。英國的商人在這波擴張浪潮中嘗盡了甜頭，滾滾的金銀不斷從美洲、歐洲和亞洲向英國流去。

晚年的克倫威爾失去了昔日的驍勇和威風，他的精神極度緊張，常常疑心別人要暗殺自己。1658年，重病纏身的克倫威爾在病榻上輾轉反側，彷彿看到了那些鋪墊在自己成功之路上的鮮血和屍骨，害怕自己的所作所為得不到上帝的寬恕。當聽到牧師說「上帝會寬恕所有人」之後，克倫威爾鬆了一口氣，顫抖著說出「我得救了！」9月3日，克倫威爾指定兒子理查‧克倫威爾為護國公的繼承人。下午三時，克倫威爾與世長辭，他的部下將他安葬在西敏寺。

要給克倫威爾一個絕對公正的評價是件困難的事情，英國的歷史學家一般認為克倫威爾是一個獨裁者，但他在特定歷史時期鞏固了清教的地位，並實現英倫三島的統一，開始了英國海外擴張之路，也算得上一位有貢獻的無冕之王。

◆軍事獨裁政權的建立

克倫威爾帶著自己的衛隊進入議會，要求議會自動解散。

西元**1660**年—西元**1714**年

人物：查理二世　詹姆士二世　地點：英國　關鍵詞：復辟

斯圖亞特王朝復辟

　　克倫威爾的獨裁統治結束之後，查理・斯圖亞特登上了王位，即查理二世。之後，他便開始了斯圖亞特王朝的復辟活動。然而這一時期，似乎一切都出現了逆轉——英倫大地上空的愁雲慘霧，將有一縷清風吹散它的陰霾。

「小丑」退出舞臺

　　1658年克倫威爾死後，克倫威爾的兒子理查・克倫威爾（Richard Cromwell）即位護國公。理查為人懦弱，以致王黨分子給他取了一個綽號——「小丑」。一些曾臣服於克倫威爾的高級軍官，現在也不服從他的管制，都希望能將權力掌握在自己的手裡，成為第二個克倫威爾。至此，英國又陷入了政治紛爭之中。

　　1658年12月，理查召開新的議會，希望由文職人員來治理國家，但遭到軍官們的反對。同時議員們也對軍隊比較敵視，認為國家由軍人掌控，令人無法容忍。隨後，以佛利伍德（Charles Fleetwood）為代表的軍官迅速採取行動，迫使理查解散議會。但緊接著，下層士兵也暴露出對高級軍官們的不滿，要求重新召開議會。

　　1659年7月，第二次議會召開，但佛利伍德再次領導軍人們強行解散議會，並組建了以他為首、主要由高級軍官組成的「安全委員會」做為臨時政府，管理國家大事，理查則被迫放棄護國公的職位，退出政治舞臺。

◆ 查理二世時期的藝術品

查理二世重返倫敦

佛利伍德的「安全委員會」組建後，沒能贏得人心——倫敦的一些貴族拒絕服從佛利伍德的統治。同時軍官之間的爭權奪勢也愈演愈烈。此時，駐紮在蘇格蘭的喬治・蒙克（George Monck）將軍看到倫敦的混亂局勢，準備進軍倫敦。

蒙克將軍是堅定的王黨成員，在王黨軍隊戰敗的時候，蒙克宣布服從議會，但是很快便帶領自己的軍隊開赴蘇格蘭，避開了倫敦的政治漩渦。在蘇格蘭，蒙克一直積極接觸查理一世的兒子查理・斯圖亞特。當佛利伍德解散議會之後，蒙克便高調宣布要保衛議會，維護人民的權利，率軍向倫敦進發，並很快得到了費爾法克斯（Thomas Fairfax）軍隊的支持。

1660年2月，蒙克進入倫敦。此前佛利

◆ 查理一世的孩子們（安東尼，比利時）

分別是瑪麗公主、詹姆士二世、查理二世（中間摸狗者）、伊莉莎白公主和安妮公主。

伍德的「安全委員會」因不能解決英國日益嚴重的經濟困境，而被民眾趕下臺。蒙克進入倫敦後，雖然極力穩定政局，但仍缺乏建立穩固統治的力量。於是，人們開始懷念王權專制的時期，把希望放在斯圖亞特王朝的復辟上。

1660年4月，倫敦召開了一屆特別議會，這屆特別議會決定派人到荷蘭去商談查理・斯圖亞特回國的事宜。隨後，查理・斯圖亞特在蒙克的授意下，高調宣布：如果自己回國繼任國王，將對內戰期間的一些制度和財產不予變更，並允許信仰自由；除了直接參與處死我父親的人外，其他反對過國王的人將一概不予追究。

◆慶祝查理二世復辟的盛大宴會

畫中查理二世正和他的姊姊瑪麗跳舞。

　　查理·斯圖亞特的這番言論贏得了英國人的支持。1660年5月，查理·斯圖亞特在長期逃亡之後，重返倫敦，登上了王位。

查理二世的統治

　　查理二世當上國王之後，原本希望恢復以往的君主專制制度，但情況已經發生了改變——以大商人為代表的資產階級的力量已經壯大。因此，在查理二世的政府內，既有以前的王黨成員，也有以前的議會成員，兩派之間的分歧十分明顯，以致後來形成了兩個黨派——輝格黨（Whig）和托利黨（Tories），但這兩派又都在政府中擁有一定的權勢。

　　查理二世在當上國王初期，他的一些所作所為的確讓人們看到了希望。在「弒君犯」這一問題上，他表現出了一定程度的寬容。反對過查理一世的人大部分都被赦免，除了已經去世的，最終只處死九個人。面對查理二世的寬容，王黨的其他分子則表現出了不寬容。他們甚至將克倫威爾等人的屍體挖掘出來進行鞭屍。

　　後期，因議會中的一些議員仍積極限制國王的權力，讓查理二世相當不滿。查理二世在外交中，一直與法國較為友好。但查理二世這樣的行為使英國人認為他們的國王要效仿法國的太陽王，加強國王的權威，壓制人民的自由。查理二世為了免受苛責，開始在外交上採取兩面手法——一方面與荷蘭、瑞典結成反法同盟；另一方面又與法國簽訂祕密協定，允諾在未來的法荷戰爭中幫助法國。而做為回報，法國將提供查理二世財政援助——在與議會的鬥爭中，查理二世的弱點就是撥款權力受議會限制。在得到法國的

財政援助後，查理二世相對變得底氣十足，甚至幾次將議會解散。

詹姆士二世的倒行逆施

1685年，查理二世的弟弟詹姆士繼承王位，即詹姆士二世（James II）。即位之初，詹姆士二世並未表現出獨裁專制的意向，但沒過多久，形勢就發生了轉變。詹姆士二世欲重建強大的君主權威，要建立完全聽命於自己的常備軍。然而當時的英國，國王不能掌握常備的武裝力量，這就是王權無法強大的直接原因。

詹姆士二世即位之初，英國境內曾經發生一起規模不大的叛亂。在鎮壓這次叛亂中，詹姆士二世召集了一支大約三萬人的軍隊。順利鎮壓起義後，詹姆士二世便將這支軍隊建成隸屬於國王的常備軍，這引起了人們對國王的不信任。

此外，詹姆士二世還極力推崇天主教──自伊莉莎白女王以來，英國信奉國教、排斥天主教一直是國家的基本國策之一，現在國王竟然成了天主教徒。不僅如此，詹姆士二世還任命大量的天主教徒擔任文武官員，並賜給天主教徒大量的田產，甚至一些軍隊的指揮權也落在天主教徒的手中。

在詹姆士二世的支持下，天主教徒的活動愈來愈頻繁，引起國教徒極大的不滿。正是在宗教的問題上，詹姆士二世使得曾經一直支持他的托利黨，也開始出現反對聲浪──他們開始與國王疏遠，而與輝格黨人走得愈來愈近。

此時，詹姆士二世預感到了政治危機，

1687年便頒布了〈宗教自由宣言〉，表示一切非國教徒都可以公開進行各種形式的宗教活動。從字面上看，這一宣言雖然有著宗教自由的影子，但對於當時的英國國教徒來說，這無異是種挑釁。

1688年4月末，詹姆士二世再次發布了一則〈宗教自由宣言〉，並要求在以後的每個星期日都要在教堂宣讀這一告示。消息傳出後，大約有百分之九十的教士拒絕服從。以坎特伯雷大主教為首的七名主教向國王遞交了一份「請願書」，指責國王此舉非法。詹姆士二世惱羞成怒，命人將七名主教交付法庭審訊。但是，法庭最終判決這七名主教無罪釋放。而詹姆士二世的威信卻遭到了嚴重質疑。此時，斯圖亞特王朝的末日臨近了。

◆ 詹姆士二世畫像

英國歷史上最後一個天主教國王。

奴隸貿易的血與腥

⊙黑奴「受寵」　⊙爭相販奴　⊙獵捕黑奴

　　關於人類的起源，歷史學家和人類學家有很多不同的見解，很多人認為，人類源於非洲。對於這個問題，也許人們會一直爭論下去。但關於黑人的故鄉，人們沒有爭論，那就是非洲。雖然今天黑人遍布全世界，但他們的祖輩卻是以一種悲慘的方式離開非洲大陸，四海為家。

初次來到美洲

　　奴隸貿易由來已久，但是以前的奴隸貿易並沒有像十八世紀大西洋兩岸的奴隸貿易那麼「繁榮」。大西洋兩岸的奴隸貿易使得非洲黑人遠渡重洋、遠離故土來到遙遠的美洲大地，並且成為改變美洲歷史的主要勞動力。不過，非洲黑人並非透過移民遷徙到美洲，而是西方殖民者透過血與火的劫掠、毫無人道地將他們販運至人煙稀少的美洲大陸。

◆北美殖民地的奴隸正在種植園中工作

早在十五世紀，歐洲人就開始了大航海時代。1492年，哥倫布發現了新大陸，從此掀開了世界歷史的新頁。美洲逐漸淪為歐洲人的殖民地，面對廣袤無垠的美洲大陸，歐洲人似乎不知道怎麼從這塊新大陸上獲取財富，因為這片富饒的土地上，缺乏一種經濟發展的要素——勞動力。

歐洲人的海上冒險使得大西洋成為連繫歐洲、非洲和美洲的通衢大道。在歐洲人眼中，美洲和非洲都是新大陸，都是財富的處女地，如何將這些財富開掘出來，成為歐洲人腦海中揮之不去的問題。歐洲人的到來，也帶來了瘟疫。歐洲人帶來的天花和殖民者對當地土著的殺戮，使印第安人幾乎遭到滅頂之災，殘存的土著印第安人也不願意為歐洲人所役使。於是，歐洲人便到別的地方尋找勞動力——他們發現非洲的黑人不但強壯，也能很好地適應美洲的熱帶氣候。

◆奴隸販子在非洲從事罪惡的奴隸貿易

黑人奴隸「受寵」

非洲，尤其是西非，在歐洲殖民者到來之前便盛行奴隸買賣。為了掠奪奴隸，君王們頻繁地發動戰爭。當歐洲殖民者到來之際，原先的奴隸販子便與歐洲人合作，因為歐洲人可以向他們提供槍炮、蘭姆酒等稀罕的商品。這些奴隸販子使用從歐洲人那裡換來的槍炮去掠奪更多的奴隸。

歐洲人比較喜歡男性黑人奴隸，尤其是十歲至二十四歲的青壯年勞動力，因此被運抵美洲的奴隸基本上都是男性。這也與非洲的社會形態有關係，當時非洲多數國家還停留在母系社會階段。在這種社會中，女性不僅是社會的領導者，也是主要的勞動力，因此非洲人也願意把作用不大的男人們交給奴隸販子。

到了十八世紀，甘蔗種植園在美洲熱帶雨林地區迅速發展，園主們對黑人奴隸的需求如飢似渴，因為蔗糖種植是個勞動力密集型的產業，需要強壯且有韌性的勞動力，非洲黑人是最佳人選。大西洋兩岸的奴隸貿易開始繁榮起來，每年有幾十萬槍枝流落到非洲。這些槍枝彈藥不但使非洲各地為爭奪奴隸而引發的戰爭不斷，而且還使綁架事件頻頻發生。大量的黑人被運往美洲的甘蔗種植園。當歐洲人在品嘗蔗糖的甘甜時，是否想

過，千里之外的黑人正在甘蔗種植園裡嘗盡人間的苦澀。

各國爭相販奴

隨著美洲甘蔗種植的興盛，非洲黑人奴隸便成為甘蔗園主的搶手貨，他們願意出高價購買奴隸。為利潤所驅動的歐洲奴隸販子，便開始在非洲海岸大肆搜捕黑人奴隸。獵奴成為一項高風險、高利潤的冒險活動。

非洲海岸線平直，但地形比較複雜，而且到處是瘟疫，沒有有效的藥物歐洲人是不敢深入非洲大陸內部的，他們只能在沿海一帶徘徊，獵捕奴隸的重任便交給了當地的經紀人。這些人駕駛獨木舟，帶著歐洲人的槍枝彈藥，深入非洲內陸獵捕奴隸。在沿海一帶，有專門場所關押抓來的奴隸，等到一定數目，便一起賣給歐洲的奴隸販。

歐洲各國政府對奴隸貿易非常重視，他們將奴隸貿易當作本國經濟的一部分，並認為奴隸就應該提供給本國的甘蔗種植園，而不能賣給競爭對手。因此，各國在奴隸貿易方面存在競爭，他們支持本國商人，扶植本國的貿易公司，支持他們在非洲海岸建立商棧。

葡萄牙捷足先登，在奴隸貿易中拔得頭籌，因為葡萄牙比其他歐洲國家更具有優勢。葡萄牙人是大航海的先行者，當歐洲各國忙於內亂的時候，葡萄牙人已經在南美大陸建立起一個遼闊無邊的殖民地——巴西。巴西資源豐富，葡萄牙人不僅發展了甘蔗種

◆ 非洲女孩被奴隸販子吊在空中鞭打

這是當時黑奴的處境，不被當人看，隨意買賣，不分男女。

The ABOLITION of the SLAVE TRADE.
Or the Inhumanity of Dealers in human flesh exemplified in Captn. Kimber's treatment of a young Negro Girl of 15 for her Virjen Modesty.

植，而且還發現了金礦和銀礦。種植園和礦山都需要大量的勞動力，因此葡萄牙的奴隸販子根本不擔心沒有市場。葡萄牙人也是最先在非洲沿海探險的歐洲國家，對非洲人的風俗、地理都比較熟悉，因此在非洲沿海建立起了比較好的貿易網絡，與當地的奴隸貿易經紀人關係比較融洽。

緊隨葡萄牙人其後的是荷蘭人。荷蘭人是有名的海上馬夫，他們資金雄厚，經驗老到，怎麼會錯過奴隸貿易呢？荷蘭人與葡萄牙人一樣，在非洲沿海有很好的獵奴網絡。他們比葡萄牙人技高一籌，會先仔細研究市場供需之後，才出手購買奴隸，他們不會做賠錢生意。很快地，荷蘭人大有壟斷奴隸貿易之勢，以至於1729年有些英國商人驚慌於：「多數奴隸貿易都落到荷蘭人手中了！」不過，英國人很快後來居上。他們在強大海軍力量的支持下，建立起海上霸權，而將奴隸隨意輸入美洲大陸。

奴隸貿易前後長達幾百年。正是歐洲的殖民者與當地仲介聯手，將非洲的黑人裝進了地獄般的販奴船，在美洲的種植園、礦山中過著煉獄般的生活。

血腥的獵捕黑奴

黑人奴隸從被獵捕開始，便踏上了一條不歸之路。他們首先搭乘獵奴隊的獨木舟來到非洲海岸的「貨棧」，他們要接受醫生的檢查，就像獸醫要檢查牲口的體格是否強壯一樣，然後被燒紅了的烙鐵在身上烙上一塊印記，以標明由哪家公司來採購。在此過程中，奴隸們沒有停止過反抗，有的甚至準備

◆ 十九世紀奴隸貿易場景

巴西的奴隸販子正在檢查一群即將運往本國的黑人奴隸。

自殺。如果經過這一連串的折騰能夠倖存下來，那麼他將登上漂洋過海的運奴船。

運奴船的條件非常惡劣，裡面臭氣熏天，毫無衛生設備，粗製濫造的食品更是難以下嚥。有些奴隸無法忍受這種非人的待遇，便試圖跳海。為了防止他們跳海，奴隸販子便把他們用鎖鏈鎖在船艙裡面。

在這樣的環境中，他們要在海上顛簸四至八個星期，許多人因而病死，病死的奴隸便被扔到海裡面餵鯊魚。據學者估計，每一個到達美洲的黑人背後是五個慘死於途中的同胞。在長達上百年的販奴貿易中，非洲至少損失一億青壯年勞動力。由此可以想像，販奴貿易對非洲生產力發展是一個多麼大的災難。

被運送到美洲的黑人將在一個完全陌生的環境中生存，不僅語言不通、宗教不同，更難以忍受的是，他們被自己的主人像牲口一樣的驅趕、辱罵，甚至殺害。

西元1553年—西元1610年

人物：亨利四世　**地點：**法國　**關鍵詞：**治國　南特詔書

亨利四世的治國之道

　　亨利四世在三亨利的角逐中脫穎而出，宗教信仰在他那裡成為治國的權宜之計。他面對的是一個破敗的法國，但在亂世中卻憑藉著自己的聰明才智找到一條治國之道，並於1598年頒布了著名的「南特詔書」。

三亨利之爭

　　1572年，納瓦拉（Navarre）國王安托萬戰死沙場後，他十九歲的兒子亨利繼任為國王。此時的納瓦拉王國雖然實質上是一個獨立王國，但在名義上屬於法國。亨利從即位開始，就不可避免地捲入了當時的宗教衝突中，成為胡格諾教派（Huguenots）名義上的領袖，與天主教處於敵對狀態。而法國的國王和大部分公爵信仰的正是天主教。

　　由於新舊教派衝突引發的宗教戰爭，已經在法國持續了很長時間，整個社會民生凋敝，百姓苦不堪言。為了緩解教派之間的衝突，當時法國國王查理九世的母親凱薩琳（Catherine de' Medici），決定將女兒瑪格麗特（Marguerite de Valois）嫁給納瓦拉國王亨利，婚禮定於1572年8月18日舉行。這對於當時的天主教徒和胡格諾教徒來

◆ 亨利三世的舞會

亨利三世的時代，像是一幕充滿鬥爭的悲喜劇，宮廷的歌舞昇平只是一種表象，更深的危機還藏在背後。

◆ 戰鬥中的亨利四世

説，都是一個盛大的慶典。當時有大量的胡格諾教徒前往巴黎參加亨利的婚禮，其中包括胡格諾派中最重要的代表人物──海軍上將科利尼（Gaspard de Coligny）。8月22日，天主教派吉斯公爵（Duke of Guise）亨利雇用殺手趁著科利尼缺少防範時前去刺殺他，但所幸科利尼只是身負重傷，並未喪命。這件事讓胡格諾教徒群情激奮。

這時，凱薩琳害怕胡格諾派在巴黎鬧事，會威脅到王室的安全，於是強迫查理九世下令屠殺在巴黎的胡格諾教徒。從8月23日到8月24日，二千多名胡格諾教徒在毫無

防備的情況下被屠殺，橫屍街頭，這就是歷史上著名的「聖巴托羅繆之夜」（St. Bartholomew's Day Massacre）。在這場慘烈的屠殺中，剛剛度過新婚之喜的納瓦拉國王亨利因發誓放棄新教信仰，才免遭屠戮。

1574年5月，查理九世病逝。查理九世的弟安茹公爵（Duke of Anjou）亨利即位，即亨利三世。亨利三世一方面與重新恢復新教信仰的納瓦拉國王亨利有衝突，另一方面又與權勢日盛的吉斯公爵亨利有矛盾，在相

當長的時間裡，這三個亨利之間展開了沒有硝煙的戰爭。

1588年，吉斯公爵聯合巴黎的一些勢力，迫使亨利三世逃離首都巴黎。憤怒的亨利三世逃出後，派人暗殺吉斯公爵。吉斯公爵死後，他的弟弟馬延公爵為了替哥哥報仇，在巴黎扶植了一位樞機主教擔任國王，他自己則掌控大權，與亨利三世為敵。

亨利三世為了奪回王位，決定與納瓦拉國王亨利聯合。1589年，兩位亨利的聯盟軍開始圍攻巴黎。就在大功告成之際，亨利三世被人刺殺身亡。但亨利三世沒有子嗣，所以按照規定最有資格繼承王位的納瓦拉國王亨利，登上了法國國王的寶座，即亨利四世，拉開了法國波旁王朝統治的序幕。

亨利四世贏得人心

亨利四世支持新教中的胡格諾派，對廣泛信仰天主教的法國人來說，他即位之初沒有多少人承認他的權威。亨利四世清楚地意識到了這一點，也不願讓宗教問題成為自己治國的障礙。1593年7月，亨利四世在一座大教堂中正式宣布自己放棄新教，改奉正統的天主教。亨利此舉收到了很好的效果。幾天之後，亨利和巴黎方面達成停戰協議。1594年3月，亨利四世在巴黎群眾的歡呼聲中，踏進首都，住進王宮，成了全國承認的新國王。

在亨利四世宣布信奉正統天主教後，另一個問題又出現了——信仰新教的民眾對亨利四世產生了不滿情緒。亨利四世知道，只贏得天主教徒的心還不夠，如果不能同時贏

得新教徒的心，那麼兩派之間的戰爭可能還將持續下去，這對於法國的建設將是百弊而無一利。

為了獲得新教徒的擁護，亨利四世不顧一些天主教公爵的反對，於1598年頒布了著名的「南特詔書」（Edict of Nantes）。該詔書一方面規定法國的國教為天主教，另一方面規定法國全境公民有信仰新教的自由，承認公民的平等地位並給予保障。法令頒布後，的確得到了新教徒的擁護，但當時的巴黎高等法院卻拒絕登記該法令，也就是不承

◆ 亨利四世進入巴黎（彼得・保羅，德國）

認該法令的合法性。

面對這一狀況，亨利四世充分顯示了他恩威並施的手段——他先是召集法官並告誡他們：「我是法國的國王，名副其實的法國國王，你們要順從。你們這些法官就好像我的右臂，但是如果我的右臂生了病，不聽使喚，我就會毫不猶豫地用左臂砍掉右臂。」

在威脅過後，亨利四世又表現出對天主教的虔誠，宣布要資助天主教會主辦各項慈善事業，並定期前往教堂參加禮拜。

在亨利四世的恩威並施之下，「南特詔書」最終獲得了巴黎高等法院的認可，並開始在全國實施。而這為亨利進一步整飭法國的內政外交，提供了很好的基礎。

整飭內政外交

為了更有效治理法國，亨利四世必須樹立身為國王的權威。亨利四世為了控制巴黎高等法院這個至關重要的權力部門，將自己的心腹阿爾萊任命為巴黎高等法院院長。這

◆亨利四世畫像

法國國王，也被人稱為「亨利大帝」，法國波旁王朝的建立者。

樣就避免了巴黎高等法院總是與國王的政策唱反調，或試圖限制國王的權力。

為了進一步強化中央權力，亨利四世還掌握官員的任免權，並限制地方王公貴族的權力。但地方王公貴族們不甘心自己的權力被一點一點剝奪，因此一些人聯合起來，準備奪取王權——其中的核心人物是比龍（Biron）元帥和布永（Bouillon）公爵等。

這些人趁法國西部各省對鹽稅不滿的機會，準備發動一場暴亂。但他們沒有料到亨利四世的反應異常迅速。比龍很快就被逮捕受審，以叛國罪被判處死刑，並於1602年斬首。緊接著，亨利四世又以強大的軍隊，襲擊同樣握有一部分兵權的布永公爵。1606年布永公爵宣布投降。而此時，已經沒有人能夠質疑國王的權威了。

在樹立威望的同時，亨利四世沒有忘記恢復被長期宗教戰爭毀壞的法國經濟。於是，他任用了自己昔日的夥伴——精明能幹的蘇利（Sully）公爵擔任財政總監。蘇利的確沒有辜負亨利四世的期望，在擔任財政總監後，採取了一連串措施來整頓經濟。

為了有效徵稅，蘇利免除了1596年稅款——這樣才能使民眾有意願去繳1597年之後的稅款。亨利也沒有另加苛捐雜稅，只徵收他之前就確定的稅目。但要求在徵這些稅的時候嚴格執行，不能有遺漏。

當時的法國是一個農業大國，蘇利為了提高農民的積極性，減免農民的人頭稅，並招撫流散農民，將一些士兵遣返回鄉務農。為改善農業的生產條件，政府還組織疏通河道、修建堤壩、開墾荒地。為了發展農業生產，亨利四世和蘇利請來荷蘭專家傳授排澇技術，大量印製教授讓土地豐產的書籍。在蘇利的積極努力下，法國的國庫迅速充盈起來，社會又恢復了生機。

內政上成功的法國，在外交上也同樣取得了不小的成績，1600年之後，法國相繼收回一些被其他國家占有的土地，並在義大利地區進行長期的斡旋外交，使法國的國際地位得到了很大的提升。

亨利四世曾經滿懷豪情地說：「如果上帝能夠給他足夠的時間，我將讓歐洲見證一個強大法國的崛起。」只是上帝並沒有給他足夠的時間。

1610年5月的一天，亨利四世在馬車裡被一名狂熱的天主教徒刺死。他的治國之道，最終只能被歷史銘記。

西元**1585**年—西元**1642**年

◎人物：路易十三　黎胥留　◎地點：法國　◎關鍵詞：樞機主教

樞機主教黎胥留

　　他是一位主教，也是一位縱橫捭闔的首相。他將國家的利益看得比個人的生命還重，他用行動實踐自己的名言：「人或不朽，救贖可待來日；國無永生，救贖唯有當下。」他就是樞機主教黎胥留。

▍初次亮相

　　1610年5月，備受法國人民擁戴的國王亨利四世死於刺客刀下。人們懷著無比悲痛的心情，迎來了年歲尚幼的新國王路易十三（Louis XIII）。由於路易十三年僅九歲，所以由其母親梅迪奇家族的瑪麗（Marie de' Medici）王后代為攝政。

　　瑪麗沒有什麼政治抱負，而且目光短淺。面對那些在亨利四世死後，希望重新獲得更多權力並不斷挑起事端的王公貴族，她只能採取金錢收買的策略，籠絡一些能夠為她所用的人——其中最受瑪麗寵信的是義大利人孔奇尼（Concino Concini）。但這種籠絡手段對貴族階層並無法產生任何作用，因為他們力圖恢復昔日的封建特權。於是，有些貴族起兵作亂，還要求召開三級會議來商討權力的分配問題。

　　要求召開會議的王公貴族們的初衷是要與王室作對，但結果卻出乎他們的意料——三級會議的多數代表站在王室一邊，要求加強王權，並要求取消能夠使王公貴族牟取暴利的俸祿制度。三

◆亨利四世和瑪麗‧梅迪奇的婚禮

級會議的召開使貴族們自食惡果，也使王權趨於穩定。正是在這次三級會議上，被後人稱做「法國歷史上最偉大、最具謀略、最無情的政治家」黎胥留（Cardinal Richelieu）出場了。

做為教士階層的代表，時任呂松（Luçon）主教的黎胥留在這次會議上語出驚人，積極支持王室，在會議中發揮了不小的作用。他引起了孔奇尼的注意及賞識，很快就被孔奇尼推薦給攝政瑪麗，並委以國防和外交國務祕書的要職。至此，黎胥留成功打開了他的政治生涯。

登上巔峰

1617年，路易十三開始親政。在呂伊納（Luynes）的幫助下，路易十三迅速剪除孔奇尼任命的一些大臣。與此同時，路易十三又將孔奇尼的妻子——也是瑪麗的同胞姊妹，當做女巫治罪。瑪麗害怕遭到毒手，倉皇逃往布盧瓦（Blois）。在這種紛亂的情況下，曾經深得瑪麗和孔奇尼器重的黎胥留也被迫來到教宗的領地亞維儂（Avignon）避難。黎胥留才華出眾，在避難期間寫了《保衛天主教信仰的主要原理》一書，並把它獻給教宗。教宗看後非常滿意，沒過多久就將黎胥留擢升為樞機主教。

已經在政治漩渦裡浸染過幾年的黎胥留，不甘心只是做為一個樞機主教地了此一生。於是，他開始積極活動，努力促成路易十三與其母親瑪麗的和解。在黎胥留的積極努力下，1619年，路易十三與母親達成和解。黎胥留也因在此過程中的表現，得到了路易十三的初步賞識。

1621年，大權在握四年的呂伊納去世。呂伊納去世後，路易十三更加倚重黎胥留——黎胥留逐漸進入權力中心。1624年8月，黎胥留在排擠掉幾個競爭對手之後，終於成了首相。從此，開始了他長達十八年、縱橫捭闔的政治生涯。

粉碎陰謀

黎胥留性格剛烈、意志堅定，而且有著宏偉的治國抱負。而路易十三則相對軟弱，從最初的母后攝政，到倚重呂伊納，再到倚重黎胥留，幾乎看不到個人積極決策的影子。黎胥留儘管大權在握，卻沒有對路易十三有絲毫的不敬，在任首相的十八年裡，對路易十三始終忠心耿耿。他曾明確宣稱自己的畢生目標只有兩個：使國王地位崇高，以及使國王榮耀。而路易十三對這位鐵腕人物自始至終的信任，也為黎胥留施展才華提供了廣闊的空間，使其能夠為法國的發展有巨大的貢獻。

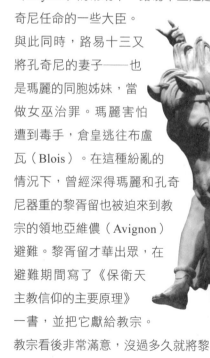

◆路易十三塑像

為了使國王受人尊敬，就要先整治國內的問題。黎胥留擔任首相之初，面對的是王公貴族與王室之間的尖銳衝突——如何鞏固和發展法國的專制君主制，成為他要辦的第一大事。隨後，黎胥留便開始了與那些跋扈、不服從國王領導的王公貴族們，持續且長期的明爭暗鬥。

初始，黎胥留認為要想打倒王公貴族們，首先要做的是從經濟上限制他們。他認為應該取消或削弱王公貴族們的俸祿，用節省下來的錢建立現代化的行政機構，以及建立強大的艦隊和商船，這樣才會對國家有利。同時，王公貴族的收入減少，也將使他們難以組建屬於自己的軍隊來和王權抗衡，可謂一舉兩得。為了實踐自己的想法，1626年，黎胥留召集王公貴族們召開大型會議，宣導進行國務改革。但王公貴族們知道自己的特權和利益將受到侵犯時，不甘心默默接受——一場政治陰謀正開始醞釀。

此時，朝廷中的眾多王公貴族在一起密謀對付黎胥留的辦法，這其中有王后安妮（Anna of Austria）、孔代親王（Prince de Condé）、埃帕爾農公爵等人。他們為了永絕後患，計畫用謀殺的方式將黎胥留除去。這樣路易十三也將受制於他們——他們的特權不僅能夠繼續維持甚至還會擴大。他們的如意算盤打得不錯，但正當他們準備採取行動的時候，他們的陰謀敗露了。

黎胥留無法容忍這些王公貴族們如此藐視自己和國王的權威，為了給這些用心險惡的人一點顏色看看，黎胥留毅然將多名公爵送進了監獄，並將其中一名公爵斬首示眾，

◆ 黎胥留的三面像（菲利普‧德‧尚帕涅，法國）

以示改革的決心和勇氣。

不過，這次的失敗並沒有改變貴族們要除掉黎胥留的想法。1630年，新一輪的陰謀開始上演。這一次的主謀是太后瑪麗，參與者有王后安妮、國王的親弟弟加斯東（Gaston）、掌璽大臣馬里亞克等人。他們判斷此時路易十三對黎胥留的信任度已經降低，因此可以離間路易十三與黎胥留之間的關係——先削弱黎胥留的權勢，以後就可以輕鬆地制服他。

11月11日，太后瑪麗來到了梅迪奇宮，向國王路易十三哭訴黎胥留的無情無義，要路易十三將黎胥留革職。面對母親的哭訴，路易十三只好表示順從。太后瑪麗等人心花怒放，以為這次一定可以勝利。

這一次，就連黎胥留本人也感到了一絲絕望。畢竟所有權力的基礎都來自於國王。正因為路易十三長期和王公貴族們爭鬥，也因為路易十三的信任，他才能夠大權在握，

◆ 黎胥留畫像（菲利普・德・尚帕涅，法國）

毫無顧忌地展示自己的權威。如果現在路易十三的意志發生了動搖，那麼他多年來的努力將毀於一旦，他的命運也將有重大改變。陰霾襲上了黎胥留的心頭。

然而，這些人都錯估了形勢。路易十三雖然算不上一位強大的君主，卻能夠看清究竟誰是站在自己這一邊。就在所有人都認定路易十三將會把黎胥留革職的時候，路易十三召見黎胥留。但路易十三給予黎胥留的不是斥責，而是一顆定心丸。路易十三對黎胥留說：「我需要對我的國家負責，而不是對我的母親負責。」這帶給黎胥留莫大的驚喜和感動，他知道自己所做的一切，國王是理解和支持的。

消除了顧慮的黎胥留，自然不會讓太后瑪麗等人繼續策畫他們的下一步計謀，開始反攻。很快地，太后瑪麗被流放到距離巴黎八十公里的貢比涅；路易十三的弟弟加斯東被處以大不敬的罪名，責令他以後要謹言慎行；掌璽大臣馬里亞克則被直接投入監獄。此後，又出現了幾次針對黎胥留的陰謀甚至叛亂，但都被黎胥留一次次輕鬆地化解了。在粉碎王公貴族陰謀的同時，黎胥留也在有條不紊地進行著強化中央集權的改革，從制度上限制王公貴族的權力。

強化集權

要使國王受到敬畏，就要使王室具有權力，這是黎胥留執政過程中的一個重要思想。為了強化中央集權，黎胥留在中央設立各部大臣，這些大臣直接受首相領導。他們

個人的利益也與國王、首相對他們的政績如何評定休戚相關。這樣，原來由貴族們控制的「國務會議」基本上就被架空了。

在地方上，雖然各地的行政長官總督還是由一些貴族們擔任，但黎胥留又將以往設置的臨時官職主計官變成常設官職，負責監督地方上的行政、司法、稅收等諸多方面。一旦主計官認為地方上有某些問題處理不當，就可以直接向國王和首相稟報，國王和首相就反映的情況做出及時處理。這使得主計官的地位實際上比總督還要高，地方的權力被中央控制。

同時，主計官這一官職還不得轉讓或世襲，直接由中央任免，如此可使中央的權力更容易長久維持。

要加強中央集權，除了政治上的舉措，還要有經濟上的根基。為了使中央政府能夠掌控盡可能多的資金，黎胥留還大力扶植工商業的發展，積極拓展海外貿易和殖民地。

在黎胥留任首相期間，法國拓展了在加拿大的殖民地，也拓展了在土耳其、伊朗、俄國等國的市場。此外，黎胥留的斂財之道，就是靠對百姓的橫徵暴斂。黎胥留曾經說過這樣的話：「如果人民太舒適了就不大可能安分守己，應該把他們當作騾子，讓他們疲於奔命，否則安逸會把他們寵壞的。」據說在黎胥留去世的時候，稅收已經徵到了他死後的三年。

外交手腕

為了提高法國在歐洲各國中的地位，身為樞機主教的黎胥留並未被歐洲那種宗教熱

◆ 樞機主教黎胥留

情及思想狂熱重於一切的觀念束縛，而是秉持國家至上的原則，斡旋於歐洲各個國家之間，向哈布斯堡王朝在歐洲的霸權掀起了不屈的挑戰。曾有人問黎胥留為什麼要這樣做，黎胥留說出了他那句擲地有聲的名言：「人或不朽，救贖可待來日；國無永生，救贖唯有當下。」

1618年，歐洲爆發的「三十年戰爭」是人類歷史上最慘烈的戰爭之一。黎胥留上任之後發現，當時的法國實際上已經處在哈布斯堡王朝透過「聯姻外交」對法國所形成的包圍圈當中。法國面臨的局勢相當緊迫，一旦戰爭按照預期的形勢發展下去，法國將徹底無力對抗哈布斯堡王朝的霸權。黎胥留審時度勢，制定了新的目標和策略。

黎胥留上任之初，因為忙於平定內部的亂局，無力直接參與大戰，因此透過外交手段極力促使英國、丹麥、荷蘭等國結成反哈布斯堡同盟。1625年，在黎胥留的不斷斡旋下，英國、丹麥、荷蘭結成同盟。就在這一年，丹麥出兵援助德意志的新教諸侯，使「三十年戰爭」由最初的德意志內部戰爭，演變成了一場國際大戰。當1629年丹麥戰敗的時候，黎胥留又慫恿並資助瑞典到德意志境內作戰──此時的瑞典國王正是古斯塔夫二世（Gustav II Adolf）。

為了使德意志繼續保持分裂割據狀態，黎胥留還促使巴伐利亞選侯脫離德皇，保持中立。到了1635年，隨著國內局勢的平定，黎胥留終於得以公開地加入「三十年戰爭」的爭奪戰中。法國的參戰，迅速改變了戰場上的對峙狀況，也嚴重挫敗了哈布斯堡王朝的銳氣。

1642年，當「三十年戰爭」的雙方已經顯示出勝敗跡象的時候，黎胥留走完了他的人生旅途。

臨終前，神父問黎胥留要不要寬恕他的敵人，黎胥留坦然答道：「除了公敵之外，我沒有敵人。」這樣一個鐵腕人物，在一生中實現了自己的諾言，他已經使國王崇高和榮耀，也使自己成為法國歷史上的傳奇。

◆〈瑪麗・德・梅迪奇在馬賽港登陸〉（魯本斯）

瑪麗的豪華宮船抵達馬賽港，一名頭戴軍盔的女孩伸開雙臂歡迎皇后來到法蘭西，而三名仙女在海水中挽著纜繩讓宮船盡快靠岸，充分展現了瑪麗做為路易十三母親的皇威。但在與黎胥留的政治鬥爭中，她以失敗而告終。

西元1638年—西元1715年

○人物：路易十四　○地點：法國　○關鍵詞：集權　重商

叱吒風雲太陽王

　　太陽王路易十四是法國歷史上一位聲名顯赫的君主，伏爾泰將他看做一個時代的標誌。曾幾何時，路易十四的光輝籠罩了整個歐洲。路易十四篤信，構成君主的偉大和尊嚴，不是他們手中的權杖，而是他們使用權杖的方法。路易十四正是憑藉自己運用權力的獨特方法，才在世界歷史上留下了深刻的烙印。

▎顛沛少年時

　　1638年9月5日，路易在王室城堡中誕生了。他的誕生被視為奇蹟，因為路易十三夫婦結婚二十多年一直沒有生育，人到中年才喜得貴子。這似乎預示著小路易將有著非同凡響的一生。

　　路易十四繼位時才五歲，由於年幼，一直由母親安妮攝政，而真正手操權柄的卻是樞機主教馬薩林（Jules Cardinal Mazarin）——馬薩林深得上一任主教黎胥留的信任，在安妮太后攝政後被任命為首相。

　　馬薩林精明能幹，繼續推行黎胥留時期的內外政策。但他的橫徵暴斂，不斷提高稅收，激起了貴族和平民的不滿。

　　隨著民怨加深，「投石黨」運動爆發——投石原本是兒童玩的一種遊戲，在此卻有破壞和反對當局的意思。1648年5月，巴黎高等法院為抵制政府的暴斂橫徵，聯合各地法院，以整頓政府弊端為名，向國王提出諸種改革要求。對此，馬薩林和安妮太后不僅斷然拒絕，還逮捕了數名法官，殺一做百。然而，此舉不僅沒有扼制住人民的反

◆路易十四紀念金幣

抗，反而抗拒的烈火愈燃愈旺。

第二年，法國貴族孔代親王率兵出征，攻打巴黎的反叛貴族，巴黎的反叛貴族轉而向西班牙求救。然而，巴黎市民不願看到外國勢力的侵入，所以不再對抗國王和太后，路易十四回到了巴黎。沒過多久，孔代親王又煽動貴族發動叛亂，路易十四再次與母親倉皇出逃。1652年末，戰亂終於得到徹底平息，路易十四得以第二次重返巴黎。

大權集於一身

1661年，老謀深算的首相馬薩林辭世，這給了路易十四充分展現才能的機會。

馬薩林去世之後，人們都等待著路易十四任命新的首相，但是國王沒有絲毫舉動，反倒親自處理各項政務。路易十四還下令將馬薩林的財產全部沒收，一方面使自己成了最有錢的君主，另一方面用來收買人心。當路易十四遲遲不宣布新首相的人選，並叫各主管部門都向自己彙報大小事宜的時候，法國人民高興地發現，一個掌握實權的君主終於出現了。

為了將君主專制推向極致，以實踐自己的那句名言「我即國家」，路易十四開始採取多方面的集權措施。1665年，巴黎高等法院召集會議，準備討論國王的一項敕令。按照傳統，高等法院有權透過這種方式制約國王的權力。就在法官們集會討論時，身著戎裝、手執馬鞭的路易十四突然進入巴黎議會廳，對議員們說：「你們的集會所帶來的不幸結果是眾所周知的，我命令你們解散這次集合討論敕令的會議。主席先生，我禁止你

◆ 路易十四畫像（亞森特·里戈，法國）

召集此種會議，並禁止你們任何一人提出此項要求。」

貴族的叛亂一直使路易十四心有餘悸，但是他在處理貴族問題上，一反強硬打壓的方式，使用懷柔政策，充分顯示出他使用權杖的多種方法。路易十四在巴黎郊外建造了一座奢華的凡爾賽宮，以國王恩寵的名義，邀請大批貴族離開他們的領地移居凡爾賽宮，並許以豐厚的賞賜和俸祿。當貴族們日益迷醉於凡爾賽宮的聲色犬馬、疏遠自己的人民的時候，他們也就喪失了實權，喪失了與國王對抗的資本。

要想確立王權至高無上的地位，避免不了與教權產生衝突。身為天主教徒的路易十四，在極力鎮壓新教的同時，也反對天主教

會干涉自己的事務。路易十四對新教採取了徹底清洗的政策，迫使大量新教徒逃離法國。為了與天主教會爭權，1673年，路易十四宣布法國所有主教只能由國王任命，此後不斷重申王權高於教權。

至此，路易十四集大權於一身，使其在法國的地位再也無人能夠抗衡。

重商強國本

路易十四在商業問題上，並未像在政治問題上一樣，保持一種唯我獨尊的姿態，而是積極支持財政大臣科爾伯特（Jean-Basptiste Colbert）的各項措施，讓科爾伯特有足夠的空間發揮自己的才能。

科爾伯特重商主義政策主要分為三個方面：一是保護和扶植國內的手工業生產。透過貸款解決工廠主的資金不足問題，由國家出資興建大量的王室和私人手工工廠，擴大生產規模，完善生產部門。二是實施關稅同盟和保護關稅政策。雖然在政治上路易十四已集諸種大權於一身，但在商業上仍舊存在著各貴族領地各自為政的現象。為此，科爾

伯特在法國內部透過實施關稅同盟政策，實現了內部商品的自由流通。為了抵制其他國家商品的傾銷，保護國內企業，科爾伯特還提高了從其他國家進口商品的關稅，甚至直接禁止一些商品的進口。三是發展工商業，保護法國的對外貿易。在路易十四時期，法國先後建立了西印度公司、東印度公司、北非公司等，發展殖民貿易。同時，與英國、土耳其等國簽訂協議，聯合保護商人利益。

隨著重商主義政策的執行，法國的經濟出現了空前的繁榮，人們都開始稱頌路易十四。但是，在法國富強的過程中，路易十四的野心也一步一步膨脹了。

不堪征戰苦

路易十四親政後，發動的第一場大規模戰爭是針對西班牙的。1665年，路易十四的岳父、西班牙國王腓力四世去世。新即位的國王年僅四歲，路易十四趁機對西班牙提出領土要求，理由是西班牙公主嫁過來時，應有一筆可觀的嫁妝，但西班牙一直沒有兌現，現在要以西班牙的領土做為補償。西班牙自然不願意，路易十四開始御駕親征。最後，法國占領了西屬尼德蘭的十二處要塞。此後，法國又向荷蘭、瑞典、丹麥等多國開戰，太陽王的威名傳遍了歐洲的大小國家。

路易十四經歷的最後一場戰爭，仍是面向西班牙的。1700年，西班牙國王查理二世逝世。由於他死後沒有繼承人，歐洲各國紛紛捲入了那場為爭奪西班牙王位繼承權而展開的戰爭。在長達十幾年的戰爭中，法國、葡萄牙和西班牙是一方，英國、荷蘭和奧地利是另一方。儘管法國最終還是如願以償，使路易十四的孫子當上了西班牙國王，但法國的國力已被耗盡──法國巨額債務纏身，瀕臨崩潰的邊緣。

路易十四一生中取得的偉大、輝煌的業績，隨著一次次令法國人民精疲力竭的戰爭而消耗殆盡。戰爭雖然能夠成就個人的榮耀，但也同時讓他走向滅亡。

◆路易十四與其家人

在這幅油畫中，路易十四被繪成太陽神阿波羅，其家庭成員也被繪成希羅神話眾神。

51

西元1613年—西元1917年

⊕人物：西吉蒙特三世　米寧　波札爾斯基　⊕地點：俄國　⊕關鍵詞：新沙皇

新沙皇打造羅曼諾夫王朝

　　接著轉向俄國——在經歷了伊凡四世去世、偽沙皇引爆的波俄戰爭後，俄國人已經苦不堪言。但是，他們還要面對外國人的侵襲。在民眾的不懈鬥爭下，俄國最終重新走上了正軌。一個嶄新的王朝——羅曼諾夫王朝，來臨了。

◆米哈伊爾·羅曼諾夫畫像

羅曼諾夫王朝的第一位沙皇，算是開國之君。但他的登基不是因為他的文治武功，而是全俄縉紳大會選舉的結果。換句話說，他做沙皇並非出於本意，而是被逼而為。

國內危機重重

　　雖然俄羅斯當政的七位貴族擊潰了沙皇偽季米特里二世（False Dmitriy II），但是在波蘭人面前卻彎下腰來，甘心俯首稱臣。七位貴族原本想推舉波蘭王子瓦迪斯瓦夫為俄羅斯沙皇，但是波蘭國王並不同意——波蘭國王西吉蒙特三世（Sigismund III Vasa）想要自己一身兼任兩國國王，建立一個龐大的波蘭－俄羅斯帝國。

　　此時，莫斯科已被波蘭軍隊占領，波蘭軍隊對莫斯科實行恐怖統治。1611年3月19日是俄羅斯的復活節，莫斯科市民們手持聖像和十字架，準備在克里姆林宮和紅場之間遊行，舉行傳統的宗教儀式。但是，波蘭駐軍長官卻害怕大規模的宗教儀式會演變成集體造反，於是命令波蘭軍隊大開殺戒，七千多名手無寸鐵的俄羅斯民眾慘遭殺害，莫斯科愁雲壓城。

　　雖然莫斯科已經落入波蘭人手裡，但是俄羅斯其他地區還在抵抗波蘭人的進攻。為了實現自己的大帝國之夢，1611年6月，西吉蒙特三世舉兵強攻俄羅斯的西部重鎮斯摩棱斯克（Smolensk）。斯摩棱斯克的軍民奮起反抗，最終全城八萬人中有七萬人英勇戰死。

就在西吉蒙特三世大舉動兵的時候，瑞典也看到了俄羅斯的虛弱，立即出兵東進，希望能夠分得一杯羹。瑞典的軍隊很快占領了涅瓦河流域，隨後瑞典大軍又進抵諾夫哥羅德（Novgorod）城下，逼迫諾夫哥羅德民眾選舉瑞典國王查理九世的兒子菲力浦王子為俄羅斯沙皇。1611年7月中旬的一個夜裡，諾夫哥羅德城內一個貴族的家僕偷偷打開城門，將瑞典人引進城，於是瑞典軍隊占領了諾夫哥羅德。接著，瑞典軍隊又接連占領了諾夫哥羅德地區的伊凡、雅姆、寇里波耶等城，刀鋒直指下諾夫哥羅德（Nizhny Novgorod）。

在外國軍隊步步緊逼、七名大貴族奴顏婢膝地面對波蘭人的時候，俄羅斯廣大人民開始起來反抗，反抗的烈火開始熊熊燃燒。

◆ 波蘭國王西吉蒙特三世塑像

民眾的反抗

早在1611年初，俄羅斯梁贊（Ryazan）地區的領導人普羅科比和弟弟扎哈里，就已經集結梁贊地區的貴族、農民和哥薩克（Cossack）等，組建成一支全民性的武裝隊伍。3月初，這支在歷史上被稱為「第一民軍」的隊伍從柯洛姆納出發，迅速兵臨莫斯科城下，開始向莫斯科的波蘭駐軍發動進攻。但是沒過多久，民軍中的哥薩克貴族發動武裝叛變，普羅科比兄弟被殺，「第一民軍」瓦解了。

1611年7月，當瑞典軍隊覬覦下諾夫哥羅德的時候，下諾夫哥羅德的民眾們開始自發組織起來。1611年秋，下諾夫哥羅德組建了地方自治會，商人出身的庫茲馬·米寧（Kuzma Minin）當選為地方自治會的會長。米寧在一座大教堂內舉行了盛大的集會。在會上，他慷慨陳詞，號召大家拿起武器，一同消滅侵略者。於是，下諾夫哥羅德很快又組織了一支民軍，由波札爾斯基（Dmitry Pozharsky）公爵擔任民軍指揮官。

1612年3月，這第二支民軍經過充分的準備後，從下諾夫哥羅德出發。為避免與波蘭和瑞典軍隊正面作戰，造成不必要的消耗，民軍先溯伏爾加河北上，4月到達了雅羅斯拉夫爾

◆米寧號召下諾夫哥羅德人民團結

（Yaroslavl）。在這裡，民軍受到了當地民眾的熱烈歡迎。米寧和波札爾斯基率領的軍隊，在這裡駐紮了大約四個月，組建臨時政府全國委員會，宣布不接受莫斯科的叛國政府，由臨時政府全國委員會統管全國的事務。

1618年8月末，民軍再次進軍，這次直接前往首都莫斯科。波蘭的守軍見民軍來勢洶洶，火速請求波蘭國王給予支援。波蘭國王派遣霍德凱維奇（Chodkiewicz）率波軍前來援助克里姆林宮中的波軍，希望能夠與守城內波軍對民軍形成內外夾攻之勢，使民軍腹背受敵。

米寧和波札爾斯基知道情況不妙，但仍率民軍應戰。他們準備先攻擊長途跋涉而來的霍德凱維奇部隊，以收以逸待勞之效。霍德凱維奇則是暗自竊笑，儘管民軍要先對付自己，但守城波軍絕不會袖手旁觀。一旦開戰，莫斯科城內的波軍會立即出來助陣，屆時民軍就將大勢已去。但霍德凱維奇的如意

算盤並未得逞，在大戰即將展開之際，已經投靠波蘭軍隊的哥薩克騎兵卻突然倒戈相向。民軍迅速抓住這有利時機，米寧立即率領五、六百人的突擊隊猛攻霍德凱維奇軍隊的側翼，波札爾斯基乘勝發起全面攻勢。波蘭的前鋒招架不住，向自己的兵營逃竄。民軍緊追不捨，波蘭軍隊只好放棄全部輜重，四處逃散。擊敗了波蘭援軍，米寧和波札爾斯基決定採取圍城的戰略對付波蘭守軍，因為此時波蘭的守軍已經陷入無援的境地。

守城波軍在苦守四週之後無以為繼，在克里姆林宮的城牆上升起了白旗。1612年10月，民軍接管了莫斯科，首都再度回到俄羅斯人民的懷抱。

新沙皇登基

米寧和波札爾斯基率領民軍將波蘭人從莫斯科趕走之後，馬上商量選出新沙皇，以穩定政局。最終，他們決定以臨時政府全國委員會的名義邀請一些大貴族、上層人士、官員、主教等一起召開縉紳會議，商議選舉

新沙皇事宜。

1613年1月，五十座城市的七百多名代表齊集莫斯科，在莫斯科克里姆林宮的聖母升天大教堂（Assumption Cathedral）召開會議。

因為前來的代表涵蓋階層十分廣泛，他們提出了許多新沙皇的人選。有人提出讓波蘭國王瓦迪斯瓦夫擔任沙皇，有人提出讓瑞典國王古斯塔夫二世擔任沙皇。但這兩個人選遭大多數人的反對。因為如此一來，民軍的一切努力將化為泡影，戰死沙場的將士也就白白付出了生命。接著一些俄羅斯的王公也被列為候選人，但都被一一否決了。

在幾輪爭論過後，米哈伊爾・羅曼諾夫（Mikhail Fyodorovich Romanov）成為眾望所歸的人選。他是伊凡四世（Ivan IV）皇后的親姪孫，有一定的皇族血統。不過更重要的，他是費多爾・羅曼諾夫（Feodor Nikitich Romanov）的兒子。當年費多爾・羅曼諾夫曾和大貴族們痛恨的戈東諾夫（Boris Godunov）爭奪沙皇之位，後來遭到戈東諾夫的迫害，於1601年被判流放到北方，當了四十年的苦行修士。費多爾・羅曼諾夫命運多舛，在被流放四年後，於1605年被偽季米特里一世召回。1608年，偽季米特里二世又宣布他為總主教。1610年，他奉命前往波蘭談判，結果被扣在波蘭當人質。他在俄羅斯威望極高，被人們親切地稱為「費拉雷特大牧首」（Patriarch Filaret）。為了表示對費拉雷特大牧首的感恩，同時也因為米哈伊爾・羅曼諾夫有著部分皇族血統，與會代表最後一致認為米哈伊爾・羅曼諾夫是最合適

的沙皇人選。

1613年2月21日，米哈伊爾・羅曼諾夫正式即位為沙皇，俄國從此開始了羅曼諾夫王朝。而那位曾經帶兵衝鋒陷陣，解放了莫斯科的波札爾斯基卻沒有得到一官半職，也沒有得到賞賜，反而被認為是一個「危險人物」，被排擠到遠離莫斯科的地方，1642年，這位曾經風光一時的統帥孤寂地死去。

1619年，費拉雷特大牧首被波蘭釋放回國，米哈伊爾對其父是言聽計從。這時的費拉雷特大牧首雖已六十六歲高齡，卻掌握了僧俗大權，使中央政權達到前所未有的鞏固，也使羅曼諾夫王朝穩定地傳承下去。

◆ 米哈伊爾的父親費拉雷特大牧首

米哈伊爾下詔規定，大牧首費拉雷特享有與沙皇同等待遇，大牧首成為實際上的太上皇。此後，費拉雷特大牧首逐漸掌握了實權，以鐵腕手段統治俄羅斯。

西元1643年—西元1689年

◎人物：波雅科夫　哈巴羅夫　◎地點：中國　◎關鍵詞：尼布楚條約

中俄《尼布楚條約》

　　十七世紀的俄羅斯，向東擴張的步伐異常迅速。然而，在哥薩克鐵騎的不斷擴張中，俄羅斯遭逢對手，就是它的鄰居中國。俄羅斯侵略者依然想憑藉暴力手段征服中國的大清王朝，但是清軍卻給了俄羅斯軍隊重重的一擊，最終兩國簽訂了《尼布楚條約》，使中國東北邊疆獲得了比較長久的安寧。

擴張仍在繼續

　　在不斷擴張領土的過程中，俄羅斯憑藉哥薩克騎兵的驍勇善戰，很快占領了西伯利亞。但他們也很快就發現現實遠沒有想像中美好。隨著從西向東的推進，他們發現所征服的地方盛產皮毛卻缺少糧食。但南部的黑龍江流域甚至更南的地方土地肥沃，不僅可以提供他們需要的糧食，而且還有著其他豐富的物產。但他們遇到一個問題，那裡屬於中國的大清帝國。

　　此時的俄羅斯人，尤其是那些哥薩克騎兵，已經習慣了憑藉刀劍來獲取他們想要的東西，對於大清帝國部署此地的小股士兵，並不看在眼裡。當時的黑龍江地區，也被清政府視為是苦寒的邊塞。1632年，俄羅斯在擴張至勒拿河（Lena River；即列拿河）流域後，在此設立雅庫茨克城（Yukutsk），並以此為據點，做為進一步侵略中國的堡壘。

　　1643年夏，雅庫茨克的長官戈洛文（Golovin；中文名費岳

◆俄羅斯民族服飾

俄羅斯民族眾多，各民族在服飾上各有特點。俄羅斯男子多穿西服，戴禮帽。女子多穿連衣裙、高跟鞋，冬季戴呢帽或皮帽，穿高筒靴。

◆ 哥薩克騎兵正在寫信給土耳其蘇丹
（伊利亞‧列賓，俄羅斯）

多）命波雅科夫（Vassili Poyarkov）率領一百三十多人的武裝隊伍，沿勒拿河向南侵略，並於冬天的時候跨越外興安嶺，進入中國境內。這些侵略者進入黑龍江地區後，四處燒殺搶掠，無惡不作，激起中國各族人民的憤怒，群起反抗，殺死了部分侵略者。

1646年，波雅科夫率領殘兵敗將回雅庫茨克。而波雅科夫帶回的資料和進一步武力征服黑龍江的想法，受到沙俄政府的重視。

1649年，一股由七十人組成的侵略軍再度從雅庫茨克出發，於年末侵入黑龍江，騷擾達斡爾族人生活的地區，但遭到當地百姓的強烈反抗。侵略軍將領哈巴羅夫（Khabarov）讓助手斯捷潘諾夫（Stepanov）率領部分殘兵應戰，自己則回到雅庫茨克求援。1650年夏，哈巴羅夫又糾集一百三十多名侵略軍，並帶了大炮和槍枝彈藥再次侵入黑龍江，強占雅克薩城。9月，哈巴羅夫又率領侵略軍侵入赫哲族人生活的烏扎拉村，強行占據城寨，欺壓當地居民。

兩強交鋒

1652年2月，清政府命令黑龍江寧古塔將軍率領軍隊驅逐侵略者。將軍率領的清軍打死了十餘名俄軍，打傷七八十人，大大削弱了俄軍的銳氣。1657年，俄羅斯騎兵再度強行在額爾古納河及石勒喀河流域，建立了尼布楚城和雅克薩城，妄圖進一步擴大侵略範圍。1658年6月，清政府派沙爾瑚達率戰艦與侵略軍在松花江下游展開激戰。1660年，清政府又派寧古塔將軍率水軍與侵略者交手。即便如此，侵略者因基地尚在，元氣尚存，仍舊不斷伺機出兵劫掠。

面對這種情況，大清帝國的康熙皇帝決定先對侵略者提出嚴重警告，然後加強邊防

◆哈巴羅夫塑像

十七世紀中葉，哈巴羅夫是繼波雅科夫之後，第二個入侵中國黑龍江流域的俄國民軍將領。

建設，準備剿滅沙俄侵略軍。清軍先偵察地形和敵情，並割掉俄軍在雅克薩城附近種植的莊稼，同時令附近地區斷絕與俄人的貿易，以使俄軍陷入困境。

　　1682年末，康熙皇帝調遣了一千五百名清軍前往黑龍江。最初駐紮在璦琿等地附近，後來又繼續進兵屯駐在雅克薩城附近。1683年夏，清軍進一步向璦琿、雅克薩等地派兵，修葺各地城牆，增強防守，並設置多處驛站，以方便供應軍需。黑龍江至外興安嶺地區距離中國腹地遙遠，清政府對此地區並不重視，甚至黑龍江還長期是流放犯人的地方。但俄國侵略者的到來，使清政府不得不重視北部邊防的防守。單靠黑龍江地區的各族人民，難以有效抵抗侵略者的進攻，因此康熙皇帝設置屯兵防守，這樣也有利於日後進一步加強對這些地區的管理。

最後通牒

　　1683年秋，清政府正式向盤踞在雅克薩城等地的俄國侵略軍發出最後通牒，勒令他們撤出清朝的領土。但是，俄侵略軍根本不予理會，甚至還派小股部隊到璦琿城等地繼續燒殺搶掠。隨後，清軍守將將前去進犯璦琿的俄軍擊潰，並一路追擊，摧毀了俄侵略軍建立的幾個據點。這樣一來，雅克薩城失去了四周據點的援助，成了孤城。

　　1685年初，為了徹底驅逐俄侵略軍，康熙皇帝命令都統彭春率領三千名清軍奔赴雅克薩，以武力來收回雅克薩城。1685年夏初，彭春的清軍到達璦琿，再兵分兩路，水陸並進雅克薩城。幾天之後，清軍兵臨雅克薩城

下。彭春採取先禮後兵的方式，通令城內的俄軍，希望他們能夠撤出雅克薩城，歸還清朝的領土，但是俄軍守將認為雅克薩城防堅固，不把清軍當回事，拒絕撤離雅克薩城。

簽訂《尼布楚條約》

於是，清軍從雅克薩城的東南角和西北角同時發起炮攻。俄侵略軍在清軍的強大攻勢下傷亡慘重，漸漸無法支撐。俄軍守將這時請求清軍停止攻擊，他們主動撤離雅克薩，退到尼布楚附近。清軍趕走了俄軍後，留下部分兵力斷後，其餘的勝利班師。

退走的俄軍不甘心失敗，繼續尋找機會再度進犯。1685年秋，莫斯科派出六百名俄軍增援敗退至尼布楚的俄軍。俄軍在有了增援後，得知清軍已經撤走，於是再度出擊雅克薩城。俄軍的行動使清政府十分憤慨，1686年初，康熙皇帝再次下令攻打俄軍。

1686年夏，清軍二千多人再度兵臨雅克薩城下，勒令俄軍投降。俄軍不理，清軍發起攻城戰。俄軍督軍托爾布津（Alexei Tolbuzin）被炮彈擊中身亡，但是俄軍很快又選出督軍，繼續抵抗。清軍判斷雅克薩的俄軍死守不出，可能是在等待援軍，於是在雅克薩城四周挖戰壕，並派軍艦在雅克薩附近的河面上巡邏，切斷雅克薩俄軍的一切外援。俄軍失去外援，戰死、病死的情況非常嚴重。就在雅克薩城即將被清軍攻下之際，俄羅斯攝政索菲婭（Sofia Alekseyevna）公主派人前去和清政府議和。

1689年8月27日，中俄兩國簽訂《尼布楚條約》（Treaty of Nerchinsk），明確界定中俄兩國的東段邊界，從法律上確定了黑龍江、烏蘇里江流域的廣大地區屬中國領土。同時，條約也將貝加爾湖以東尼布楚納入俄國版圖，烏第河與外興安嶺之間的地方則劃為待議地區，並獲得重大的通商利益。條約的訂立，為中俄兩國關係的正常化奠定了基礎。

◆ 雅克薩城之戰

西元1672年—西元1725年

人物：彼得大帝　　**地點**：俄國　　**關鍵詞**：西學　剪鬚　建都

彼得大帝的偉業

　　當十七世紀啟蒙運動的理性之光開始普照歐洲大地時，歐洲各國為權勢展開了激烈的角逐。不過，這一時期的俄國似乎還處於冰封狀態，依然貧窮、落後。彼得一世的橫空出世，打破了種種枷鎖，將西方的理性之光引進俄國境內。

◆彼得大帝返回莫斯科

西去取經

　　1672年6月9日，莫斯科的教堂鐘鼓齊鳴，沙皇阿列克謝・米哈伊洛維奇（Aleksey Mikhailovich）的兒子彼得誕生了。但不幸的是，彼得四歲的時候，沙皇就去世了。從此，宮中上演了一幕幕爭權奪利的鬥爭。而彼得就是在這種爾虞我詐的環境中長大的。1696年，彼得成為俄國的君主，即彼得一世（Peter the Great）。

　　十七世紀的俄國瀕臨太平洋和北冰洋，坐擁西伯利亞這片遼闊的領土，擁有肥沃的土地和豐富的自然資源。然而，這樣一個國家，卻落後封閉、偏安一隅。它沒有通向外界的出海口，沒有一支正規軍，沒有一所像樣的學校，甚至許多達官顯貴都目不識丁。當理性的曙光照耀西歐大地，當歐洲國家開始邁進現代社會的時候，擁有廣闊土地和眾

◆ 彼得大帝銅像

多人口的俄國卻仍然生活在中世紀的狀態。登上王位的彼得決定改變這種困境，讓俄國搭上歐洲現代化的快車。

1697年3月，彼得決定去歐洲進行一次長途旅行——這次旅行對俄國的未來影響巨大。西方的技術，尤其是軍事技術讓彼得眼前一亮，腦海中逐漸浮現改革的藍圖。

彼得以下士彼得·米哈伊洛夫身分出訪歐洲，先後到過瑞典的里加、東普魯士、荷蘭的阿姆斯特丹和海牙、英國的倫敦、奧地利和波蘭等地。彼得身體力行，用心感受歐洲的點點滴滴。訪問期間，他在東普魯士學習製炮，在荷蘭的薩爾丹造船廠做木工，在阿姆斯特丹了解軍艦製造，在英國參觀海軍，甚至還在荷蘭的東印度公司當過船長。

經過一番實地考察，彼得不僅了解了西方，同時也在反省俄國的落後與衰敗，一種強烈的反差刺激著這位野心勃勃的君王。他決定向西方學習，因為只有這樣俄國才能跟上時代的潮流，否則只能在與世隔絕中走向衰亡。

彼得剪鬚

當時的俄國男子有崇尚大鬍子的習俗，他們認為鬍子是上帝賜予他們的禮物，所以俄國男子一成年就開始蓄鬍子，沒留鬍鬚的男人會被人笑話，剪掉鬍子還會被認為是大逆不道。但是，從歐洲回來的彼得，已經看不慣男人們留著長長的鬍鬚——在他看來，這正是俄國保守落後的象徵。

◆彼得大帝為大臣剪去鬍鬚

1698年，當幾名大臣問候遠途歸來的彼得大帝時，彼得大帝突然拿起剪刀朝他們的鬍子剪去。這些大臣們來不及躲閃，馬上失去了威風凜凜的鬍鬚。這還沒結束，沒過多久，彼得大帝將全民剪鬚做為命令頒布全國。《剪鬚令》明確規定剪鬍鬚是所有俄國人的義務，若不履行該義務，則必須繳納保鬚稅。鬍鬚沒有了，人們以為彼得可以放下剪刀了。可他們萬萬沒想到，彼得又把剪刀伸向了他們的寬袍長袖。

在一次有許多貴族參加的宴會上，彼得手拿剪刀逐一剪掉來賓的袍袖。彼得還命人把更改服裝的敕令貼滿全國的各個角落，規定俄國男子統一穿著短上衣、長腿褲，戴法國式禮帽，穿長靴或皮鞋；女子則穿裙子，戴高莊帽，穿歐洲樣式的皮鞋。

在剪鬍鬚換服裝之後，俄國人在精神面貌上與西歐人日益接近，也開始了向西方學習的漫長過程——他們不再故步自封，而是將目光轉向了西歐的艦船、槍炮，還有隆隆作響的機器。

軍事革新

彼得進行了一連串的軍事革新。為了獲得更多兵員，1700年，彼得在全國實行徵兵制，規定不分貧富貴賤，各個階層都有義務服兵役。經過五十三次徵兵之後，幾十萬俄國熱血青年應徵入伍。除此之外，彼得還著手培養自己的軍官團，將貴族青年派到西歐各國學習軍事技術、軍事理論，同時聘請西歐的軍事人才到俄國做軍事顧問，使西方的軍事理念能夠在俄國傳播。彼得還在國內建立了各種軍事院校，培養中下級軍官和各種專業人才。經過幾年的培訓和歷練，彼得軍隊的戰鬥力有了很大的提升。

彼得還發現，要想取得戰爭的勝利，除了要有先進的武器外，還要有各種制度和產業相配套。俄國軍隊的紀律性要比瑞典和普魯士軍隊差很多，於是彼得便起草軍事紀律，以鐵的紀律去規範官兵——《軍事法規》在1716年應運而生。除此之外，彼得開辦了各種軍火工廠，生產槍炮、艦船，提高軍隊的裝備水準。當時英國駐俄國的外交官驚恐地發現俄國建造的軍艦，其技術水準不亞於歐洲任何國家。

經過彼得的一連串改革，俄國軍隊舊貌換新顏。在彼得之前，幾代沙皇都曾希望尋

◆彼得大帝創建聖彼得堡

找一個通往外部世界的暖水港口，但是幾乎每次都是失望而歸。雖然彼得一世當政之初，俄國還是個閉塞的內陸國家，貿易幾乎都掌握在別國手中，但是彼得決心為俄國找到一扇通往西方的窗戶。他與南方的鄰居土耳其修好，集中全力對付瑞典。在長達二十一年的北方大戰結束後，彼得終於實現了幾代沙皇的夙願，如願得到了波羅的海沿岸的出海口。而經過北方大戰的洗禮，俄國成功地取代了瑞典，成為北方的軍事大國。

修建新都

彼得的改革雖然取得了很大的成效，但是招來反對聲浪。因為彼得在進行改革的同時，還削弱了貴族的權力，這引起了他們的不滿。面對改革過程中的反對聲音，彼得不為所動，反而決心剷除這股勢力。

莫斯科是保守勢力的巢穴，為了推進改革，彼得決意遷都。其實，早在北方戰爭初期，俄軍攻陷瑞典諾特堡（Noteburg）要塞時，彼得一世便為芬蘭灣邊這片海水環繞的土地所迷醉。也許在那個時候，彼得內心就已經有了遷都的念頭。在鎮壓了幾次貴族叛亂之後，彼得便延請設計師為俄國設計新都。

在一片低窪泥濘的土地上，修建一座全新的都城談何容易。不過，彼得絲毫不畏困難，他的主意已定。1703年5月16日，城市的修建工作正式開始，城市也定名為聖彼得堡。此後，數十萬人在建築工地上勞作，全國各地的石料也都被搬運到此，彼得也親自參與這座城市的建設。

經過數年的努力和勞作，一座新城出現在人們的眼前，寬闊的涅瓦河從城市穿行而

◆ 十八世紀中葉的俄國聖彼得堡

涅瓦河左岸為冬宮，右岸為科學院。彼得大帝於1703年開始修建聖彼得堡，徵召了無數勞工，幾萬人在修建中死去。為了充實新首都的人口，彼得大帝還把原本不願意來的貴族和其家庭成員全都遷來，使其定居聖彼得堡。

過，新城就好像建在水上一樣，高聳的教堂、富麗的宮殿，雄偉壯觀。除此之外，它本身就是一個天然的軍港，是俄國海軍的落腳點。之後從1711年到1714年，彼得大帝親自制定搬遷名單，派人按名單催促莫斯科的部分貴族、商戶等，按期限遷移至聖彼得堡，不得有誤。

聖彼得堡的名字很值得人們玩味，它有多重涵義，從它的名字便可以看出它的文化意蘊和歷史使命。「聖」是神聖的意思；「彼得」是《聖經》所記載的使徒的名字；「堡」是城市的意思。聖彼得堡不僅是俄國向西方開放的視窗，也代表著俄國要恢復古羅馬帝國聲威的雄心壯志。

「向西看」是彼得改革的指導思想，他願意用西方的思維方式修建新都，也願意用西方的文明與理性改造俄國。他改革了文字，以簡潔明快的世俗字體代替了繁瑣的斯拉夫字體；建立了第一批世俗學校、第一座博物館、第一座公園、第一批劇院……在彼得的時代，俄國第一份報紙《新聞報》出爐，他甚至還親自擔任編輯。

彼得創造了無數個第一，因為他想讓俄國崛起為世界第一。俄國在彼得的手中找到了崛起的支點，還有大國的夢想。以後的數個世紀，俄國人都在為了大國的夢想不倦地征伐著、擴張著。

◆ 俄羅斯彼得保羅大教堂

俄羅斯古教堂，坐落於聖彼得堡市涅瓦河畔，最初因彼得大帝而建，現在已經改為博物館。此教堂內保存了從彼得大帝到尼古拉二世，幾乎所有俄羅斯沙皇和皇后的遺骸。

西元十六世紀末—西元十七世紀末

◎人物：科恩　◎地點：荷蘭　◎關鍵詞：荷蘭東印度公司　擴張

荷蘭風車響起

　　十七世紀的荷蘭將自己的商業觸角伸展到了亞洲的大小角落，並將歐洲的競爭對手西班牙和葡萄牙、甚至英國都拋在後面，發展成為當時的航海和貿易強國。這一時期，在荷蘭歷史上被稱為「黃金年代」。

▌東印度公司的籌建

　　1599年，荷蘭阿姆斯特丹的九名大商人，為了籌集在亞洲開展香料貿易的資金，開始頻繁接觸磋商──組建大型募股公司的想法，在他們的頭腦中漸漸形成。1600年，英國率先邁出了組建大公司的步伐──東印度公司（British East India Company, BEIC）成立。英國人開始在亞洲擴大自己的貿易規模，這更加刺激了在海洋事業上雄心勃勃的荷蘭人。

◆ 位於阿姆斯特丹的荷蘭東印度公司碼頭

　　1602年3月，在荷蘭議長的支持下，荷蘭也建立了屬於自己的東印度公司（Vereenigde Oostindische Compagine, VOC）──目的在於減少荷蘭商人與探險家之間的競爭，增強荷蘭與其他國家的競爭力。剛剛組建的荷蘭東印度公司擁有六百五十萬荷蘭盾的資本──相當於英國東印度公司的十倍多。荷蘭東印度公司之所以能夠募集到如此巨額的資本，主要在於荷蘭東印度公司

將自己的股本進行了細分，使普通的荷蘭民眾也能夠入股。荷蘭的政界人物對投資公司表現出高度熱情——在政界人物的帶動下，普通民眾也懷著淘金的心情，將自己的積蓄交給了東印度公司。

荷蘭東印度公司在阿姆斯特丹、鹿特丹等六個城市設立辦事處，董事會有七十多人。但真正掌握管理實權的只有十七人，被稱為十七紳士。為了使東印度公司能夠全方位地應對將在亞洲出現的各種狀況，荷蘭政府允許東印度公司擁有自己的武裝，並能夠與其他國家簽訂正式的條約。

在東印度公司開始運作之後，關於究竟是採用武力征服還是採用正常貿易的方式建立商業據點，公司內部曾產生激烈的爭執。東印度公司的總督科恩（Jan Pieterszoon Coen）得出的結論是，不可能在沒有戰爭的情況下就能順利從事貿易，但是也不能在沒有貿易追求的時候發動無謂的戰爭。

因為東印度公司初創，首先要穩定地拓展自己的貿易事業，因此基本上處於平穩的商業貿易階段，造船、建貿易站成了頭等大事。在這一點上，荷蘭東印度公司要比英國東印度公司幸運得多——英國東印度公司雖然早成立兩年，但是一直受資金短缺的問題困擾。而荷蘭東印度公司在十年之內，沒有付給股東們任何利息，將財富都用於擴大自己的規模。荷蘭東印度公司之所以有這樣的氣魄，在於荷蘭在阿姆斯特丹創建了世界上第一個股票交易所。東印度公司的股東們可以將手中的股票拿到股票交易所出賣，換回真金白銀，而不必直接要求東印度公司支付

◆ 東印度公司總督科恩畫像

1619年，科恩被指定為東印度公司總督。他是一個極有遠見、充滿野心的人，試圖透過殘暴的武力，讓東印度公司一統亞洲。

紅利。荷蘭這種領先的商業意識為其商業的發展，奠定了堅實的基礎。

擴張之路

在經過了最初的準備階段之後，荷蘭在亞洲武力征服與商業貿易二頭並進。1619年，荷蘭在巴達維亞（Batavia；今雅加達）建立了第一個據點，使荷蘭能夠在亞洲的香料貿易中，擁有軍事與商業活動中心。而巴達維亞的地理位置優越，處在中國、印度、日本之間，是進行貿易往來的絕佳中轉站。

◆ 阿姆斯特丹港

畫面描繪了十七世紀荷蘭東印度公司船隊滿載香料和其他商品，從東方返回阿姆斯特丹港的情景。

從這個據點開始，荷蘭迅速編織起龐大的貿易據點網路。

荷蘭東印度公司在亞洲貿易中，輻射的範圍要比葡萄牙廣，採取的手段也多樣化。荷蘭東印度公司為了獲取在東方的貿易霸權，與英國東印度公司展開競爭，並努力排擠葡萄牙人和英國人。甚至為了排擠其他國家的商人，荷蘭人不惜屢次動用武力。

1616年，荷蘭與日本正式接觸。為了打擊競爭對手葡萄牙和西班牙，荷蘭還散播葡萄牙、西班牙的天主教傳教活動有企圖控制日本的野心，使德川幕府對天主教的猜忌更深，禁止天主教傳播的決心也更堅決。當日本的德川幕府一步步走上閉關鎖國之路時，荷蘭不僅沒有受到多大的打擊，相反地獲得了愈來愈多的利益。到最後，西班牙、葡萄牙、英國都因日本的鎖國政策被拒之門外的時候，荷蘭卻成了與日本通商的唯一歐洲國家。

1622年，荷蘭進攻被葡萄牙人控制的中國澳門。最初，荷蘭艦隊占了上風，葡萄牙守軍初戰失利。後來，葡萄牙積極調配援軍，扼守炮臺——發炮擊中了荷蘭艦隊的指揮艦，導致艦隻大爆炸，荷蘭士兵傷亡慘重。葡萄牙守軍乘勝追擊，使荷蘭人占據澳門的夢想化為泡影。

1623年，東印度公司總督科恩為了搶奪貿易，在印尼的安汶島（Ambon Island）殺害了十幾名英國和葡萄牙商人。1624年10月，荷蘭人來到臺灣的西南海岸。登陸後，占領臺灣南部地區，並修築城堡，直到1662年被明鄭延平王鄭成功打敗，才撤離臺灣。

1641年，荷蘭攻克了太平洋與印度洋的交通咽喉麻六甲。1667年，又迫使蘇門答臘島的亞齊王國（Aceh）投降。1669年，望加錫（Makassar）被征服。1682年，香料群島

中的重要港口萬丹（Banten）也歸附於荷蘭。

在東亞、東南亞地區獲得大量商業利益後，荷蘭人將目光瞄準了正在衰落的印度。在亞洲的貿易中，印度的地位至關重要，它不僅是重要的中轉站，本身也生產西方人需要的多種物品。自大航海時代以來，葡萄牙人、英國人一直都將印度看成是亞洲貿易中極為關鍵的一環。荷蘭人最初在印度的一些沿海地區建立貨站，販賣印度的布匹、茶葉，後來在孟加拉地區建立起了穩定的商業據點。而臨近印度的錫蘭（Ceylon；斯里蘭卡舊名）盛產桂皮，荷蘭人先是以商業進入，隨後展開武力征服，1661年，占領了這個島國。

自私的貿易方式

荷蘭人在亞洲透過征服建立諸多商業據點之後，將貿易系統發展得更為完善——從收購到裝運、出售，貿易鏈清晰、分工明確，這一切使荷蘭的商業運轉遠比葡萄牙和英國的商業運轉更為流暢。

在具體的貿易過程中，荷蘭人充分分析了市場——在歐洲，荷蘭的貿易不可避免地與葡萄牙人、英國人展開競爭，還要面對日益強大的威尼斯。為了使自己更具競爭力，荷蘭販賣的商品沒有採取大而全的方式，而是重點壟斷了幾種貴重香料，如桂皮、八角、肉豆蔻和茴香等。為了使香料的品質能夠超過其他國家，荷蘭人不顧占領地區人民的生活狀況，強行要求不同地區種植不同的香料——在錫蘭種植桂皮，在班達島（Banda）種植肉豆蔻，在安汶島種植八角

和茴香等。這樣既使荷蘭東印度公司的貨源和貨物品質得到了保證，又加深了被占領地區對荷蘭的貿易依賴。再者，歐洲列強的船隊紛紛裝載著香料返回歐洲本土，使得歐洲的香料價格因為供過於求而下降。這時，荷蘭東印度公司為了維持市場上的壟斷價格，毀掉一批香料和香料作物，造成歐洲香料市場大大萎縮，從而使自己的品質較高的香料供不應求，價格飆升。

荷蘭人除了將亞洲生產的大量貨物運回歐洲販賣之外，還從事往來於亞洲各國間的貿易活動——向印度出售東南亞地區的香料，用安汶島生產的檀香木和中國交易，換回瓷器和絲綢，又將瓷器和絲綢的一部分銷往日本。荷蘭因此迅速積累巨額財富，也使得十七世紀成為荷蘭商業崛起的世紀。

延伸閱讀

鄭成功收復臺灣

1661年，鄭成功率領兩萬多名士兵，乘坐大小戰船數百艘，從福建金門出發，前往臺灣。到達臺灣後，鄭成功發現這裡的很多地區有荷蘭人盤踞，於是給荷蘭總督寫了義正詞嚴的招降書，希望荷蘭人退出臺灣。但是荷蘭人毫不理會鄭成功的要求，並拉開架式要與鄭成功決一死戰。鄭成功得到了臺灣人民的幫助，一次次擊敗荷蘭人，最終攻下了荷蘭人的據點普羅民遮城等地，將荷蘭人徹底趕出臺灣島，結束荷蘭人長達三十八年之久的占據。

西元1652年—西元1674年

◎人物：克倫威爾　◎地點：英吉利海峽　地中海　北海　◎關鍵詞：海外擴張

三次英荷戰爭

　　十七世紀，英國和荷蘭都積極從事海外貿易與擴張，利益衝突與競爭使兩國之間三次開戰。在這些戰爭中，英荷雙方互有勝負，幾次簽訂條約。但利益的驅使讓條約只能成為暫時性和平的保證。一旦一方有意打破勢力均衡，戰爭的硝煙就會再度瀰漫。

戰爭一觸即發

◆十七世紀荷蘭使用的船舶模型

　　1649年，英國國王查理一世被推上了斷頭臺。英國的資產階級、新貴族利用他們控制的議會，大力擴展他們的政治、經濟實力。為了獲得更多的財富，他們積極拓展海外市場，以獲得更多的殖民地。而此時的荷蘭正在崛起，並且在歐洲的海外貿易中取得了一定程度的優勢，於是它希望遏制英國這個競爭對手。

　　英國護國公克倫威爾深知軍隊的重要性，認為要想更好地發展英國的海外事業，就要使自己的海軍力量強大起來。於是，克倫威爾擴大了英國的海軍規模，使英國的軍艦數量由1649年的三十九艘上升到1651年的八十艘，並且改進了軍艦的型號和裝備，使這種新型軍艦更加靈活，更具有攻擊性。在提升海軍實力後，克倫威爾開始了他打擊勁敵荷蘭的計畫。

　　1651年，英國頒布針對荷蘭的《航海條例》，條例規定凡是從歐洲其他地區運往英國的貨物，都要由

英國船隻或商品生產國的船隻運送；凡是從亞洲、非洲、美洲等地運往英國、愛爾蘭或者英國殖民地的貨物，都要由英國船隻或英屬殖民地的船隻運送。英國各港口的進出口貨物，以及在英國沿海從事貿易的貨物，都要由英國船隻運送。這些規定對於從事大量仲介運輸服務的荷蘭來說，是一種公開的挑釁。荷蘭對《航海條例》提出強烈抗議，要求英國將其廢除。英國毫不猶豫地回絕荷蘭的要求，兩國之間的戰爭一觸即發。

第一次英荷戰爭

　　1652年5月的一天，英國海軍上將布萊克（Robert Blake）正率領二十多艘軍艦在多佛爾（Dover）海峽巡邏，正巧碰上了荷蘭海軍上將特羅普（Maarten Tromp）率領的艦隊——當時這支艦隊正在執行為荷蘭商船護航的任務。長期以來，英國海軍總是要求其他國家船隻在駛經多佛爾海峽時，要向英國艦隊致敬，這次布萊克上將也對荷蘭艦隊提出同樣的要求。此時兩國正因《航海條例》

◆ 第一次英荷戰爭

1653年3月14日的利佛諾戰役場景。

問題鬧得十分不快，尤其是兩國的海軍將領們更想教訓一下對手。在這種情況下，特羅普的艦隊拒絕向英國艦隊致敬。雙方積蓄的恩怨一下子爆發出來，兩支艦隊展開了長達四個多小時的炮戰。第一次英荷戰爭就此拉開序幕。

　　1652年7月，英荷兩國正式宣戰，英國制定的作戰戰略是扼守住多佛爾海峽和北海，這是荷蘭從事海外貿易的主要通道。英國則採取切斷荷蘭對外聯繫管道，逼迫荷蘭人投降。荷蘭的艦隊多次向英國艦隊發起衝鋒，但自始至終荷蘭人也沒能突破英國人的封鎖。荷蘭過度依賴對外貿易的弱點使它嘗到了苦頭，荷蘭的財政收入迅速下滑，內部問題一一顯現。荷蘭無力再和英國僵持下去，開始與英國進行談判。

　　1654年4月，英荷兩國簽訂了《威斯敏斯特和約》（Treaty of Westminster），荷蘭

被迫接受了《航海條例》中的大部分內容：同意支付給英國東印度公司造成的財產損失，大約二十七萬英鎊；將大西洋上的聖赫勒拿島（Saint Helena）的控制權交付給英國；同意在英國水域遇見英國艦隊時致敬。

第一次英荷戰爭以荷蘭的失敗告終，但這只是雙方衝突的暫時緩和。

第二次英荷戰爭

1660年，英國的斯圖亞特王朝復辟，查理二世登上英國王位。查理二世也十分重視海軍的發展，賜予英國海軍「皇家艦隊」的稱號，並任命自己的弟弟詹姆士公爵為「皇家艦隊」的最高指揮官。

為了進一步打壓荷蘭的海上霸業，查理二世推出了更為苛刻的《航海條例》。英國向荷蘭的海外殖民地發起新的攻勢，但在克

◆ 第二次英荷戰爭

第二次英荷戰爭荷蘭大獲全勝，荷蘭海軍押著被俘的英國戰艦歸來。

倫威爾去世後，因為高級軍官們忙於爭奪權勢，英國海軍的發展不僅退步，戰鬥力也有所下降。反觀荷蘭的海軍，則有了很大的進步。第一次英荷戰爭之後，《航海條例》的陰影在荷蘭海軍心頭揮之不去。他們一直期待著有一天能夠一雪恥辱，因此海軍的訓練從未懈怠。此時荷蘭海軍的統帥是魯伊特（Michiel de Ruytor）上將，這位將軍勵精圖治，不僅嚴明軍紀，還改變了作戰思維。以往，荷蘭海軍的主要任務是為商船護航，魯伊特將軍認為荷蘭海軍要想擺脫被動作戰局面，就要拋開為商船護航的模式，由海軍獨立作戰，這樣才能減少後顧之憂。

當查理二世頒布了更為苛刻的《航海條例》時，正準備復仇的荷蘭海軍開始採取戰略行動。1664年8月，魯伊特率領八艘戰艦前往西非，從英國人手中收回了原屬荷蘭的據點，小試牛刀。1665年2月，荷蘭向英國宣戰，第二次英荷戰爭爆發了。

在戰爭開始的時候，原本磨刀霍霍的荷蘭海軍並沒能如願地給英國海軍沉重一擊，反倒處於劣勢。在英國海軍的凌厲攻勢之下，荷蘭海軍在長達幾個月的時間內，只能確保維護自己的交通線不被英國人切斷。

從1666年年初開始，英荷雙方進入戰爭僵持階段，主要是由於荷蘭與法國、丹麥結成盟友，共同反對英國。兩國不僅向荷蘭提供大量的物資援助，法國還牽制住英國的二十艘戰艦，這使英國的實力受到削弱——雙方基本上處於實力均衡的狀態。

在僵持階段，雙方頻繁開戰，幾個月內就發生了五次交火。1666年9月之後，勝利

的天平開始逐漸傾向荷蘭——從某種程度上說，這是魯伊特將軍的一場華麗表演。

　　1667年6月19日，魯伊特將軍率領由五十九艘艦船組成的荷蘭艦隊，趁著夜色航行到了英國的泰晤士河口。這時正值漲潮，魯伊特命令艦隊先溯流而上進入泰晤士河，然後用炮彈襲擊兩岸。很快地，荷蘭海軍摧毀了幾處英國炮臺，並奪走大量的黃金、木材等。當荷蘭艦隊駛到一個船塢時，發現這裡停泊著英國的十八艘大型戰艦。荷蘭艦隊以迅不及防的速度將防守戰艦的岸上炮臺擊潰，然後朝英國戰艦開火，最後英國有六艘大型戰艦被荷蘭艦隊的炮彈擊毀。魯伊特還將「皇家查理號」戰艦俘獲，做為戰利品帶回了荷蘭。

　　荷蘭艦隊在泰晤士河裡橫衝直撞了三天，並給英國造成重大打擊之後才安全返航。之後，魯伊特又對泰晤士河口進行長達

◆ 英荷戰爭帶來的漁業利益

英荷戰爭的爆發，是海上爭權的表現，更是爭奪海上利益的表現。兩次英荷戰爭帶來漁業蓬勃發展，漁民們大獲豐收。

數月的封鎖。

　　魯伊特的奇襲造成英國高達二十萬英鎊的損失，並嚴重地挫敗了英國海軍的銳氣，使這堂堂的皇家艦隊還沒來得及組織大規模反攻的時候，就讓魯伊特全身而退了。英國遭受慘敗，加上倫敦爆發瘟疫和大火，因此難以再和荷蘭抗衡下去，於是提出和談。1667年7月，英荷兩國簽訂了《布雷達和約》（Treaty of Breda）。根據和約，英國將新的《航海條例》中一些苛刻的條款取消，歸還了在第二次英荷戰爭期間，占領南美洲的荷蘭殖民地，並放棄在荷屬東印度群島方面的利益。荷蘭將自己的北美殖民地新阿姆斯特丹等地，割讓給英國，並承認西印度群

◆第三次英荷戰爭

島為英國的勢力範圍。這個條約雙方互相讓出部分利益，是一次就瓜分殖民地而達成的妥協。但總體來看，英國在這次戰爭中屬於失敗的一方。

第三次英荷戰爭

1672年，法國正式對荷蘭宣戰。英國馬上站在法國一邊，並在沒有正式對荷蘭宣戰的情況下，於1672年3月襲擊了荷蘭的一支商船隊，第三次英荷戰爭爆發。參加這場戰爭的國家，除了英國、法國和荷蘭外，瑞典、西班牙和丹麥等國也參與了進來。

第三次英荷戰爭同時在陸地和海洋上展開。陸地上的進攻主要由法國來承擔，法國的陸軍很快就彰顯出歐洲第一陸軍的實力，將荷蘭陸軍打得節節敗退。荷蘭的格爾德蘭（Gelderland）、烏德勒支（Utrecht）等省相繼落入法軍手中。

隨後，法國騎兵一路高歌猛進，甚至直逼荷蘭的首都阿姆斯特丹（Amstterdam）。荷蘭是一個低地國家，在萬般無奈下，剛剛執政的威廉只好下令掘開堤防，讓海水倒灌，才阻擋了法國陸軍的凌厲勢頭。陸上進攻因此告一段落——荷蘭的所有希望都寄託在海軍身上。

魯伊特將軍此時已年過花甲，但是豐富的作戰經驗仍使他成為荷蘭海軍總司令的不二人選。魯伊特分析英法兩國的海軍情況，認為英國的海軍是主力，法國海軍不僅力量薄弱而且缺乏海戰經驗，因此不必過多注意。在分析敵我形勢之後，魯伊特部署由一小股艦隊去牽制法國艦隊，而將海軍的主力用來對付英國海軍。在具體戰術上，魯伊特將艦隊主力放在靠近荷蘭領海的淺海中，這樣更容易做好防守——陸軍的失利已經不能

讓他再有所疏忽與冒進。同時，魯伊特也不斷巧妙地運用他的奇襲戰術。

海戰最初，雙方各有勝負。魯伊特憑藉偷襲取得一些小勝利，但對整體戰局並未產生決定性的影響。1673年的特塞爾（Texel）海戰，是雙方正面交鋒最為激烈的一場大戰，也影響了未來的戰爭局勢。1673年8月，英法兩國艦隊進行大規模集結，企圖登陸荷蘭的特塞爾島，然後再水陸並進發動攻勢。

荷蘭艦隊事先探聽到了消息，魯伊特將麾下艦隊編為先遣隊、主力隊、預備隊三個分隊，準備與英法聯合艦隊一較高下。但從實力對比上看，荷蘭艦隊明顯弱於英法聯合艦隊。8月21日夜，魯伊特指揮艦隊利用風向，成功穿插到英法聯軍的縫隙之中。

天剛剛放亮，魯伊特命令艦隊主動進攻，特塞爾海戰上演。儘管英法聯合艦隊在兵力上占優勢，但在作戰上，荷蘭海軍明顯更勝一籌。法國艦隊的水準無論是在訓練上，還是在作戰經驗上都明顯不足，在軍艦被擊中後，不懂得把握有利戰機繼續戰鬥，而是忙於對艦隻進行修補。不久，法國艦隊就陷於混亂之中。此時，魯伊特將主力集中對付英國艦隊。這場海戰一直由清晨打到黃昏，英法聯軍方面有九艘戰艦被擊毀，多艘被擊傷，而荷蘭方面只是有艦隻被擊傷。

特塞爾海戰最終由荷蘭獲得勝利。英法聯軍在慘敗之後，聯盟也宣告破裂。1674年2月，英荷兩國簽訂了《威斯敏斯特和約》，承認兩國於1667年簽訂的《布雷達和約》繼續有效。荷蘭給予英國一定的補償，英國則保證在接下來的荷法戰爭中保持中立。至此，英國與荷蘭的三次戰爭，落下帷幕。

西元1618年—西元1648年

人物：斐迪南二世　克里斯提安四世　　地點：德意志　　關鍵詞：三十年戰爭

「三十年戰爭」定歐洲

1618年至1648年歐洲爆發了「三十年戰爭」。這場戰爭曠日持久、異常慘烈，歐洲的主要國家幾乎都捲入其中。這場戰爭意義深遠，表面上各國是為宗教信仰而戰，但其實是為了國家利益而戰。在這場大戰結束時，簽訂的和約奠定了近代歐洲的國際格局與主權觀念。

◆繪有黑色雙頭鷹的哈布斯堡家族紋章

歐洲的對峙局面

1555年，在《奧格斯堡宗教和約》（Peace of Augsburg）簽訂之後，神聖羅馬帝國皇帝、哈布斯堡王朝的查理五世和新教諸侯之間達成妥協，確立了「教隨國定」的原則，新教諸侯和天主教諸侯各自擁有自己的勢力範圍，互不干預。新教與天主教勢力相當，七大選帝侯中的布蘭登堡（Brandenburg）、薩克森和普法爾茨（Palatinate）三個信奉新教。儘管有「教隨國定」的約定，但兩派之間還是不斷明爭暗鬥。1608年，為了團結新教的力量，新教諸侯建立了以普法爾茨選帝侯腓特烈五世（Frederick V, Elector Palatine）為首的「新教聯盟」。天主教諸侯見新教諸侯建立了聯盟，為了使自己不處於劣勢，也組建起以巴伐利亞公爵為首的「天主教聯盟」。天主教聯盟得到了神聖羅馬帝國皇帝、哈布斯堡王朝的魯道夫二世（Rudolf II）皇帝的支持，兩個同盟從此處於對峙狀態。

在德意志之外的歐洲，有的國家支持新教同盟，有的國家支持天主教同盟。當時歐洲的哈布斯堡家族控制了西班牙、奧地利等眾多國家，對法國形成包圍之勢，法國為

削弱哈布斯堡家族的勢力，支持新教聯盟，反對同樣是哈布斯堡家族成員的神聖羅馬帝國皇帝。

北歐的丹麥和瑞典一直謀求南進，並且信仰的也是新教，支持新教聯盟。因為這樣既可以捍衛信仰，又能滿足自己向南擴張的需求。英國國王與新教同盟領袖腓特烈之間有姻親關係，也站在了新教聯盟一邊。西班牙因為與神聖羅馬帝國皇帝同是哈布斯堡家族成員，支持天主教聯盟，教宗自然也站在了天主教聯盟一邊。這樣，在德意志境內和境外出現了兩個陣營的對峙，氣氛愈來愈緊張，平靜的湖面即將捲起滔天大浪。

擲出窗外事件

1526年，神聖羅馬帝國皇帝、哈布斯堡王朝的斐迪南一世，繼承了波西米亞（捷克）和匈牙利的王位，從而兼併了這個地區。在捷克最初成為哈布斯堡家族的領地時，魯道夫二世皇帝曾經有過承諾——此後的歷任捷克國王都遵守捷克的法律，保留捷克的議會，並尊重捷克的新教信仰。

1617年，哈布斯堡家族的施蒂里亞（Styria）支系的斐迪南二世（Ferdinand II）繼任捷克國王。斐迪南是一個狂熱的天主教教徒，因此他一當政，就撕毀了此前魯道夫二世做出的承諾，不遵守捷克的法律，威脅要取消捷克的議會，這激起了捷克百姓心中的怒火。更為嚴重的是，斐迪南要打壓捷克人的新教信仰，並迫害捷克的新教徒。1618年，斐迪南下令禁止新教徒在布拉格舉行集會，捷克的議會提出強烈抗議。

1618年的5月23日，一大批憤怒的捷克人衝進王宮，想要教訓跋扈的國王，斐迪南嚇得倉皇而逃。大家搜尋整個王宮，找到了國王的兩個寵臣，他們想給這兩個人一點顏色瞧瞧。有人提出按照捷克人的方式，將他們從高高的窗戶扔出去，以示對國王的羞辱，這一提議立刻得到了人們的應和。於是群情激憤的人們將國王的兩個寵臣從窗戶扔了出去，這就是歷史上著名的「擲出窗外事件」。兩個被扔出窗外的大臣雖然保住了性命，但是引起了斐迪南的報復。斐迪南決定勸說哈布斯堡家族發動一場戰爭，狠狠地打擊一下捷克人，讓這些捷克人此後不敢再做出反抗之舉。

◆狂熱天主教教徒斐迪南二世畫像

◆〈圍攻〉（卡爾‧弗里德里希‧萊辛，德國）

「三十年戰爭」給歐洲各國帶來了巨大動盪，更給歐洲人民帶來了重大災難。

已經開始反抗的捷克人自然不會坐以待斃，他們組成了自己的臨時政府，宣布廢黜斐迪南，並且要自立國王並組織起義。於是「三十年戰爭」的導火線引燃。這場曠日持久的大戰總共分為四個階段，分別是捷克階段、丹麥階段、瑞典階段和全面混戰階段。

捷克階段

1619年6月，捷克的起義軍開到了奧地利哈布斯堡家族的首都維也納附近。這時斐迪南二世已經即位成為神聖羅馬帝國皇帝，名義上成了整個德意志的君主。捷克人希望能在天主教聯盟的軍隊作戰之前，與剛剛即位的斐迪南進行談判。斐迪南迫於形勢，表面上接受與捷克人的談判，暗地裡則不斷派人向天主教聯盟尋求幫助，甚至以將普法爾茨選侯的爵位轉讓給巴伐利亞公爵馬克西米連一世（Maximilian I）為條件，來換取天主教同盟出兵幫助他鎮壓捷克人。

天主教聯盟很快就集結了二萬五千多人的隊伍，並向斐迪南提供大量金錢援助，希望能夠一舉撲滅捷克人的反抗火焰。在天主教聯盟的強大兵力面前，捷克起義軍吃了敗仗，被迫於1619年8月退回捷克境內，並正式選舉普法爾茨選帝侯腓特烈五世為捷克國王。

斐迪南當然不會容忍捷克人自行選出國王，他命令天主教聯盟的軍隊繼續進攻，以懲罰捷克人不尊重皇帝的做法。與此同時，支持天主教聯盟，並且同屬於哈布斯堡家族的西班牙，向普法爾茨進軍。

1620年11月，捷克同普法爾茨聯軍與天主教聯盟的軍隊在白山附近相遇，並發生戰

爭，雖然聯軍在地理上占有優勢，但是武器裝備與天主教聯盟的軍隊對比起來顯得落後，最後被天主教聯盟軍隊擊敗。腓特烈五世也只好逃往支持新教聯盟的荷蘭避難。捷克重新受哈布斯堡家族控制。斐迪南將捷克超過半數的土地分給了神聖羅馬帝國的貴族們，並且還強迫捷克的新教徒都要改信天主教。雖然此後普法爾茨等新教諸侯展開了幾次反攻，但都被天主教聯盟軍隊擊敗，「三十年戰爭」的第一階段以天主教聯盟軍隊獲勝結束。

丹麥階段

捷克階段的戰事雖然以天主教聯盟軍隊的勝利結束，但是一場席捲歐洲的大戰卻剛剛開始。法國無法容忍一直對它構成威脅的哈布斯堡家族的勢力愈來愈強大；荷蘭為了擺脫西班牙的控制，與西班牙之間的戰爭如火如荼；普法爾茨選帝侯腓特烈五世是英國國王詹姆士一世的女婿，英國自然不能袖手旁觀；丹麥和瑞典則不願看到神聖羅馬帝國皇帝再度在德意志境內獲得統治權。

綜合以上因素，本來只是捷克人反對斐迪南的起義，演變為一場捲入歐洲大部分國家的國際戰爭。1625年，法國首相黎胥留提議，由英國、荷蘭、丹麥三國結成反對哈布斯堡家族的聯盟，丹麥負責出兵，而英國與荷蘭負責提供各種援助。由此開始了「三十年戰爭」的第二階段——丹麥階段。

丹麥與挪威的君主克里斯提安四世（Christian IV），答應出兵德意志，甚至當政務會議的議員們不同意他參戰的時候，他竟一意孤行地率領軍隊出發了。他給了自己一個冠冕堂皇的理由，那就是同為新教徒的他不能看著德意志的新教徒處於危難之中。

1625年，克里斯提安四世在英、法、荷三國的支持下，與新教聯盟共同向德意志的天主教聯盟發動進攻，很快便占領了德意志的西北部地區。與此同時，英軍則占領了捷克西部地區。新教聯盟雖然在進軍的最初階段節節獲勝，但是這種勝利未能持續下去。1628年，斐迪南二世請出了當時聲名顯赫的貴族華倫斯坦（Wallenstein）擔任自己軍隊的指揮官。華倫斯坦沒有辜負斐迪南二世和天主教諸侯們的期望，於1628年4月擊敗英

◆ 克里斯提安四世畫像

克里斯提安四世於1588年繼承丹麥和挪威王位。

軍，隨後又擊敗了克里斯提安四世，並控制了屬於新教諸侯的薩克森地區。丹麥被迫於1629年5月與神聖羅馬帝國皇帝簽訂了《盧貝克和約》（Treaty of Lubeck），保證不再插手德意志事務。戰爭第二階段再度以天主教聯盟的勝利告終，哈布斯堡家族的統治範圍進一步擴大。

瑞典階段

「三十年戰爭」結束後，大獲全勝的華倫斯坦開始計畫在波羅的海建立一支強大的海軍艦隊，以便對付北歐諸國和英國，這使瑞典國王古斯塔夫二世（Gustavus Adolphus）感到不安。他害怕自己國家的地位將來也會受到哈布斯堡家族的挑戰，況且新教國家迫切希望同樣信奉新教的古斯塔夫能夠和他們並肩作戰，扭轉新教國家的不利局面。

早在1626年，古斯塔夫二世已經因為與德意志的諸侯國因爭奪波羅的海口岸展開過戰爭，但那時他還未捲入「三十年戰爭」。1630年受形勢所迫，古斯塔夫二世正式捲入「三十年戰爭」，並且得到了法國等國的資金支持，率領軍隊進入德意志境內，從而開始了戰爭的第三階段——瑞典階段。

古斯塔夫二世進入德意志境內，馬上得到了新教聯盟的布蘭登堡選侯和薩克森選侯的配合。此時古斯塔夫二世的對手也不是華倫斯坦，華倫斯坦已經因為被猜忌解職，頂替他的是提利伯爵。古斯塔夫二世很快打敗了神聖羅馬帝國的軍隊，充分展現出了他的軍事才華。天主教聯盟陷入了岌岌可危的境

地。在這種情況下，天主教聯盟不得不又請出華倫斯坦披掛上陣。1632年11月，古斯塔夫二世與華倫斯坦在呂城（Lutzen）地區展開決戰。在這次戰役中，古斯塔夫二世陣亡，但是瑞典軍隊依然取得了勝利。兵敗的華倫斯坦再度受到猜忌，後來遭到了刺客的暗殺。

神聖羅馬帝國皇帝趁機聯合西班牙的軍隊，對瑞典軍隊展開圍攻。到1634年9月，瑞典軍隊被西班牙軍隊擊敗，退回國內。薩克森選帝侯和布蘭登堡選帝侯也被迫於1635年簽訂了《布拉格和約》（the Peace of Prague），對神聖羅馬帝國皇帝做出讓步。第三階段的勝利者依然是天主教聯盟。

全面混戰階段

哈布斯堡家族第三次獲勝使得法國大為震驚。法國原本是天主教國家，但是為了自身利益，它支持的卻是新教聯盟。此前，它一直沒有正式捲入戰爭，只是暗地裡對新教國家提供資助，希望它們能夠打擊法國的對手哈布斯堡家族。但是當丹麥、瑞典等國都以失敗收場的時候，法國只好直接出兵了。1636年，法國與瑞典結成同盟聯手出兵，至此，「三十年戰爭」進入徹底的混戰階段。

從1636年開始，法國與西班牙和神聖羅馬帝國展開正式交鋒，西班牙和神聖羅馬帝國的天主教聯盟兩面夾擊，一度進抵到法國首都巴黎附近，但是最終被法國擊退。1638年，法國更是在海上打敗了西班牙引以為傲的海軍。1639年，當西班牙海軍重新集結想一雪前恥的時候，卻被荷蘭的海軍殲滅了主

力。與此同時，瑞典軍隊也取得了輝煌戰績——1637年，瑞典軍隊控制了德意志北部地方；1642年，瑞典軍隊擊敗了神聖羅馬帝國皇帝的軍隊。

從1645年開始，法國、瑞典在戰場上不斷獲勝，天主教聯盟終於喪失了戰鬥力，被迫提出和談。而英國、瑞典一方也有不小的損失，不希望已經持續了三年的戰爭再繼續下去。並且此時丹麥因擔心瑞典的強大，已經開始在後方向瑞典發起進攻，使瑞典難以全力以赴地在德意志境內作戰。諸多因素結合在一起，促成了和談的成功。1648年10月，參戰雙方達成和解協定，締結了兩個和約──《奧斯納布呂克和約》（Treaty of Osnabrück）與《明斯特和約》（Peace of Münster），合稱《威斯特伐利亞和約》（Treaty of Westphalia），至此「三十年戰爭」完全結束。

這場戰爭和這些條約都對歷史產生了深

◆ 《威斯特伐利亞和約》的簽署

1648年10月24日，參戰各方齊聚德意志的明斯特市政廳，簽署了《威斯特伐利亞和約》。

遠的影響。戰爭本身改變了歐洲的政治格局，德意志因為是主戰場，經濟遭到了重大破壞，分裂局面持續下去，令神聖羅馬帝國更加名存實亡；荷蘭在這場戰爭後，擺脫了西班牙的控制，開始發展海上事業；西班牙遭受嚴重打擊後更加沒落，徹底失去了歐洲一流強國的地位；法國消除了哈布斯堡家族的威脅，進一步確立了自己的歐洲霸主地位；瑞典獲取德意志北部的大片領土，也成為德意志諸侯之一，能夠更好地參與德意志內部事務的處置，鞏固強國地位。

與戰爭相比，《威斯特伐利亞和約》的影響更為後世稱道，因為它開啟了以國際會議形式解決國際爭端的先例，同時也肯定主權觀念，是現代國際關係的開端。

歐洲啟蒙運動

⊙伏爾泰　⊙孟德斯鳩　⊙盧梭和狄德羅

　　啟蒙運動發生在十八世紀的歐洲，是繼歐洲文藝復興運動之後，出現的又一次轟轟烈烈的思想解放運動。它反對封建專制統治，反對封建教會思想，反對一切落後腐朽的東西。因此，它將是資產階級革命成功的很好宣傳。

啟蒙運動之父

　　伏爾泰（Voltaire）是法國著名的文學家、哲學家、啟蒙思想家，是法國資產階級啟蒙運動的旗手，被稱為「思想之王」、「啟蒙運動之父」等。

　　他反對君主專制，宣導君主立憲制。他主張天賦人權、認為人生來就是自由和平等的。他認為法律應以人性為出發點，在法律面前人人平等。他曾經說過：「我不能同意你說的每一個字，但是我誓死捍衛你說話的權利。」他猛烈抨擊天主教會，說天主教是「一切狡猾的人布置的一個最可恥的騙人羅網」，號召大家與天主教會抗爭到底。但他不反對財產分配上的不平等、不均衡，還主

◆ 費爾奈莊園

1760年，伏爾泰定居法國和瑞士邊境的費爾奈莊園，期間他與歐洲各國人士頻繁地通信聯繫，並且積極參與社會活動，撰寫大量小冊子，揭露宗教迫害和專制政體下司法部門的黑暗。

張信仰自由和信仰上帝。

伏爾泰才華橫溢、酷愛自由，對法國的專制統治深惡痛絕，少年時代就有強烈的叛逆傾向，曾兩度成為巴士底監獄（Bastille）的「貴客」。他遊歷英倫三島，對英國褒獎有加；伴隨普魯士國王腓特烈二世三年有餘，結果不歡而散。他一生著作等身，語言詼諧，嬉笑怒罵皆成文章，成為法蘭西最著名的文化領袖。

可以說，伏爾泰的一生，是為新思想奮鬥的一生，是為啟蒙運動奉獻的一生。

探尋三權分立

孟德斯鳩（Montesquieu）是法國著名的法學家、啟蒙思想家，是近代歐洲較早研究東方社會和法律文化的學者之一。他的《論法的精神》（ *The Spirit of the Laws* ），宣揚了理性的法律，對後世法律的形成與發展產生了重大影響。他認為國家的權力應該「三權分立」，由立法權、行政權和司法權三部分組成，極力反對君主專制。

孟德斯鳩提出的「三權分立」學說，體現了人民主權的原則，奠定了近代西方政治與法律發展的基礎。

孟德斯鳩雖然生活在一個君主專制的時代，但是他終其一生都在尋找民主之道——他身為貴族，卻沒有沉迷於燈紅酒綠之中，而是放棄高官厚祿投身學術。他一生著作並

◆伏爾泰畫像

法國啟蒙運動的主要人物，也是著名的詩人、劇作家、散文家、小說家、歷史學家、啟蒙思想家、哲學家，自由思想和自由主義的宣導者。原名弗朗索瓦‧馬里‧阿魯埃，伏爾泰是他最著名的筆名。

◆孟德斯鳩畫像

孟德斯鳩不僅是十八世紀法國啟蒙時期的著名思想家，也是近代歐洲國家較早系統性地研究古代東方社會與法律文化的學者之一。

不多，但是本本都是經典，一部《論法的精神》更是經典中的經典。然而時至今日，遠隔重洋的北美哲人早已將孟德斯鳩的思想，靈活運用到他們的憲法當中，「三權分立」已然成為美國憲政的靈魂所在。

掙脫自由的枷鎖

盧梭（Jean-Jacques Rousseau）是法國著名啟蒙思想家、哲學家、教育家和文學家，十八世紀法國大革命的思想先驅，啟蒙運動最卓越的代表人物之一，被稱為「人民主權的捍衛者」。

盧梭的思想精華就是人民主權思想，提出「主權在民」說。他認為一切權利隸屬於人民，必須為人民服務，體現人民的意志。

盧梭還強調「公共意志」，遵守法律是一種自由的行為，人民應該接受法律的統

◆ 《愛彌兒》

這本書闡述對孩子因材施教思想的教育，使法國人意識到培養孩子興趣的重要性。

治，從根本上反對君主的封建統治。

此外，在法國啟蒙思想家中，盧梭對封建社會批判最為嚴厲，最為激烈。

盧梭先後出版了三部著作：小說《新愛洛伊絲》（*Julie, or the New Heloise*）、政治學理論著作《社會契約論》（*The Social Contract*）和教育學著作《愛彌兒》（*Emile*）。這三部著作有一個共同主題，就是自由。在《新愛洛伊絲》一書中，盧梭批判封建的禮教，宣導建立平等自由的家庭倫理；在《社會契約論》一書中，盧梭提出了人民主權的理論，反對任何教權、皇權專制；在《愛彌兒》一書中，他總結了兒童教育的規律以及方法。

盧梭一直在用言行實踐著他的新思想和新學說。而人們也一直在潛移默化中受著他的思想和學說的影響。

狄德羅和《百科全書》

啟蒙運動時期的法國是一個群星燦爛的國度，眾多思想家將人們從神的世界帶到人的世界，以人的理性與熱情生活，擺脫了神的束縛，鼓勵人們打破君主專制的重重枷鎖。啟蒙思想家們將人類分散的知識加以整理和系統化，便形成了百科全書。狄德羅（Denis Diderot），這位啟蒙運動中百科全書派當仁不讓的領導人，不僅是個一流的組織者、管理者，也是一位卓然而立的百科全才，至今他的智慧光芒依然閃亮。

《百科全書》（*Encyclopédistes*）不僅僅是一部簡單的辭典，還是一部反封建、反神權的宣言書。在編寫《百科全書》的同時，狄德羅撰寫了大量的個人論著，這些論著中的觀點無不體現在《百科全書》中。《百科全書》是狄德羅個人觀點與思想的集中體現，也是他為人類精神進步做出的偉大貢獻。

啟蒙運動時期的思想家很多很多，做為代表的幾位將他們的新思想傳遞給了世人，動搖了封建君主的統治，促進了社會的進步，激勵著仁人志士為改造舊社會而不斷奮鬥，為資產階級取得統治地位做了思想和理論上的準備。

◆ 盧梭畫像

法國著名啟蒙思想家、哲學家、教育家和文學家，十八世紀法國大革命的思想先驅，啟蒙運動最卓越的代表人物之一。

◆ 狄德羅畫像

十八世紀法國啟蒙思想家、哲學家和作家，百科全書派的代表。

西元1633年─西元1639年

人物：豐臣秀吉　德川家康　**地點：**日本　**關鍵詞：**鎖國令

德川幕府的「鎖國令」

　　為了杜絕外來的危險而將國門鎖上，但同時也將自己隔絕於世界，德川幕府在接連幾次頒布鎖國命令之後，終於將國門牢牢地關上，這樣做固然使其專注於自我發展，但卻脫離了與周圍國家的聯繫，從而為未來西方列強的進攻埋下了伏筆。

◆德川家康偕臣子進入宮殿

鎖國的導火線

　　十六世紀至十七世紀正是天主教在東亞傳教的興盛時代。1580年，日本一位大領主因為接受了耶穌會的傳教，將自己治下的繁榮貿易港口長崎等地捐贈給耶穌會，允許耶穌會在這些地方任意傳教，修建教堂。傳教士們擁有這些土地的控制權，為了使教徒的規模迅速擴大，甚至拋棄了和平傳教的方式，強迫轄屬內的小領主們信仰天主教，再讓這些小領主強迫自己屬下的民眾信仰天主教。

　　這一時期，正是豐臣秀吉當政，豐臣秀吉對於天主教勢力的迅速發展有所警覺。他改變了早期同意天主教傳教的態度，於1587年頒布了《禁教令》，開始逮捕一些鼓動局勢的傳教士和日本的天主教信徒，並將被耶穌會控制的長崎等地收回。雖然豐臣秀吉頒布了《禁教令》，但是並未嚴格執行此禁令。

　　德川家康當政之後，認為允許西方人傳教能夠加大日本與歐洲國家的貿易，因此對天主教採取寬容的態度。但是，隨著天主教勢力的進一步提升，天主教與德川幕府之間的矛盾開始顯現。幕府宣揚的是封建等級制，這是幕府得以牢牢控制整個國家的關鍵，但是天主教「上帝面前人

人平等的觀念」卻對等級意識產生了不小的衝擊，一些信仰天主教的武士甚至開始背離自己的主人，這種行為在日本是無法被接受的。天主教還強調上帝是唯一的神，否定其他的信仰，這就與日本的傳統信仰神道教和佛教產生了衝突，令幕府不能容忍。再者，天主教的組織能力也逐漸讓幕府感到恐慌。同時在日本，信仰新教的英國、荷蘭商人為了與西班牙、葡萄牙競爭，宣稱西班牙和葡萄牙正利用天主教傳教來蠶食日本，這更加劇了幕府的顧慮。於是，德川幕府的禁教行為開始上演了。

鎖國的先聲

　　1612年，德川幕府發出《禁教令》，禁止天主教在幕府的直轄領地江戶、京都、長崎等地傳教，但是對新教的傳教依然較為寬容，也因為這一時期日本對外貿易的主要對象就是信仰新教的英國和荷蘭。1613年，德川幕府將《禁教令》由幕府直轄地推廣到全國。幕府一方面宣傳天主教的信仰，背離了日本的神道教信仰和佛教信仰，並且意圖蠶食日本；一方面開始以實際行動摧毀大量的天主教教堂，將敢於反抗的傳教士和教徒逮捕，並強迫他們改變信仰。

　　1614年，德川家康為了一勞永逸地解決豐臣氏問題，掀起了大阪之戰。1615年，豐臣秀賴走投無路之下自殺身亡。在大阪之戰中，德川家康發現有大量天主教徒加入了豐臣秀賴一方，因此對天主教更加深惡痛絕，下令要求各地領主嚴厲打擊天主教。在幕府的要求下，從1614年秋開始，日本各地的領

◆ 德川家康畫像

日本江戶時代著名武將。他建立了江戶幕府，是江戶幕府的第一代征夷大將軍。

主開始全面對傳教士和教徒進行鎮壓。對那些拒絕改變信仰，依然信奉天主教的日本教徒，幕府和各地領主不是將他們流放，就是關押，甚至將他們捆綁著遊街示眾。從1619年到1635年，日本各地被處以刑罰的天主教徒達到二十多萬，大部分教徒因此放棄了天主教信仰。但仍有部分教徒堅持天主教信仰，他們棄明從暗組成祕密組織。當他們被逮捕時，寧肯受死也不改變自己的信仰，還攻擊日本的神道教、佛教信仰是背離天主的

◆ 豐公四國征討圖

豐臣秀吉統一日本戰國時代，他建立的政治統一也為後來的幕府統治打下良好基礎。

錯誤信仰。由此，幕府更加感到天主教的危險，禁教措施愈來愈嚴厲。

鎖國令的全面推行

日本在禁教的過程中發現，要想杜絕天主教在日本的大規模傳播，應該採用釜底抽薪的辦法，就是禁止傳教士來日本傳教。同時，德川幕府在與歐洲國家進行了十幾年的貿易後發現，雖然幕府從貿易中得到了部分

實惠，但真正受益的是沿海地區的領主們。他們屬下的城市異常繁榮，如果任由他們這樣發展下去，勢必會對德川幕府的統治形成不小的威脅。因此，採取鎖國的政策是一舉兩得的辦法，既能打擊天主教的傳教，也能限制地方領主的發展。

於是，德川幕府的鎖國政策逐步展開。1616年，幕府頒布命令禁止外國船隻（中國船隻除外）在幕府的直轄地江戶和長崎兩地以外的港口停泊。1620年，禁止日本人搭乘外國的船隻出海，並禁止向外國人出售武器。1623年，日本將葡萄牙人驅逐出境。

對西班牙人和葡萄牙人的迫害，規定西班牙和葡萄牙人在日本留下的子女也要被處死，如果有藏匿者，同樣以死罪論處。

第五次鎖國令

隸屬於長崎的島原地區是天主教在日本的傳教中心之一。1637年，島原和附近的天草地區發生了數年不遇的大饑荒，但是領主依然不顧人民死活強行徵稅。無法生活的民眾只好靠天主教信仰來擺脫現實苦惱。這件事讓島原的領主知道了，決定採取鎮壓的辦法。這時再也無法忍受欺壓的島原民眾爆發島原起義，也獲得臨近地區的回應——天草地區的教徒們積極配合島原地區行動。

島原起義的消息傳到德川家光那裡，他大為惱火，立刻命板倉重昌糾集島原附近的各領主，率領大軍征伐島原與天草地區的起義民眾。經過幾個月的激戰，幕府軍平定了島原之亂。島原之亂過後，德川幕府更加認為外來宗教是可怕的，會聚攏起強大的力量與自己對抗，因此於1639年頒布第五次鎖國令，也是最後一次。這次鎖國令只留下一處通商港口長崎，只允許中國和荷蘭的船隻到日本經商，其他國家的船隻一律禁止在日本停泊、經商。各地要嚴密檢查外來船隻，嚴厲打擊走私船隻。同時斷絕天主教會與日本的一切聯繫。隨後，德川幕府又將在日本居住的荷蘭人全部轉移到長崎居住，並限制外文書籍的進口。此後，日本開始了長達兩百多年的鎖國時期，雖然杜絕了天主教的影響，也使德川幕府牢牢地控制了全國，但同樣使日本在歷史的進程中嚴重落後。

1624年，禁止西班牙人到日本經商。1633年到1634年，德川幕府正式頒布第一次鎖國令和第二次鎖國令，規定只允許持有特許證的日本人和日本船隻出國；外來船隻到日本經商，要接受日本政府的監視，規定確切的貿易期限，貿易期限一到必須立即離開日本；下令緝拿西班牙和葡萄牙的傳教士。1635年，德川幕府頒布第三次鎖國令，這次禁止一切日本船隻出海貿易，已經取得特許證的船隻也不例外；已經長期居住在國外的日本人不得回國，如果回國被捉到一律處死。1636年，第四次鎖國令頒布，這次又加大了

殖民爭霸

第二章

寫給所有人的圖說世界史（下）

隨著時間的推移，世界上老的強國逐漸衰弱，明日黃花。而新的強者又不斷雄起，躍躍欲試。

美國爆發了獨立戰爭，法國「釀造」了大革命，拿破崙加冕稱帝，俾斯麥鐵血政策，普法戰爭廝殺，巴黎公社運動，日本明治維新，日俄戰爭爭食……各國對殖民地的搶掠愈演愈烈。殖民爭霸的戲碼，在世界的舞臺上真正上演。

西元1775年—西元1783年

美國獨立戰爭

　　美國獨立戰爭的爆發，是北美十三個殖民地政治、經濟、文化發展的必然產物，是殖民地人民爭取獨立民族國家的正義戰爭。戰爭爆發後，喬治・華盛頓被任命為大陸軍總司令，率領大陸軍英勇作戰，並最終取得戰爭的勝利。

萊辛頓的槍聲

　　1775年4月，正當英國議會辯論得如火如荼的時候，萊辛頓（Lexington）的槍聲讓雙方屏住了呼吸。駐波士頓（Boston）的英軍奉命抓捕那些「心懷不軌」的叛亂分子，七百多名英軍前往康科德（Concord）占領北美民兵的彈藥庫。就在他們行動的前夜，波士頓的銀匠保羅・里維爾（Paul Revere）快馬奔至萊辛頓，通知躲藏在那裡的反英領導人轉移，然後又和其他幾個人趕到康科德報信。得到里維爾傳來的消息之後，萊辛頓的民兵在半夜緊急集合，準備迎擊英軍的進攻。

　　19日清晨，英軍終於出現了。霎時間，鼓聲、喊聲響成一片。在約翰・帕克（John Parker）率領下，七十多名民兵來到了一塊草地上——雖然他們並沒有進攻英軍的意圖，但是英軍指揮官卻沒打算放過這隊民兵。

　　英軍指揮官下令包圍這群民兵，帕克見狀，命令民兵攜帶武器撤退。在撤退的混亂中，不知道是誰先開了一槍，霎時槍

◆薩拉托加大捷中使用的大炮

聲大作。在英軍的攻擊下，民兵四處逃散。其中有八人死亡，十人受傷，而英國士兵僅有一人受了輕傷。這次事件史稱「萊辛頓的槍聲」，宣布著北美獨立戰爭正式開始。

第二屆大陸會議

1775年5月，北美第二屆大陸會議就在這樣緊張的氣氛中召開了。各殖民地的代表再次聚首，經過一番討論，大陸會議決定成立一支兩萬人的大陸軍，由維吉尼亞人喬治・華盛頓（George Washington）來擔任總司令。

◆ 美國獨立宣言

1776年7月4日，第二屆大陸會議在費城獨立廳通過了《獨立宣言》。

大陸會議雖然做好了武裝抵抗的準備，但是對和解還抱有一絲希望。大陸會議向英王提交了《橄欖枝請願書》（Olive Branch Petition），希望喬治三世能夠排除阻礙，採取有力措施與北美達成和解。不過，令大陸會議失望的是，1775年年底，喬治三世駁回《橄欖枝請願書》，關閉了和解大門，並且向北美增派軍隊，鎮壓叛亂分子。大陸會議不但失去了與英國談判的資格，而且成為叛

亂的指揮中心，現在除了戰爭，已無他途。後來大陸會議選舉湯瑪斯‧傑佛遜（Thomas Jefferson）起草文件。

1776年6月28日，傑佛遜將《獨立宣言》的草稿提交給會議。7月2日，除紐約州外，其他十二個州都投票同意獨立。7月4日，《獨立宣言》正式付印，北美殖民地終於獲得了做為一個國家的出生證明，從這一刻起，北美人將為這個國家而奮鬥。

薩拉托加大捷

第二屆大陸會議發布決議，將包圍波士頓的民兵組成大陸軍。6月15日，大陸會議任命喬治‧華盛頓為大陸軍總司令。1776年3月，經過長期激戰，大陸軍占領了多爾賈斯特高地，整個波士頓城及其港口都處在了大陸軍的炮火射程之內。3月17日，英軍自動放棄了波士頓，大陸軍開進這座城市。

為了鎮壓大陸軍，英軍將戰略重心放在了哈德遜河（Hudson River；又名赫遜河）和尚普蘭湖（Lake Champlain）一線，妄圖把大陸軍的活動中心新英格蘭與中南部殖民地分割開來，而這裡的戰略要點就是紐約城。由於眾寡懸殊，華盛頓率領的大陸軍兵敗紐約，但他旋即率軍襲擊了普林斯頓（Princeton），重創英軍兩個團。1777年9月26日，威廉‧豪威（William Howe）率領英軍占領費城。

在費城陷落的時候，駐紮在加拿大的英軍在約翰‧伯戈因（John Burgoyne）的率領

下南下，試圖和威廉‧豪威會合，實現對北方的控制。1777年6月，伯戈因兵分兩路從加拿大出發，一部由他親自率領，由普蘭湖至泰孔德羅加（Ticonderoga），然後經喬治湖（Lake George）抵達哈德遜河；另一部由巴里‧聖萊傑（Barry St. Leger）率領，直撲

◆薩拉托加大捷中的華盛頓

莫霍克河谷（Mohawk River Valley）。

　　英軍的行動為華盛頓所察覺，他調兵遣將迎擊來犯之敵，先後派出班尼迪克・阿諾德（Benedict Arnold）、班傑明・林肯（Benjamin Lincoln）和丹尼爾・摩根（Daniel Morgan）支援北方軍司令菲利普・

斯凱勒（Philip John Schuyler）。9月13日至14日，伯戈因率軍渡過哈德遜河，進逼奧爾巴尼（Albany）。此時，大陸會議任命新英格蘭的霍雷肖・蓋茨（Horatio Gates）出任北方軍的總司令。9月19日和10月7日，大陸軍先後在佛里曼農莊（Freeman's Farm）和

貝米斯高地（Bemis Heights）重創英軍，英軍損失慘重。10月9日，伯戈因率領英軍撤退到薩拉托加（Saratoga）。這時，大陸軍切斷了英軍的糧草供應和退路，遠在費城的威廉·豪威救援不及。10月17日，伯戈因率領六千名英軍投降，薩拉托加戰役以大陸軍的全面勝利而告終。

決戰約克鎮

薩拉托加戰役之後，受到沉重打擊的英軍為了集中兵力，主動放棄費城，回撤紐約。大陸軍雖然試圖在途中截擊英軍，但未能得手，整個北方戰局進入僵持狀態。

但經過一番激戰後，英軍占了上風。1780年5月12日，林肯率領南方的大陸軍五千餘人向英軍投降，這是獨立戰爭中大陸軍最慘痛的一次損失。隨即柯林頓（Henry Clinton）率軍返回紐約，留下康沃利斯（Charles Cornwallis）率領七千英軍繼續向南方展開攻勢。8月16日，卡姆登戰役（Battle of Camden）中，蓋茨率領的大陸軍被英軍擊敗。8月18日，湯姆斯·薩姆特（Thomas Sumter）率領的民兵被英軍打敗，南卡羅萊納（South Carolina）陷落。這時康

沃利斯乘勝進軍，侵入北卡羅萊納（North Carlina）。10月，帕特里克・弗格森（Patrick Ferguson）率領的英軍在王山受到民兵重創，英軍進攻北卡羅萊納的計畫受挫。1781年1月17日，摩根率領大陸軍在民兵配合下，重創英軍，剩餘的英軍在巴納斯特・塔爾德（Banastre Tarleton）率領下投降。

3月15日，格林（Nathanael Greene）以四千五百人的優勢兵力在吉爾福德（Guilford Court House）狙擊英軍，獲得勝利。這時，英軍南方部隊的總司令康沃利斯率軍退回威爾明頓（Wilminton），試圖北上與柯林頓派遣到維吉尼亞（Virginia）的英軍會合。

康沃利斯撤退到維吉尼亞後，駐紮在約克鎮（Yorktown），但康沃利斯沒有料到的是，這個地方極易受到海、陸兩面夾擊。華盛頓抓住這個機會，制訂了美、法聯合殲滅康沃利斯的計畫。

康沃利斯在約克鎮堅守數週之後，於10月19日率領七千一百五十七名英軍向華盛頓投降，約克鎮戰役以大陸軍的全面勝利而告終，獨立戰爭勝利結束。

◆ 英軍在約克鎮向大陸軍投降

1781年10月19日下午2時，英軍在約克鎮向大陸軍投降，其隊伍長達兩公里。

西元1732年—西元1799年

 人物：喬治·華盛頓　　地點：美國　　關鍵詞：美國國父

美國國父華盛頓

　　做為一名傑出的將軍，華盛頓一生戎馬倥傯，將英國軍隊逐出了大西洋；做為美國的開國之父，華盛頓又為美國的百年憲政奠定了基石。打破一個舊世界需要勇氣與膽魄，建設一個新世界卻需要耐心與智慧。毫無疑問，華盛頓融膽略與智慧於一身，不愧是美國人民的偉大國父。

◆ 華盛頓銅像

▌移民後代

　　1732年2月22日，喬治·華盛頓出生在維吉尼亞州，是奧古斯丁·華盛頓（Augustine Washington）的第三個兒子。華盛頓家族在英國聲望非凡，其祖上曾擔任過不同的官職。隨著家業的衰敗，1657年華盛頓的祖父約翰·華盛頓（John Washington）移民維吉尼亞。

　　七歲到十五歲的時候，華盛頓斷斷續續地在本地教堂和威廉斯先生那裡學習，尤其是在數學方面，表現出了強烈的興趣，對計算、測量相當精通。華盛頓的長兄勞倫斯·華盛頓（Lawrence Washington）曾經擔任過英國步兵團的軍官，參加過戰爭，這在年幼的華盛頓心中留下了深刻的印象。

　　1743年4月，華盛頓的父親患病去世，勞倫斯擔負起對華盛頓的教育任

務。此時，他對土地測量學產生興趣，並且很快掌握了這門技術。十六歲的時候，華盛頓開始擔任土地測量員的工作，與勞倫斯的內弟喬治·費爾法克斯（George William Fairfax）一起踏上了土地測量的旅途。1749年夏季，由於在土地測量工作中表現突出，華盛頓被正式任命為政府認可的測量員。

正當華盛頓在兄長的帶領下成長的時候，他的哥哥勞倫斯突然罹患惡疾，在三十四歲的時候去世，將遺產交給了弟弟。

此後維吉尼亞殖民政府為了擴大民團，將維吉尼亞劃分為四個區，華盛頓毛遂自薦，自願擔任北峽地區民團副官的職務。1753年2月，二十一歲的華盛頓被正式任命為維吉尼亞北峽民團少校副官。

戰爭中的華盛頓

1754年，維吉尼亞總督羅伯特·丁威迪（Robert Dinwiddie）派遣剛升為中校的華盛頓，率領維吉尼亞第一軍團前往俄亥俄（Ohio），驅逐滲進來的法國人。在俄亥俄谷地，華盛頓依靠印第安人的幫助包圍了一支法國人的偵察隊。在短暫的戰鬥之後，這些法國人非死即傷。這是華盛頓第一次獨立指揮戰鬥，但展現了不同凡響的軍事指揮才能。

1755年，讓華盛頓施展抱負的機會終於來了。政府組成遠征軍，開赴俄亥俄谷地奪取俄亥俄河交匯岔口的「杜根堡」（Fort Duquesne）。華盛頓自願參加了這次遠征。在莫農加希拉河（Monongahela River）戰役中，遠征軍幾乎全軍覆沒，指揮官也陣亡了。令人不可思議的是，華盛頓在戰鬥中表現得異常勇敢，在槍林彈雨中親自操作發射

◆ 華盛頓手按《聖經》宣誓就任總統

炮彈。最後，華盛頓毫髮無傷平安歸來，一時之間成了維吉尼亞的英雄。1758年，他參加了英軍的另一次遠征，成功地將法軍驅離了杜根堡。

然而，在維吉尼亞總督丁威迪看來，作戰英勇的華盛頓未免有些功高震主，因此他便經常故意刁難華盛頓。1759年，華盛頓辭去軍職，回到佛農（Vernon）山莊，開始過上了紳士和蓄奴主的生活，並且擔任維吉尼亞當地的下議院議員。

1774年，華盛頓被選為維吉尼亞州的代表前往費城，參加第一屆大陸會議。由於波士頓傾茶事件（Boston Tea Party）的爆發，英國政府關閉了波士頓港，而且廢除了麻薩諸塞州（Massachusetts）的立法和司法權力。萊辛頓和康科特之戰後，華盛頓身穿軍服出席第二屆大陸會議，表達了自願帶領維吉尼亞民兵參戰的意願。麻薩諸塞州的代表約翰·亞當斯（John Adams）推薦他擔任大陸軍的總司令，並稱他擁有「擔任軍官的才能……極大的天分和普遍的特質」。

1775年6月15日，大會正式任命華盛頓為總司令，華盛頓欣然接受了這個職位。在給友人的一封信中，華盛頓這樣寫道：「願上帝保佑，我接受這一職責會有利於我們的共同事業，不會由於我的無知而有損於我的名譽。我可以在這三點上做出保證：堅信我們的事業是正義的；忠於職守；廉潔奉公。如果這些都不能彌補能力和經驗的不足，我們的事業就會有失敗之虞，我個人的名譽也會掃地殆盡。」

華盛頓對大陸軍進行全面整頓，並帶領

他們取得了一次次的勝利。1781年10月，華盛頓率軍取得了約克鎮戰役的勝利，美國獨立戰爭勝利結束。1783年3月，華盛頓召開了一次會議，並在會上慷慨陳詞——聽眾們為之動情，因為是他拯救了國家的命運，為美國人民爭得了自由。

1783年，《巴黎和約》（Treaty of Paris）簽署之後，英國承認美國獨立。華盛

頓以大陸軍總司令的身分解散了大陸軍。在
新澤西的洛磯山腳下，華盛頓向與他浴血奮
戰的士兵們發表了慷慨激昂的演說。12月4
日，華盛頓在紐約市發表正式的告別演說。
隨後，華盛頓回到了家鄉，潛心農事，生活
恬靜，但仍無時無刻地思考著這個國家的前
途和未來。

美國首任總統

　　1787年制憲會議在費城召開，華盛頓積
極參與憲法的制定，並在第一次會議時當選
為制憲會議主席。1788年11月，隨著憲法的
正式生效，一個新興的邦聯國家在北美正式

◆1781年，華盛頓和羅尚博伯爵在約克鎮視察
軍情

誕生。根據憲法規定，國會立即通過決議，定於1789年1月的第一個星期三由美國人民推選總統候選人。最終，華盛頓以選舉人全票（69票）通過當選為美國第一屆總統，約翰・亞當斯則當選為副總統。

1789年4月30日，華盛頓的總統就職儀式在紐約隆重舉行。

上午9時，各教堂舉行莊嚴的祈禱儀式，禱告上帝降福於新政府。中午12時，華盛頓身著禮服，登上國會派來的專用馬車，前往聯邦大廈。在宣誓儀式上，華盛頓手捧《聖經》，莊重而清晰地宣讀誓詞。接著，華盛頓向參眾兩院宣讀了就職演說，這篇演說也成為美國歷史上的重要文獻之一。

擔任總統以後，華盛頓任命湯瑪斯・傑佛遜為首任國務卿、亨利・諾克斯（Henry Knox）為陸軍部部長，亞歷山大・漢密爾頓（Alexander Hamilton）為財政部部長、約翰・傑伊（John Jay）為大法官，艾德蒙・藍道夫（Edmund Jennings Randolph）為總檢察長。這些人物在獨立戰爭和制憲會議中功勳卓著，現在在新的政府中，他們又成了華盛頓的得力助手。

在處理總統與國會的關係上，當時憲法規定，總統締結條約的權力必須根據參議院的意見或者取得眾議院的同意。1789年8月，華盛頓為了與南方的印第安人簽訂條約，親自前往參議院徵詢意見。但在他宣讀文件時，由於會議大廳外人聲嘈雜，議員們在沒有聽清楚的情況下議論紛紛。面對這樣的情景，華盛頓拂袖而去。在第二週的週一，華盛頓派祕書給議會送了一份詳盡的

資料。此後，華盛頓再也沒有去參議院當面聽取意見，這成了美國總統歷代相承的慣例。而在處理總統與各部部長的關係上，華盛頓則不自覺地促成了美國內閣積極討論問題的制度。

在漢密爾頓的努力下，美國的財政問題得到解決；在傑佛遜的努力下，美國的外交開始走上正軌。這兩個得力人物成了華盛頓的左膀右臂。然而，隨著兩人地位的提升，漢密爾頓和傑佛遜在政治上的分歧愈來愈明顯，在政壇開始出現了派系。這是華盛頓最不願意看到的，他盡力在兩人之間周旋，以便化解兩人的恩怨——在漢密爾頓和傑佛遜眼中，華盛頓行事相當公允。

四年任期很快就過去了，華盛頓很想退出政壇，但是內閣對立的雙方都希望華盛頓連任。經過一番思考，華盛頓同意連任總統。1793年2月13日，華盛頓以全票通過當選為第二屆總統。

告別政壇

在第二屆總統任滿的前一年，華盛頓著手準備告別演說，並發表在費城的《美國每週新聞報》上。這篇演說內容，在全美國引起了極大的轟動。政府要員們普遍感到惋惜和震驚。但大多數報紙對總統主動引退都加以讚美。原來想攻擊他有權力欲的反對派，這下也無話可說了。

◆ 華盛頓畫像

美國首任總統，兩屆任期後自願歸隱家鄉。華盛頓被尊為美國國父，是美國史上最偉大的總統之一。此畫現藏於美國布魯克林博物館。

1797年3月15日，華盛頓的馬車登上了前往佛農山莊的車道。雖然歸隱了，華盛頓仍未完全忘卻國事，他真心希望自己創建的合眾國日益強大。此間，陸軍部長麥克亨利（James McHenry）等人曾經向他通報國事。繼「XYZ」事件（XYZ Affair）之後，美法關係又緊張起來，一度發展到一觸即發的地步。1798年7月4日，政府為了加強統率作用，授予華盛頓中將軍銜，並任命他為美軍總司令，這是唯一擔任這一職位的前總統。他接受這一任命的條件是，只有在遭到入侵的情況下他才上戰場，而且他對總參謀部的組成具有批准權。幸運的是，事情和平解決了，沒有宣布的「準戰爭」只限於海軍衝突，華盛頓沒有重新騎上戰馬。

1799年12月12日，華盛頓在自家的種植園散步歸來之後，突患疾病，雖然經過了細心治療，但於事無補。12月15日，這位美國國父在佛農山莊溘然長逝。華盛頓逝世的消息迅速傳遍美國，舉國哀悼。正在開會的國會休會一天，全體議員和工作人員佩戴黑紗。後來國會還發表了一個公開悼詞。

18日，華盛頓的葬禮在佛農山莊舉行。總統亞當斯派特使加急送來悼唁函，還運來了十一門禮炮，準備鳴炮致哀。

華盛頓的遺體安葬在莊園上的家族墓地裡，葬禮簡樸而莊重，完全符合華盛頓的遺願，也不用悼詞。

為了紀念這位偉人，新建的美國首都以華盛頓名字命名。兩百年來，美國共有一百餘座城鎮以華盛頓命名。

◆ 獨立戰爭後，華盛頓賦閒在家

西元1789年—西元1830年

⚜ 人物：路易十六　　⚜ 地點：法國　　⚜ 關鍵詞：三級會議　攻占巴士底監獄

法國大革命

　　三級會議（Estates General）的召開為第三等級登上政治舞臺提供了一個平臺，法國舊制度的種種弊病，在人民的呼聲中顯露無遺，人民對權利的要求如同潰堤洪水一般奔湧而出。巴士底監獄這個封建王權專制的堡壘被攻破，路易十六的統治已經岌岌可危。當國民會議宣布廢除封建特權之時，革命已經開始了。

三級會議的召開

　　1789年5月4日，三個等級的代表來到巴黎，其中有六百多名第三階級身著黑色禮服的代表，二百八十五位貴族和三百零八位教士。這是自1614年以來從未有過的盛會，人們期待這次會議能夠將法蘭西帶出泥沼，走向光明的未來。

　　第二天，路易十六參加會議開幕式並致詞。第一階級的教士們坐在梅尼大廳的右邊，第二階級的貴族居左，而第三階級的平民坐在中間。當路易十六到達會場的時候，響起了一片熱烈的掌聲，不過人們

◆ 路易十六畫像

路易十六於1774年成為法國國王，1793年被處死，是法國歷史上第一個被處死的國王。

◆法國三級會議召開時的情景

最想知道的是路易十六的葫蘆裡面賣的什麼藥。

路易十六的開場白還是非常有煽動力，他說：「我期待已久的會議終於召開了，我非常榮幸能將各個階層的代表請到這裡來。雖然三級會議已經很久沒有召開了，但是我認為這種傳統會議能夠為我們這個王國帶來新的力量，它可以為這個國家開闢幸福的源泉。」但是，這只是路易十六的客套話，他整篇講話的主旨是向各個代表「哭窮」，希望三個等級能傾囊相助，幫助政府解決財政難題，對於各個等級期待已久的政治改革卻不置一詞。

最後，路易十六希望三個等級能夠和衷共濟，共度時艱。即使各個等級代表對國王的講話並不滿意，還是報以掌聲。路易十六講完之後，輪到掌璽大臣巴朗登（Barentin）致詞，他首先把路易十六吹捧了一番，然後便為三級會議「定調」：各種決議必須經過三級會議自願同意和國王的批准，方能生效。同時，這位掌璽大臣也為三級會議的議題畫了一個圈——只能討論稅收問題、新聞出版問題，還有民法與刑法的改革問題，除此之外，一概不許討論。

會議開完第一天，事實上就已經誤入歧途，政府沒有完全理解這次會議的重要性。政府身處困境之中，三個等級的代表是立法者，而非為路易十六斂財的經紀人。如果政府能夠開誠布公地賦予這些代表們以真正的權利，也許會形成一種新的政治體制，避免血腥的革命。令人惋惜的是，政府不但沒有一個改革的藍圖，也沒有改革的誠意，包括

路易十六在內的一些權貴頭腦也一團糨糊。路易十六如果是一個行事果斷的君主，也許情況會好一些，可是他完全在內克爾（Jacques Necker）的改革派和王后瑪麗·安托瓦內特（Marie Antoinette）的保守派之間搖擺不定。一些大臣希望在三個等級之間製造衝突，他們最想看到的結果是三個等級之間內鬥不已，只拿錢出來就可以了。

由於第三階級在人數上占據絕對優勢，所以他們希望以人頭計票，而第一階級和第二階級則要求按照等級計票——如果教士和貴族聯手，就可以否決第三階級的任何議案。第三階級要求三個等級在一起開會，而教士和貴族則要求各自開會。雖然貴族和教士對國王也大為不滿，但是此時他們卻成為國王的暫時盟友，一起反對第三階級。

第三階級要求對代表的資格進行審查，卻遭到其他兩個階級的反對。因為，如果共同審查資格，那麼就要在一起開會，表決時按照人頭計票，第三階級肯定占上風。三級會議變成了資格審查的拉鋸戰，在教士與貴族等級中有些人深受自由主義思想的影響，也堅持與第三階級一起開會。

在僵持之中，第三階級的力量得到壯大。6月17日，第三階級代表的資格審查完畢，在西哀士（Emmanuel Joseph Sieyès）的建議下，第三等階成立了國民議會。第三階級自認為是法蘭西人民的代表，由於第一、第二階級拒不參加資格審查，他們就無緣進入國民議會。到6月17日，三級會議實際上已經不復存在。

革命前夜

1789年6月17日，國民議會成立之後，法蘭西朝著革命邁出了重要的一步。國民議會很快便行使自己的權力，宣布立法權不可分割，既然第一、第二階級不願意參加國民議會，那就將其排除在外。為了穩定局勢，國民議會開會期間暫停徵收稅賦，並且成立專門委員來管理日用品，保證人民的需要。

形勢的發展超出了權貴們的預料，那些貴族本想藉機對國王施壓，以獲得更多的權力，沒想到讓第三階級撿到機會。雖然貴族與國王之間衝突不斷，但是他們都不打算廢除階級制度。而如今第三階級的國民議會是要重新制定憲法，此舉威脅到權貴們的利益，於是很多貴族又變成了國王的盟友。

但路易十六個性優柔寡斷，不辨是非，什麼話他都聽。為了讓內克爾的「忠言」遠離路易十六，權貴們慫恿路易十六外出巡

延伸閱讀

《人權宣言》

1789年8月4日的革命，其成果集中體現在後來發表的《人權宣言》中。《人權宣言》借鑑美國幾個州的憲法文本，將平等、民主等內容都寫了進去，第一條便是人生來就具有平等與自由的權利。昔日，美國的革命先賢從法國的啟蒙思想家的著作中吸收營養，而如今法國人又從美國的憲法中尋找革命依據。大西洋對於革命中的法國和美國並不是一道天塹，而是一個思想交流的通道。

◆ 網球場宣誓

1789年6月20日，由於國王路易十六封閉國民議會會場，第三階級代表們在網球場集會。

遊。王公貴族們希望路易十六出來維持局面，以王權壓制國民議會的行動。內克爾則希望國王做為各個階級之間的調解人，在增稅問題上按照人頭表決，在一些特殊問題上按照等級表決。內克爾希望在法國建立起類似英國上議院與下議院的機構。在徵稅問題上由下議院說了算，但是這種折中方案，誰都不會同意。國民議會自認為是法蘭西人民的當然代表，一切大權皆應該出於此。而權貴們則將國民議會視為犯上作亂，希望國王出席國民議會，並且嚴詞喝退這些代表。

兩大陣營已然成形，國民議會以制定新憲法做為自己的使命，而權貴們則希望解散國民議會。6月20日，路易十六的掌璽大臣通知國民議會的主席巴伊（Jean Sylvain Bailly），國民議會必須停止活動。國民議會的會場被軍警包圍，代表們義憤填膺，有人提議到網球場繼續開會，這一提議得到了積極的回應，於是代表們排隊進入網球場，有些士兵深受感動，甚至主動給代表們當起了衛兵。在一個空曠的網球場中，代表們宣誓：「不制定出新的法蘭西憲法，絕不散會！」

權貴們原本想以強硬態度驅趕這些代表，沒想到引來更強烈的反感。後來路易十六趕赴國民議會現場，發表了一篇言詞強硬的演講，並且命令國民議會就此解散，保留三級會議的形式。最後他威脅說，如果國民議會再「鬧事」，國王將採取斷然的措施。

然而，路易十六的恫嚇發揮不了作用，國民議會的代表並不買路易十六的帳，他們依然開會制憲。國王與國民議會之間的角力依然在進行，路易十六身邊的人要求國王調集軍隊圍剿這些不聽話的代表。爭鬥慢慢超出了口水官司的範圍，一場流血衝突正在醞釀中。

7月11日，正在用早餐的內克爾接到了一紙免職令，他被路易十六撤職，並且被流放。內克爾平靜地吃完早飯，便準備遠走他鄉。內克爾被免職並流放的消息在巴黎大街小巷傳開，巴黎的民眾開始騷動，第三等級的代表們走上街頭，大聲疾呼：如果國王得逞，巴黎將面臨屠城。現在瑞士與德意志的士兵正在向巴黎開來，我們必須自救！經過這一煽動，人們群情激昂，四處尋找武器。

攻占巴士底監獄

成千上萬的百姓在巴黎城區遊來蕩去，這引起當局極大驚恐，後來這些人在一個軍訓場的地下室找到了上萬枝槍。有人提議進攻巴士底監獄，並獲得眾人的支持。巴士底監獄是專制統治的象徵，路易十六登基之

後，曾經建議將巴士底監獄摧毀。當時巴士底監獄只有七個犯人，但是有重兵把守。

上萬人開始圍攻這座堡壘，守城的官兵不得不與這些激憤的群眾談判。在談判的間隙，有人爬到城牆上將吊橋的繩索砍斷，這些手持槍械的群眾便蜂擁攻入這座堡壘中。守城將領雖然命令手下投降，但是失去理智的群眾將這個將領一槍斃了；不聽話的士兵則被殺死，頭顱被割下來。

當路易十六聽到這一切的時候，他問自己的臣下：「這是一場叛亂嗎？」有個大臣說：「不，陛下，這是一場革命。」

攻占巴士底監獄，是法國大革命開始的標誌，但是這場暴動並沒有經過精心的組織，而是國王與國民議會之間衝突與角力發展的結果。從這一天開始，權貴與國民議會之間和解的空間幾乎不復存在。人們既然敢將巴士底監獄踏在腳下，就敢把那些貴族老爺也踏在腳下。國王，已經失去了昔日的尊嚴與威望。

廢除封建特權

攻占巴士底監獄的消息很快傳遍了法國的各個角落，一時間，四處硝煙瀰漫──農民們把領主的帳本拿出來燒了，那些頑固抵抗的領主則被就地槍決。一直在開會的國民議會代表得知此事之後，精神振奮，心中也燃起了革命的熱情。

國民議會派出幾個代表團到國王那裡，希望國王對此事做出解釋。路易十六最後不得不到國民議會的會場予以澄清，並且保證將保衛巴黎的外國雇傭軍撤出，說：「我是衷心地相信你們。」國王在國民議會面前低頭了，國民議會接管巴黎，任命議會主席巴伊為市長，美國獨立戰爭時期的法國英雄拉法葉侯爵（Marquis de Lafayette）為國民自衛軍總司令。路易十六的讓步獲得國民議會的認可，國王和議會之間的關係得到改善。

路易十六身邊的陰謀家們害怕革命的大潮淹沒他們，於是低調地遷就國王。曾流放的內克爾又重新被召回，從布魯塞爾到巴黎的路上，內克爾受到熱烈的歡迎。他本可以成為革命的領袖，但是回到巴黎之後，聞知那些武裝市民殺死不少官員，便對革命產生不滿，最後成為革命的敵人。

國民議會已經成為法國的權力中心，代表們也鬥志昂揚地要改變法國。1789年8月4日，代表們宣布廢除所有的封建特權。此外各種行會、監工制度也被屏棄。這一天不僅是社會革命的開始，也是7月14日攻占巴士底監獄的延續。到8月4日，法國的封建統治岌岌可危，初步革命已經完成，權力在短短幾個月內發生了根本的變化。

◆巴黎市民攻打巴士底監獄

西元1754年—西元1793年

人物：路易十六　羅伯斯比爾　　地點：法國　　關鍵詞：審判　斷頭

路易十六的斷頭宣言

　　路易十六，也許是波旁家族最沒有權力欲望的一個人，但又是最倒楣的一個人。他的祖先遺留給他的不是一個金光閃閃的國王寶座，而是一座熔岩湧動的活火山。這座活火山在路易十六即位後爆發了，路易十六也隨著大革命的浪潮提前到了天國。

與議會和解

　　1791年9月，法國歷史上第一部成文憲法頒布生效，國民議會完成了自己的歷史使命，為國民立法議會所取代。議員的面目煥然一新，國民立法議會宣誓效忠於憲法。這部資產階級憲法如果得以順利推行，也許就不會有日後法國大革命的發生。

　　逃到瓦雷納（Varennes）被拘捕回來的路易十六，對這部憲法雖不滿意，但也沒有反對。法國宮廷與立法議會的關係也不和諧。當時，立法議會派出六十人去覲見國王，但路易十六僅派了一個大臣會見這個代表團，這讓新成立的立法議會顏面盡失。後來路易十六親自接見了代表團的團長，團長冷淡地說：「陛下，國民立法議會已經成立，特來通知您！」路易十六同樣面無表情地說：「最近比較忙，不能去你們那邊！」

◆斷頭臺

在法國大革命期間，斷頭臺是執行死刑的主要刑具。法國人民為它取外號叫「寡婦」。一直到1981年法國廢除死刑，斷頭臺才退出歷史舞臺。

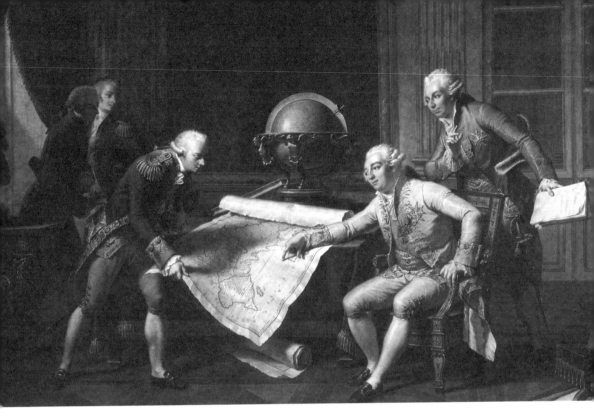

◆路易十六和臣子商議軍事

國民立法議會的議員們對國王的傲慢大為不滿，這對路易十六而言，十分不利。因為當時的權力已經從宮廷轉移到議會，國王如果與議會為敵，肯定弊多於利。例如，在議會中，必須為國王特設一把御座式的扶手椅，並稱呼國王為「陛下」或「主上」，這些舉措遭到現場議員的反對。為此，雙方僵持不下。後來，路易十六不得不放軟姿態，還對國民立法議會大加稱讚。

在議會中，他向議員們談到了法國在財政、軍事、工業、貿易等領域中面臨的困難，表示將動員軍隊打擊各種反革命勢力，保護法國的安全和尊嚴。國王並衷心希望與議會保持良好的合作關係，只有這樣才能讓法國擺脫困境，保證人民的各項權利。路易十六的一番演講，博得了議員們的掌聲，出逃瓦雷納造成的惡劣影響也一掃而光。

不從事革命

不過，路易十六與議會的和諧與信任關係並沒有持續多久。因為形勢讓路易十六沒有太多的選擇。法國雖然頒布憲法，進行全面改革，但是缺少一個最重要的東西──安全。沒有穩定的國內外環境，要進行政治、經濟等方面的建設談何容易。歐洲各國君主結成反法同盟，在法國邊境陳設重兵，虎視眈眈地看著巴黎。除此之外，流亡的貴族和不宣誓的教士們，裡應外合在國內製造種種叛亂。在這種環境下，黨派鬥爭愈演愈烈。而吉倫特派（Girondins）也崛起為議會中最具有影響力的黨派──他們雖然不想顛覆政府，但卻全力支持革命，布里索（Jacques Pierre Brissot）是吉倫特派的領導人。吉倫

◆路易十六時期裝飾精美的垃圾桶

特派在議會中屬於中間派別，而那些與宮廷過從甚密的人被認為是保王派。

除了以上兩派之外，還有激進的革命派主張推翻君主，鼓動下層人民繼續革命，建立新的政權。這一派以羅伯斯比爾（Maximilien Robespierre）、丹東（Georges Danton）等人為代表，他們控制了雅各賓俱樂部，因此也被稱為雅各賓派（Jocobin Club）。

國外強鄰環伺，國內叛亂迭起，黨派鬥爭有增無減，法國要建立穩定的君主立憲政體難於上青天。面對國內外的緊張形勢，議會通過了三條法令：第一，國王的弟弟必須在兩個月內返回法國，否則就剝奪其攝政權；第二，流亡在外的貴族，尤其是在法國邊境集聚的貴族都有叛國的嫌疑。如果他們在1792年1月1日不解散，都按叛國罪判處死刑，財產充公；第三，拒不宣誓效忠憲法的教士們，必須舉行公民宣誓，否則取消他們的薪水，並且將其視作叛亂嫌疑分子。如果繼續頑抗，他們將受到嚴密監視。

而議會的法令要經過國王的批准才能生效，於是議會便將這些法令交給路易十六審批。路易十六很爽快地批准了第一條，因為他也不想有個在境外惹是生非的弟弟威脅到他的王位。路易十六希望以他的聲望呼籲這些貴族和教士服從國家利益，不要再做危害國家安危的事情。不過，他不想對教士和貴族施行這麼嚴苛的懲罰，所以一直拖延不批准法令的後兩條。民眾對路易十六的拖延做法大為不滿。但路易十六動員國內軍隊堅決保護法國的邊境安全。這樣，對外戰爭轉移了人們的視線——路易十六身上的壓力暫時得到緩解。1792年，路易十六對奧地利宣戰，也博得了國人的高度讚揚。

不過，法國的對外戰爭進行得並不順利——由於有大量軍官叛逃，法國軍隊戰鬥力驟減，邊境戰爭接連失敗。此時，激進的革命派占據上風，要求法國轉入戰時體制，並且要求國王批准針對教士和流亡貴族的法令。路易十六沉默了幾天之後，決定與革命決裂，不願繼續在革命的道路上前行。1792年6月13日，路易十六撤換了一些大臣，並且否決了議會的法令。

路易十六的舉動惹怒了激進派，隨著戰爭緊張進行，反王權的激進派占據上風，路易十六又搖身一變成為革命的敵人。

審判國王

1792年8月10日，巴黎民眾發動起義，將激進的雅各賓派推上了政治前沿。此外，令路易十六措手不及的是，保王派倒下了，而他自己也鋃鐺入獄。

此時，法國議會中的鬥爭絲毫不亞於戰爭，羅伯斯比爾代表的雅各賓派要求處死國

王，建立完全的革命政權。而議會就如何處理路易十六這一問題，也展開激烈的爭論。

路易十六不僅是個失敗的國王，還變成一個政治符號，一個黨派政治的風向標。可憐的路易十六身陷囹圄，沒有幾個人願意為他辯護，不利於他的證據倒是接連出現。議會發現，路易十六在1791年的信件中寫道：如果他再次當權，將恢復舊制度，恢復教士們的權利。他還希望各國聯軍盡快攻入法國，打擊那些無法無天的革命分子。

各種各樣的證據表明，路易十六一直策畫反革命。但畢竟他是一個國王，現行的法律並沒有合適的條款給他定罪，也沒有合適的法庭審判國王。有人認為，國王曾經是權力的象徵，沒有什麼機構可以審判國王。而今他已經不是國王了，只是一個普通的公民，既然犯了叛國罪就要交付法庭審判。

但也有人認為根本不需要審判，就可以直接處死路易十六。因為國王是敵人，現在需要打倒他，而不是審判他。羅伯斯比爾支持這樣的觀點，認為路易十六是叛國賊、人民的罪人，必須予以處死。最後，國民公會成為審判路易十六的法庭。

1793年1月21日10點10分，路易十六在巴黎革命廣場（今巴黎協和廣場）被處決。臨死之前他對著人群大喊：「我是無罪而死的！我寬恕我的仇人們！」

同年10月，路易十六的王后瑪麗‧安托瓦內特也被斬首示眾。

◆ 路易十六上斷頭臺

路易十六喜歡機械，也會動手改造。有一次他發現斷頭臺的刀是直的，覺得不符效率，便改成三角形。但讓他沒有想到的是，數十年後，他卻成了自己改造的最大「受益者」。

西元**1769**年—西元**1804**年

◎人物：拿破崙・波拿巴　◎地點：法國　◎關鍵詞：加冕稱帝

拿破崙加冕稱帝

　　雨果曾說：「人類命運中這個人物的重量過分，攪亂了平衡。他個人計算著他比整個宇宙都要重要。人類的過剩精力都集中在他一個人的大腦中，一個人的頭腦要決定全世界的命運，人類文明要延續，這將是一個致命的弱點。」這個人便是拿破崙。

◆青年時的拿破崙

▍科西嘉少年

　　從法國尼斯（Nice）向南約一百七十公里，地中海蔚藍色的海水中，矗立著一座傳說中，因特洛伊王子科爾與提洛王后的孫女西嘉相愛而得名的島嶼——科西嘉島（Corsica）。這座島嶼原本是義大利的屬地，1768年，義大利國王將之轉賣給波旁王朝治下的法國。一年之後，1769年8月15日，島嶼西岸阿佳修（Ajaccio）城中沒落的義大利舊貴族夏爾・波拿巴（Carlo Buonaparte）的次子，在略顯寒磣的客廳裡匆匆降生。喜悅的父親像天下所有的父母一樣，對這個新出生的孩子寄予厚望，因此為他取名拿破崙・波拿巴，即「荒野雄獅」的意思。

　　科西嘉的易手，使島上大部分居民一時難以適應新的國籍身分，因此島上很多居民產生

了強烈的科西嘉獨立主義情緒。無疑，這種情緒曾深深地影響了小拿破崙的成長。但是，夏爾・波拿巴顯然是位務實主義者，他做為阿佳修城薪水微薄的「皇家法官」，時刻關注著政治的風向，以期隨時掉轉船舵，改善自己的地位和生活。1779年，年僅十歲的拿破崙就被迫按照父親的安排，離開了從小一起嬉戲的夥伴和母親溫暖的懷抱，遠赴法蘭西布里埃納（Brienne）軍校——在這裡他將要度過為期五年的軍事學習生涯。

初到布里埃納的拿破崙・波拿巴顯得十分與眾不同——他身材瘦小、單薄屚弱，操著濃重的科西嘉口音的法語，卻又十分凶狠好鬥，個性孤僻古怪，以致在同學中極少結交到朋友。但是這個少年老成的孩子在心中已有自己明確而清晰的主張——科西嘉民族主義的激情澎湃，他的理想是要將科西嘉從

◆ 拿破崙和妻子約瑟芬

約瑟芬是拿破崙的第一任妻子，兩人於1809年離婚。

法國的「奴役」下解放出來。純真堅定的熱情使這個少年的毅力持久，在布里埃納的校園中汲取他所需要的一切知識營養。為此，他埋頭苦讀，沉溺於他最喜愛的歷史中，如飢似渴地閱讀——那些古代偉大的將軍每每令他心潮澎湃。另外，他的數學和地理成績也一樣在同學中名列前茅。

1784年，十五歲的拿破崙以優異成績從布里埃納畢業，被巴黎高等軍事學校錄取，成了一名身穿銀條紋袖口紅色衣領軍裝的「軍官候補生」，正式接觸到軍事生活。

新學校的生活異常嚴格而有序，完全按軍事化管理。除了繁重的學習任務，學員還

要進行高強度的軍事訓練，這令拿破崙覺得難以忍受，因此他常常被教官處罰。但是在其他學科的學習中，他是非常出類拔萃的，數學、防禦工事構築以及炮術成為他的長項。他對作戰的天賦和愛好在此時初露端倪，以致教授這些科目的教官都不得不對他刮目相看。

1785年9月28日，他順利通過畢業考試，提前完成學業。11月6日，穿著有銀胸釦軍裝的拿破崙前往拉費爾（La Fère）炮兵團報到。做為法國皇家炮兵上尉，自此開始了他一生輝煌的軍事生涯。

在炮火中成長

早期的軍事生涯中，這個略帶稚嫩的年輕軍官並無太多建樹，當時拿破崙還一心沉浸在科西嘉光榮獨立的夢想中。為此，一有機會他就返回科西嘉，和故鄉志同道合的愛國志士積極籌畫科西嘉的自由和解放。

在軍中服役期間，他依然保持著特立獨行的性格，遠離社交，把一切可能的時間用來閱讀書籍，尋求救國之路。盧梭、孟德斯鳩、伏爾泰等啟蒙運動巨擘的著作深深吸引了他，使他手不釋卷。理性的光輝漸漸照亮了他一直過度狂熱盲目的內心，社會契約論、主權在民等主張，為他打開了另一片天地的大門，他開始用新的眼光看待科西嘉民

◆ 〈拿破崙在阿爾克萊橋上〉
（安托萬・尚・格羅，法國）

1796年，畫家格羅跟隨拿破崙軍隊來到阿爾克萊，畫下了拿破崙將三色旗插到阿爾克萊橋頭上的一幕。此畫現藏於俄羅斯冬宮博物館。

◆ 埃勞戰役中的拿破崙

拿破崙和第四次反法同盟之間的一次重要戰役，1807年2月發生在東普魯士境內。

族主義。拿破崙的信念在潛移默化中發生了改變，意識到科西嘉和所有法國人民的苦難來自於封建的專制制度，而非某一個國家或個人的統治。很快地，他就成了堅定的革命主義者，1789年法國大革命爆發後，曾熱切地為之歡呼。1792年，拿破崙第三次返回科西嘉，與科西嘉分離主義者發生武力衝突，徹底拋棄了科西嘉獨立的想法。此後，拿破崙才完全把自己做為法國的一分子，開始積極參與法國的歷史。

1793年，二十四歲的拿破崙臨危受命，圍攻保王黨所控制的堡壘——土倫（Toulon）。這名年輕的炮兵少尉在戰鬥中，第一次展現了他的軍事才華，為這一役的勝利做出了不可忽視的貢獻。為此，他被提升為少校營長，不久又擢升為准將，在軍界嶄露頭角。

1795年，熱月黨（Thermidorean）督政

府面對保王黨新一輪的武裝叛亂束手無策，便想到了拿破崙。拿破崙不負眾望，很快用大炮擊垮了保王黨人，穩定了局勢。做為獎勵，督政府晉升他為陸軍中將兼巴黎衛戍司令。拿破崙在軍界和政界中一夜成名，成了巴黎家喻戶曉的大英雄。1796年3月2日，他又被任命為法國駐義大利方面軍總司令；6日，拿破崙與情人約瑟芬‧博阿爾內（Joséphine de Beauharnais）結婚，一時春風得意。

雖然拿破崙在義大利戰場上以其出色的指揮技巧和英勇的戰鬥氣概所向披靡，屢次擊退奧地利和撒丁王國（Kingdom of Sardinia；即薩丁尼亞王國）組成的第一次反法同盟的進攻，並最終迫使他們簽訂了議和條約，但督政府卻在醞釀對付他的辦法。因為隨著拿破崙的聲望日漸升高，督政府已經開始感受到一絲威脅。1798年，按照來自督政府的命令，拿破崙任東方遠征軍總司令，奉命離開土倫，遠征地中海的埃及。

從執政官到皇帝

在埃及青尼羅河上，拿破崙首次遭逢敵手——英國海軍上將納爾遜（Horatio

◆〈加冕禮〉（大衛，法國）

1804年12月2日在巴黎聖母院隆重舉行的國王加冕儀式。為了鞏固帝位，拿破崙讓羅馬教宗庇護七世親自來巴黎為他加冕，目的是借教宗在宗教上的巨大號召力，讓法國人民以至歐洲人民承認他的「合法地位」。加冕時，拿破崙拒絕跪在教宗前加冕，而是自行將皇冠戴上。大衛（Jacques-Louis David）為避開這一事實，煞費苦心地選用了皇帝給皇后加冕的後半截場景。

Nelson）將軍。他不僅在尼羅河上摧毀了拿破崙的艦隊，還將在未來更廣闊的海面上給拿破崙更沉重的打擊。面對海軍主帥戰死沙場，陸軍受困。心情大為沮喪的拿破崙，把氣全都出在了法老金字塔前巨大的獅身人面像身上——斯芬克斯的鼻子就是在此時被扭

下的。

一次偶然機會，拿破崙從一張過期的報紙上獲悉法國本土內外交困：外部第二次反法同盟正在形成；內部保王黨人再次集結。1799年11月，察覺到良機在即的拿破崙祕密返回法國，發動了「霧月政變」（Coup of 18 Brumaire），將權力從督政府手中奪取過來，隨即組織法蘭西共和國執政府，並自任第一執政，成為實際的獨裁者。

這位受到啟蒙思想洗禮的執政官，終於有機會施展自己的抱負，建立他心目中的理想王國。除了繼續以軍事行動鞏固政權之

◆拿破崙在五百人院（下議院）受到議員們的排擠

1799年11月10日，拿破崙把法國議會——元老院和五百人院全部解散，奪取了議會大權，並宣布成立執政府。

外，拿破崙在國內進行了多項重大改革。其中最有意義、最為自豪的，是他組織編纂了《拿破崙法典》，以立法的形式保存大革命初期的革命果實。他曾自述道：「我的偉大不在於我曾經的勝利，滑鐵盧一戰已使它隨風而去，我的偉大在於我的法典，它將永遠庇護法蘭西的人民享受自由。」

權力的疊加容易滋長個人的野心，獨裁者拿破崙漸漸不再滿足於第一執政十年任期的限制。1802年，參議院在他的要求下進行民意調查，最後修改了共和八年憲法，將執政官任期改為終身制，拿破崙距離王冠上的那顆鑽石僅僅一步之遙了。

不論是出於真誠的追隨，還是純粹做為官僚阿諛奉承的本性，圍繞在拿破崙周圍的官員們察言觀色，很快就明白了拿破崙這位無冕之王的意圖。1804年4月30日，議員巨

雷向保民院上了一份奏章，建議將共和國改為帝國。5月3日，參議院議長康巴塞雷斯（Cambaceres）率領全體議員宣讀請願書，懇求拿破崙接受人民的請求，為保護法國人民永遠的自由而成為他們的國王。這正中拿破崙下懷，他稍微推辭之後便欣然應允。十五天之後，參議院便正式批准了新的憲法，拿破崙在法律上成了法蘭西第一帝國的皇帝。

做為歐洲的傳統，而且為了給皇冠加上更加神聖的光環，拿破崙極為禮貌地邀請教廷教宗庇護七世（Pope Pius VII）前往巴黎為他加冕。教宗為之震怒——那個小個子的法蘭西新皇帝竟然破壞規矩要教宗屈尊就駕。但是在槍炮的威懾下，庇護七世只能忍氣吞聲，滿足拿破崙所有的要求。

1804年12月2日，教宗登上巴黎聖母院的祭臺，冗長複雜的儀式過後，準備將皇冠戴到拿破崙的頭上。沒想到，早已經等得不耐煩的皇帝伸手接過了皇冠，自行戴到自己頭上，然後又把一頂小皇冠戴到皇后約瑟芬的頭上。在人們的歡呼聲中，法蘭西第一帝國皇帝為自己進行了神聖的加冕。

重回帝制下的法國，將在這位三十五歲皇帝的率領下橫掃歐洲大陸，整個歐洲舊世界的秩序將被這個新帝國攪得地覆天翻。歐洲歷史又掀開了新的一頁。

◆稱帝時的拿破崙（安德列・阿比阿尼，義大利）

西元1805年10月

🌀人物：拿破崙　納爾遜　🌀地點：西班牙　🌀關鍵詞：海戰

特拉法爾加海戰

　　無論從哪一方面來說，特拉法爾加海戰都是一個值得記憶的會戰，對於歷史有著廣泛的影響——它把拿破崙征服英國的夢想完全擊碎了。一百年來的英法海上爭霸戰告一段落，英國從此成為一個海洋帝國。

拿破崙的心事

　　自1799年上臺以來，拿破崙率鐵騎橫掃歐洲，罕遇敵手。歐洲大陸上的反法分子被收拾得服服帖帖。但對這位馬上皇帝而言，歐洲大陸上的無往不利並不能使他完全滿足並高枕無憂——在他的心中，隔海相望的英國才是心腹大患。不把英國徹底打垮，拿破崙很難使自己的內心平靜下來。更氣人的是，英國憑藉著自己強大的海軍優勢耀武揚威，對法國實行海上封鎖——法國海軍雖然控制了歐洲的一些主要海港，但在周邊始終盤桓著英國海軍，法蘭西的海外貿易已經開始捉襟見肘。

　　內心的焦慮和英國的咄咄逼人，激發了拿破崙的鬥志，他開始了自上臺以來最大規模的備戰。法國西部海岸的土倫港日夜開工，軍艦、運輸船、駁船和所有渡海所需的一切，奇蹟般地在數以萬計的工人手中被製造出來。到1805年，法國已經擁有一百零三艘戰列艦、五十五艘巡洋艦。拿破崙自信地說：「只要三天大霧，倫敦、英國議會和英格蘭銀行都將納入我的囊中。」

　　英國毫不示弱，徵召五十九萬人入伍，二百

◆英國海軍上將納爾遜畫像

納爾遜在拿破崙時代造就了英國海軍的輝煌，被譽為「英國皇家海軍之魂」。

四十艘現役戰艦、三百一十七艘巡洋艦的龐大規模列陣以待。此外，它大肆從事「英鎊外交」，糾集俄國和奧地利重組反法聯合戰線，第三次反法同盟。不過，稍令拿破崙安慰的是，這次西班牙與荷蘭則把賭注壓在法國這邊，把海軍指揮權放心交給拿破崙。法蘭西第一帝國皇帝開始運籌帷幄。

遊戲大西洋

1805年1月11日，按照拿破崙的調虎離山計，米西塞和維爾納夫（Pierre-Charles Villeneuve）先後共率法國海軍和西班牙海軍的十六艘戰列艦和十三艘巡洋艦，從土倫港出發，突破英軍海上防線，駛向浩瀚的大西洋。一場大西洋上的追逐遊戲自此拉開帷

◆ 交戰中的英法艦隊

1805年10月21日拂曉，英法雙方打響了著名的特拉法爾加海戰。參戰的英國艦隊有二十七艘戰艦，法西聯合艦隊有三十三艘戰艦。

幕。遊戲的主角是英國海軍統帥納爾遜，和剛剛出發的法軍將領維爾納夫。

維爾納夫剛一出發，納爾遜即隨風而動。然而，當維爾納夫因突起的風暴返航時，納爾遜卻因判斷失誤枉費了將近一個月的時間追到埃及的亞歷山卓港。

3月30日，維爾納夫再次起航，這次有西班牙船艦隨行。行程雖然緩慢，但還是在4月上旬順利到達西印度群島。納爾遜重蹈覆轍，徑直追往埃及，行至直布羅陀海峽才發現錯誤，立刻掉轉船頭，橫穿大西洋。

而到達目的地的維爾納夫，沒有發現按原定計畫先他到達的米塞的蹤影，於是在6月匆匆返回歐洲。納爾遜聞訊轉身再趕，7月10日到達地中海。兩人猶如貓捉老鼠一樣，長達六個月的時間在浩瀚的大西洋上來回穿梭，絲毫沒有戰火的硝煙氣息。

海上交鋒

9月29日，納爾遜將軍做好了對法作戰的戰略計畫，將艦隊一分為三：一隊由他親自率領攻敵要害，攔腰切斷法軍艦隊，使其首尾分離；另一隊由柯林伍德（Cuthbert Collingwood）率領攻擊法軍後衛部隊；最後一支則做為預備隊，突襲法軍指揮艦，打亂法軍秩序，陷法軍於分離之中，最後逐個殲滅。各艦長聞言摩拳擦掌，時刻待命。

此時，困守在加的斯港、被拿破崙稱為「可憐的」維爾納夫的境況非常糟糕——士兵貧病交加，軍中金庫入不敷出。維爾納夫決定背水一戰。

10月20日，天色剛亮，巡弋在直布羅陀海峽的納爾遜發現了維爾納夫企圖突圍而出的艦隊。但納爾遜不動聲色，暗中追蹤。21日拂曉，維爾納夫艦隊完全進入納爾遜布下的戰略包圍圈——特拉法爾加（Trafalgar）海域。從11時到下午3時，柯林伍德的艦隻陸續投入戰鬥，以圍攻的方式接連殲滅或虜獲法西聯合艦隊的聖安拉號（Santa Ana）、

◆〈納爾遜之死〉（班傑明・韋斯特，英國）

1805年，納爾遜在特拉法爾加海戰中擊潰法國和西班牙的聯合艦隊，但不幸中彈，不久便離開了人世。圖中為納爾遜躺在血泊中的情景。

弗高克斯號（Fougueux）、貝里島號（Belleisle）等艦隻。而西班牙海軍將軍格拉維納（Federico Gravina）也受重傷。

此後，納爾遜親自坐鎮勝利號（HMS Victory）軍艦，與對方廝殺，並最終在布森

陶爾號（Bucentaure）上發現了法軍總司令的軍旗——雙方進行激烈交火，損失慘重。經過一番「肉搏戰」之後，英國艦隊最終取得了這場戰鬥的勝利。但不幸的是，納爾遜將軍在戰鬥中被流彈打中胸部，光榮殉職。

戰鬥結束了，鮮血染紅了海面，燃燒的船艦冒出滾滾濃煙。法西聯合艦隊慘敗，而英國艦隻損失甚小——納爾遜的生命不僅為英國贏得了一場以少勝多的戰役，更為英國贏得了一個穩固的海洋帝國。

西元1812年5月—12月

 人物：拿破崙　庫圖佐夫　　地點：俄羅斯　　關鍵詞：敗走莫斯科

碎夢莫斯科

　　美國中校道奇在《偉大的將軍們》中曾說：「無論在西班牙還是俄羅斯，拿破崙的戰略，就紙上談兵而論都是完美無缺的。但是他的後勤工作卻缺乏保障作戰勝利的性質。」結果，這句話在莫斯科獲得最好的驗證。

◆拿破崙畫像（安格爾，法國）

拿破崙在土倫戰役中一戰成名，從一個普通軍官一躍成為眾所矚目的風雲人物。但在莫斯科戰役中吃盡了苦頭。

求婚失敗

　　1809年，拿破崙在歐洲的事業幾乎達到了頂峰。面對如此傲人的成就，拿破崙不禁志得意滿。然而美中不足的是，他雖然深愛著他的皇后約瑟芬，但約瑟芬卻沒有生育能力，無法為他生下一位能夠繼承法蘭西第一帝國的王子。因此，拿破崙最終與約瑟芬以離婚收場。

　　重新恢復單身的拿破崙將再結良緣的願望，寄託在俄國沙皇亞歷山大的妹妹安娜‧帕夫洛夫娜（Anna Pavlovna）公主身上。他相信年輕美麗的帕夫洛夫娜公主一定能為他生下男繼承人，而且這椿政治聯姻還能將歐洲兩個最強大的國家緊密地聯繫在一起，成為歐洲名副其實的霸主。沒想到門第之見極高的沙皇根本瞧不起這個科西嘉來的小個子平民皇帝，對拿破崙的求婚斷然拒絕。

　　拿破崙驕傲的自尊心受到極大挑戰，燃起熊熊怒火的他憤然撕碎曾與沙皇就波蘭問題達成的協議，支持波蘭復國。而沙皇則針鋒相對，對英國開放波羅的海沿岸港口，破壞了拿破崙精心組織的「大陸封鎖體系」，還對來自法國的貨物徵收重稅。這對拿破崙而言無異是種公然挑釁，而他所能做出的回應，除了戰爭別無他選。

大軍出征

1811年8月，拿破崙將所有高級將領召集到宮中，研究對俄作戰方案，並開始戰前籌備工作。但在熱戰之前，雙方先展開一場外交競賽。1812年2月24日，普魯士在拿破崙軟硬兼施下，同意派出兩萬人隨他出征俄國、允許法國軍隊過境，並供應一部分糧草。3月14日，拿破崙利用姻親關係又獲得了來自奧地利的支持。而俄國沙皇則以挪威為誘餌，將瑞典拉攏到自己身旁——雙方壁壘森然，各自嚴陣以待，箭已經在弦上。

1812年5月9日凌晨，拿破崙躊躇滿志地宣布大軍東進。而這支名副其實的龐大軍隊足有五十多萬人——包括拿破崙的精銳部隊二十萬人，來自奧地利和普魯士的五萬人，還有來自萊茵聯邦的十四點七萬德意志軍隊，八萬義大利軍隊，六萬波蘭軍隊，以及荷蘭、瑞士、西班牙、葡萄牙等國派出的軍隊。六十萬大軍猶如巨浪般向東湧去。

◆庫圖佐夫和俄軍將領們

庫圖佐夫的戰略特點是：行動堅決，力爭全殲敵人，作戰形式多樣，機動廣泛大膽，並考慮取勝的實際可能。

如入無人之境

1812年6月23日，法國大軍來到涅曼河（Neman）河畔並順利渡河。初入俄境，拿破崙命令部隊保持高度警惕，隨時準備迎接突然而來的戰鬥。但一連幾天，行軍路上都靜悄悄的，除了荒漠、枯草和樹林之外，連一個俄國人的影子都沒發現。從6月底一直到8月中旬，法軍如入無人之境，幾乎沒遇一兵一卒的抵抗便踏過了千里沃野。

但他的軍隊內部卻出現了問題：一方面草原上炎熱的天氣，極大地消耗了戰士的體力。因抵抗力下降而引發的疾病，已經奪走了一些人的性命；另一方面六十多萬人的飲食供應在部隊開拔後不久，就出現問題。拿

◆莫斯科郊外的戰鬥

雖然法軍以凌厲的攻勢兵臨莫斯科。庫圖佐夫堅壁清野，在嚴寒到來的時候，迫使法軍潰敗莫斯科城下。

破崙本以為進入俄國後可以就地補給，沒想到不僅俄國軍隊不見蹤影，連俄國人也毫無蹤跡，空蕩蕩的村落沒有一顆糧食。

　　8月16日清晨，攻城的號角吹響。17日，斯摩棱斯克被攻陷。不過俄軍撤走之前，放火燒了城內所有物資，法軍將士的生命換到的不過是一片焦土。而經過之前的消耗和這一役的損失，法軍原本的六十多萬人只剩下三十萬人。

空城莫斯科

　　長久以來獨斷專行的法國皇帝，雖然意識到了危險，卻仍然一意孤行——在補給愈來愈困難的情況下，仍命令剩餘的部隊繼續向莫斯科推進。9月7日，法俄兩國大軍在莫斯科以西一百二十四公里處的博羅季諾（Borodino）對陣——博羅季諾是通往莫斯科的咽喉要道，法俄雙方在此展開激戰。

　　拿破崙動用了將近十三萬兵力、六百門大炮發起猛烈攻擊。而俄軍總司令庫圖佐夫（Mikhail Kutuzov）指揮二十萬俄軍奮起反抗。拿破崙親自指揮進攻，趁機占據了俄軍陣地——法國付出了四十七名將軍和近四萬名士兵傷亡的慘重代價，但拿破崙終於拿到了通往莫斯科的「鑰匙」。

　　9月15日，拿破崙騎在馬背上率領法軍浩浩蕩蕩開進莫斯科城。但斯摩棱斯克那一幕又重演——莫斯科城中一片寂靜，城內空空如野。更糟糕的是，一場不知從何而起的大火將莫斯科籠罩在一片火海之中。大火藉著初起的秋風燒了三天三夜。大火熄滅之後，莫斯科到處都是碎瓦焦礫。

　　大火燒毀了房屋，士兵們沒有營房可以遮擋深夜刺骨的秋風，只能瑟瑟發抖地擁擠著睡在殘垣斷壁或者冰涼的地窖裡。因俄軍撤走時帶走了所有的糧食，半個月之後，法國士兵就斷炊了。

一潰千里

　　進入10月，秋天最後一縷溫暖的陽光即將灑盡，嚴寒的冬天一步步逼近——這樣的天氣比俄國大軍更令拿破崙坐立不安。萬般無奈下，拿破崙祕密派信使向亞歷山大沙皇委婉表達了言和之意。但沙皇在庫圖佐夫的建議下對拿破崙的請求不置可否，以此拖延時間。面對愈來愈嚴峻的形勢，這位在戰場上從不退縮的皇帝終於放下身段決定撤退。

　　10月19日，曾浩浩蕩蕩開進莫斯科城的法軍，垂頭喪氣地走了出來——拿破崙希望

在嚴冬到來之前，能夠率領僅剩的十一點五萬人趕到立陶宛過冬。潰不成軍的法國將士們無精打采地從博羅夫斯克（Borovsk）經維列亞、莫日艾克斯、多洛哥布希向斯摩棱斯克撤退，一路上燒殺搶掠，與強盜無異。

1812年10月30日，斯摩棱斯克城已經遙遙在望。但是隨著法軍的到來，另外一位不速之客也同時抵達了——往年12月才到的寒冬，在1812年11月初提前降臨了。11月6日，烏克蘭原野上颳起了第一場暴風雪。鵝毛大雪似乎將整個世界都覆蓋了起來，也將大批從戰火中倖存下來但衣衫單薄的法國士兵，永遠地埋在了俄羅斯的土地上。暴風雪過後，法軍十一點五萬人只剩下了五萬人。

到達斯摩棱斯克還未來得及休整，俄軍就趕了上來。又餓又凍的法軍急忙繼續向西逃跑。但是飢餓和嚴寒徹底打倒了法國軍隊——一點四萬名官兵在撤退的路上倒下去之後，就再也沒有站起來。11月14日，再次清點人數後，法軍僅剩三點六萬人。

11月28日，法軍撤到明斯克（Minsk）附近的列津納河渡口，但此時俄軍已經從三面包圍過來。密集的炮火襲來，法軍死傷無數。為保全主力，拿破崙下令炸橋——橋另一頭的一點四萬法軍被俘或戰死。剩餘的法軍拚命向涅曼河逃去，但寒冷的天氣每天都在奪走數十甚至上百名法國將士的生命。

12月12日，拿破崙遠征俄國的偉大設想，最後以兩萬多名羸弱不堪的法軍，狼狽地從涅曼河的冰層上逃離而告終。

俄國的大風雪不僅斷送了拿破崙征服俄國的美夢，使拿破崙從此一蹶不振，也斷送了他在歐洲如日中天的帝國。至此，法蘭西第一帝國走上了無法避免的毀滅之路。

◆ 拿破崙敗走莫斯科

莫斯科一戰，讓拿破崙威名掃地。莫斯科的大火燒掉了他的夢想，莫斯科的冰天雪地讓他精銳盡失。

西元**1815**年**6**月

 人物：拿破崙　威靈頓　　**地點**：比利時　　**關鍵詞**：兵敗滑鐵盧

兵敗滑鐵盧

　　折戟莫斯科後，拿破崙元氣大傷。但「雄獅」並非俗物，不久便東山再起。此時，拿破崙蓄勢待發，想找回當初的輝煌。但讓他沒有想到的是，接下來的幾次嘗試讓他徹底走向了滅亡──萊比錫慘敗、巴黎失陷、自己被囚禁小島等。而最後的兵敗滑鐵盧，更讓他的輝煌成為歷史。

東山再起

　　經過一連串戰爭，獲得勝利的反法聯軍，在維也納舉行了「勝利者的聚會」。此時，人們似乎忘記了那個被幽禁在地中海的遜位皇帝曾帶給他們的驚惶和不安，完全沉浸在杯中的美酒，和分割那個覆滅帝國的快感與爭吵中。

　　1815年初，維也納的代表們因分臟問題劍拔弩張、刀槍相向。法國復辟的波旁王朝倒行逆施引來百姓的怨聲載道，人們開始懷念起拿破崙皇帝在位時法國的光榮和輝煌。

　　時機已經成熟，拿破崙決定行動。1815年3月1日，經過三天三夜的航行，巧妙地躲過波旁王室布置在海面上的監視軍艦，拿破崙與一千多名貼身侍衛神奇地出現在法國南岸的如昂灣（Golfe-Juan）。雙腳重新踏上法國土地的皇帝難以掩飾心中的激動，他慷慨激昂地再次演説：「士兵們，我們並未失敗！我時刻在傾聽著你們的聲音，為我們的今天，我歷經重重艱辛！現在，此時此刻，我終於又回到了你們中間。來吧，讓我們並肩戰鬥！勝利屬於你們，榮譽屬於你

◆威靈頓銅像

有「鐵公爵」之稱的威靈頓，先在維多利亞戰役中嶄露頭角，後在滑鐵盧戰役中功成名就、煊赫一時。

們！高舉起大鷹旗幟，去推翻波旁王朝，爭取我們的自由和幸福吧！」受到激勵的士兵和群眾爆發出歡呼聲，人們滿懷豪情地向巴黎進發。

進軍出奇順利，愚蠢的波旁王朝派出的狙擊部隊大多是拿破崙舊部，狙擊對他們來說反倒成了前去歸服舊主的堂皇藉口。3月12日，拿破崙兵不血刃地進入巴黎，大勢已去的路易十八狼狽逃竄。3月19日，拿破崙再次登上帝位，萬民歡騰。

第七次反法同盟

3月25日，英、俄、普、奧、義、荷、比等國拼湊起七十萬大軍，重建反法同盟——威靈頓將軍（Duke of Wellington）指揮著一支英國軍隊從北邊向法國進軍；布呂歇爾（Blücher）元帥率十二萬普魯士軍、攜三百門大炮在沙勒羅瓦（Charleroi）和列日（Liège）之間集結；施瓦爾岑貝格做為奧地利元帥在萊茵河畔整裝待發；另外還有俄國

◆滑鐵盧戰役中的英國重騎兵
（伊莉莎白・湯普森，英國）

軍團也正帶著槍炮穿越德國向巴黎而來。

只有二十萬軍隊的拿破崙已經意識到了被合圍的危險。6月16日，拿破崙指揮法軍在林尼擊敗了布呂歇爾率領的普軍。普軍被迫向比利時中部的布魯塞爾（Brussels）撤退。首戰告捷的拿破崙決心以閃電戰術，接著進攻威靈頓指揮的部隊。17日，拿破崙兵臨比利時小鎮滑鐵盧，與在伊比利亞半島（Iberian Peninsula）中挫敗法軍的英國將軍威靈頓正面迎擊。

小鎮滑鐵盧

與歐洲任何一處小鎮毫無二致的滑鐵盧（Waterloo）位於布魯塞爾南部大約二十公里處，從這個小鎮再向南二・五公里有一片丘陵地帶——它的縱深大約三公里，最寬處約六公里。然而，就是這片清幽、安寧的狹窄土地，即將上演歐洲歷史上最為重要的一

◆硝煙瀰漫的滑鐵盧戰場

如果說莫斯科之戰成就了庫圖佐夫，那麼滑鐵盧戰場則成就了威靈頓。拿破崙的命運最終為這兩員名將所左右。

場戰爭，滑鐵盧也因此被載入史冊，成為人們耳熟能詳的名字。

此時，以防守見長的威靈頓已經占據高地，築城而守。英軍兵力為：步兵四‧九萬多人，騎兵一‧二萬多人，炮兵五千多人，火炮一百五十六門。

經過嚴密部署，反覆斟酌過作戰方案，拿破崙麾下的法軍也嚴陣以待，隨時準備戰鬥。法軍兵力為：步兵八‧四萬多人，騎兵一‧五萬多人，炮兵七千多人，火炮二百四十六門。

平庸的元帥

對作戰計畫充滿信心的拿破崙只有一個擔憂，就是布呂歇爾的普魯士軍隊雖然被擊潰，但是其主力依然保存完整，倘若他與英軍會合，法軍無疑將面臨巨大的危險。

隨後，一向將「集中」奉為作戰要訣的拿破崙做出一個決定：6月17日上午11時，他命令格魯希（Grouchy）率領三‧四萬名法軍去追擊去向不明的普魯士軍隊，務必保持普軍與英軍的隔絕狀態，確保拿破崙向英軍進攻時，威靈頓軍隊無法得到布呂歇爾軍隊的馳援。被委以重任的格魯希元帥頗為躊躇地接受了這個命令。雖然從軍二十多年對拿破崙忠心耿耿，但這並不能保證他能成為一名優秀的將軍。天資平庸的格魯希不過是

一個老實可靠、循規蹈矩的老兵，經過漫長的時間他才逐漸爬到元帥的高位。

拿破崙衡量再三，無奈中將這個重任放在格魯希肩上。因為萊比錫戰役（Battle of Leipzig）中經歷過部下叛變的拿破崙，至少能確信格魯希對他是忠誠的。

兵敗滑鐵盧

6月18日上午，又是一個陰雨綿綿的天氣，身穿灰色大衣的皇帝在雨中最後一次檢閱部隊。「皇帝萬歲」的高呼聲再次響起，激情感染了每一個即將參加戰鬥的士兵，皇帝的心中更是充滿了信心。上午11時，拿破崙下達作戰命令，法軍八十門大炮齊發，炮彈如雨點一樣同時落向英軍陣地。在炮火的掩護下，內伊（Michel Ney）率領步兵發起

衝鋒。但是威靈頓的防禦十分堅固，直到下午1時也沒有被突破。山坡上躺滿了犧牲士兵的屍體，法軍的數次衝鋒除了消耗了彼此力量之外，沒有一點進展。雙方都將希望寄託在能夠及時趕來的援軍上。

威靈頓盼望著布呂歇爾，而拿破崙在得知普軍的前衛已經接近滑鐵盧後，立刻向格魯希傳信，命令他趕來增援。此刻的格魯希距離滑鐵盧只有行軍兩個小時的距離，他的副司令認為應該立刻趕到戰場上與拿破崙會合，但習慣於唯命是從的格魯希持著拿破崙讓他追擊普軍的命令猶豫不決。他不知道正是他的猶疑及泥濘的道路，斷送掉了拿破崙的滑鐵盧之役，也徹底斷送掉了拿破崙的再次崛起。而此時已經接近下午5時，法軍又向威靈頓陣地發起了數次攻擊。戰鬥幾近白熱化，激烈的肉搏戰增加了雙方的傷亡數量。而山窮水盡中唯一的希望，只在於布呂歇爾或格魯希誰的救援最先來到。

下午6時30分，法軍右翼忽然槍聲大作，拿破崙懸著的心終於放了下來。他堅信這是格魯希率領的軍隊趕到了。但是他錯了，從樹林中衝出來的人群卻穿著普魯士軍隊的服裝——原來布呂歇爾還是趕在格魯希之前到達戰場。得到援助的威靈頓精神大振，立刻發出了全線反擊的訊號。法軍腹背受敵，全面潰退。轉眼之間，勝敗分曉，拿破崙裹挾在逃散的人流中敗走滑鐵盧。

至此，拿破崙帝國徹底隕滅，所有輝煌和光榮也都將隨著他的離世消散在深暗的歷史之中，「滑鐵盧」也成為人們失敗時的一個代名詞。

西元**1830年7月26日**

人物：路易十八　查理十世　　地點：法國　　關鍵詞：光榮革命

法國七月革命

　　法國七月革命宣言中說：「巴黎人，你們一向是最頑強、果敢的勇士。過去你們不但發動了我國的光榮革命，而且一再支持革命。今天你們又正在鞏固革命的成果……近四十年來，再沒有比昨天更為美好的日子了。在其他任何民族的歷史上也找不出像這樣的一天……繼續堅持戰鬥吧！你們的勝利一定會得到保證的。」

◆路易十八畫像

法國國王，路易十五之孫，被送上斷頭臺的路易十六的弟弟，法國波旁王朝復辟後的第一個國王。

1814年憲章

　　萊比錫一役讓法蘭西第一帝國瀕臨崩潰，曾深得拿破崙皇帝寵信的外交大臣塔列朗（Charles Maurice de Talleyrand-Périgord），悄悄加入反法同盟一邊。1814年5月3日，在他的一手策畫下，流亡二十多年的路易十八回到巴黎，「正統主義原則」下的波旁王朝復辟。但飽經憂患的路易十八已不得不向法國的新形勢、新體制妥協，接受現實。6月4日，路易十八頒布了名稱為「憲章」的新憲法，史稱《1814年憲章》（Charter of 1814）。

　　根據《1814年憲章》規定，自由、平等被承認為普遍原則，財產權不可侵犯。法國為君主立憲制國家，議會分為貴族院和眾議院，擁有制定和修改法律、審核預算等權力。選舉和被選舉權有嚴格的財產資格限制。國家司法獨立，大法官任期終身制。

　　《1814年憲章》成為議會維護資產階級利益而與王權鬥爭的武器。但它又規定國王至高無上，這讓復辟的波旁王朝的君主們再度陷入「君權神授」的美夢中，不斷企圖恢復他們理想中純粹的舊波旁的「正統」統治。

◆〈自由引導人民〉（德拉克洛瓦，法國）

作品重現法國1830年七月革命。

查理十世

1824年，路易十八帶著遺憾去世——他實行「合法的白色恐怖」，企圖恢復傳統君主專制的努力，反而催生出「無雙議會」（Chambre introuvable）與他抗衡。六十七歲的阿圖瓦伯爵（Count of Artois）繼承了兄長路易十八的王位，稱查理十世（Charles X）。同時他也繼承了路易十八未竟的願望，開始變本加厲地推行反動政策，加大反攻倒數的步伐。

1825年4月27日，查理十世勾結議會中君主派通過的《賠償亡命者十億法郎的法令》，公然違背《1814年憲章》原則，賠償大革命中逃亡貴族的財產損失。隨後查理十世又頒布保護天主教的條例；修改出版法，嚴格出版檢查以鉗民口；解散與他抗爭的眾議院，任命對他俯首貼耳的新貴族議員。頂著國王政府的壓力，資產階級以議會為基地與查理十世的鬥爭愈來愈激烈，政治危機不斷加深。

法國的不幸接踵而來，1825年，英國引發的經濟危機波及法國，先是金融業受到嚴重打擊，然後工業生產持續下降。一波未平

135

◆巴黎街頭的戰鬥

一波又起，1826年到1829年農業危機又席捲整個法國，馬鈴薯、穀物產量嚴重下滑，人民生活日益困苦，從未減少過的苛捐雜稅更使人們怨聲載道。各種危機交織在一起，空氣中瀰漫著動盪不安的氣息。

《聖克盧法令》

議會的反抗令查理十世非常氣惱，他無視嚴峻的社會危機，繼續實施高壓政策。而忍無可忍的議會決定進行反擊。1830年3月18日，議會草擬了一份向國王遞交的《致辭》，然後以二百二十一票同意通過，史稱《221人致辭》——強烈要求「陛下政府的觀點要永遠符合陛下人民的願望，《憲章》把這做為公眾事務正常進行的必要條件」。

惱羞成怒的查理十世再次解散議會，但選舉產生的新議會中，反對派依然牢牢地占據著大多數。束手無策又心有不甘的國王不惜孤注一擲。7月25日，王宮中連續發布四項法令：第一項法令取消出版自由，任何報刊和二十印張以下的出版物都應事先獲得批准；第二項法令宣布新的選舉無效，解散新議會；第三項法令實行新的選舉法，眾議院只由四分之一納稅最多者組成的郡選民團選舉，選舉資格以納稅額計算，規定只計算土地稅、動產稅等，營業稅和門窗稅不再計算在內；第四項法令規定9月6日和13日召集選區和郡的選民團，9月28日兩院開會。這四項法令被稱為《聖克盧法令》（Ordinances of St. Cloud）。查理十世想以此壓抑反對派，加強君主專制權力。最後，大部分中產階級因此失去了選舉權，衝突因此尖銳化，人民心中醞釀已久的怒火一觸即發。

光榮的三天

革命爆發前，對國王還抱有一線希望的資產階級，仍透過合法手段進行抗爭。7月26日，在巴黎市政廳開會的工商業主，決定第二天罷工罷市表達對國王的抗議。《國民報》編輯部決定繼續印刷報紙、起草抗議書，做為對《聖克盧法令》的直接回擊。傍晚，一些印刷工人和學生聚集到羅亞爾宮（Loire）周圍，高喊反對政府倒行逆施的口號，揭開了法國歷史上七月革命的序幕。革命持續了三天，稱為「光榮的三天」。

27日，部分工廠、商鋪停止開工和營業，罷工罷課的工人、學生走上街頭遊行示

威。群情激憤的人們搗毀王室徽章的標誌，搶奪武器，並在街道上築起街壘。查理十世命令部隊進行鎮壓，衝突迅即演變為起義。

28日，革命開始大規模發展。老兵、原國民自衛軍戰士加入工人和學生的隊伍中，聚集的群眾最多時達八萬多人。滿懷激憤的起義群眾築起了一道道由石塊、推倒的馬車、家具及砍倒的樹木構成的街壘。在巴黎聖母院上插起了三色旗，與國王的白色旗遙遙對峙。「打倒波旁王朝」、「自由萬歲」、「共和國萬歲」的呼聲迴蕩在巴黎上空。馬爾蒙（Auguste de Marmont）元帥率領的國王軍隊對起義群眾進行鎮壓，但是被革命者情操感染的部隊卻臨陣倒戈，紛紛站到了起義群眾的一邊。29日，人們攻擊羅浮宮和杜伊勒里宮。國王軍隊一觸即潰，中午剛過，巴黎就完全掌握在革命者手中。同時，外省的起義也傳來捷報。三天的七月革命取得了勝利，但是付出了七百名群眾的生命。

七月王朝

付出了鮮血和生命的人民群眾，強烈要求成立共和國，但是擔憂革命再次引起社會大動盪的資產階級卻另有打算。人民在浴血奮戰時，他們祕密聚集在一起商議

如何防止革命繼續發展。28日，從外省趕來的議員拉菲特（Jacques Laffitte）和拉法葉主張召奧爾良公爵（Duke of Orléans）回巴黎攝政。29日，聚集在拉菲特家裡的眾議員們決定搶在起義者之前，組織市政委員會，並成立以拉法葉為司令的國民自衛軍。革命的勝利果實被資產階級摘取。

7月31日，奧爾良公爵路易·菲利普（Louis Philippe I）手舉三色旗出現在王宮陽臺上，拉法葉代表議會正式授予他「攝政官」的職位。8月7日，議會兩院聯席會議通過了《1830年憲章》，宣布路易·菲利普為國王，代表大金融資產階級的「七月王朝」（July Monarchy）正式建立起來。

◆路易·菲利普進入皇宮

他是法國的最後一位國王，七月革命將他扶上臺，讓法國進入了「七月王朝」時代。

西元1861年—西元1865年

◎人物：林肯　格蘭特　◎地點：美國　◎關鍵詞：解放黑人奴隸宣言

美國內戰的白與黑

　　馬克思曾說：「當前南部與北部之間的鬥爭不是別的，而是兩種社會制度，即奴隸制度與自由勞動制度之間的鬥爭。這個鬥爭之所以爆發，是因為這兩種制度再也不能在北美大陸上一起和平相處。它只能以其中的一個制度的勝利而結束。」

《湯姆叔叔的小屋》

　　十七世紀，歐洲的思想啟蒙運動提出了人生而自由、平等的口號，一大批啟蒙思想家們對奴隸貿易提出了尖銳的批評——反對奴隸貿易和廢除奴隸制度的呼聲交織一起，漸漸形成了波瀾壯闊的廢奴浪潮。

　　這股浪潮也同樣席捲到了曾灑滿黑奴血汗的北美新國家——美利堅合眾國。十九世紀二〇年代，美國民間開始出現自發的廢奴運動組織。1827年，美國已經出現了一百四十三個地方廢奴團體。1833年，在費城成立了第一個全國性反對奴隸制度協會，廢奴運動愈演愈烈。1852年，身材矮小的比徹·斯托（Harriet Elizabeth Beecher Stowe）夫人出版了被林肯稱為「釀成了偉大的勝利」的小說《湯姆叔叔的小屋》（Uncle Tom's Cabin）。這本帶著傷感的小說真切地描繪了黑人的悲慘境遇。此書出

◆《湯姆叔叔的小屋》劇院海報
又譯作《黑奴籲天錄》，是美國作家哈里特·比徹·斯托（斯托夫人）於1852年發表的一部反奴隸制小說。這部小說中關於非裔美國人與美國奴隸制度的觀點影響深遠，甚至在某種程度上激化了美國內戰的部分衝突。

◆ 美國內戰中的牛山戰役

菲利普・卡尼將軍在這一戰役中中彈身亡。

版之後，立刻感染了心地善良的人們。1859年，約翰・布朗（John Brown）在維吉尼亞哈普斯渡口（Harpers Ferry, West Virginia）舉行起義，更是將民間的廢奴運動推向高潮。

黑白南北

1787年5月，美國十三個州的代表在費城（Philadelphia）召開會議，制定了世界上第一部成文憲法。經過反覆抗爭和妥協，1789年所有州議會最終一致通過，修正後的憲法才得以生效。憲法雖然確認了三權分立、代議政府等資產階級民主原則，但同時也公開承認奴隸制度，確認了奴隸制度的合法性。不過，為了限制這一對民主來說極具諷刺意味的制度，憲法同時規定了蓄奴地區的永久界限。

依靠粗放式經營的奴隸制經濟，只有不斷開拓新的土地才能維持高額的利潤。當憲法規定內的蓄奴諸州的肥沃土地被開墾殆盡時，奴隸主的目光轉向了美國廣闊的西部領土。由於南方白人公民人數遠遠落後於北方，按照人口計算的眾議院日漸成為北方自由州的天下。奴隸主們只能把希望寄予在參議院中，因為參議院不是按人口，而是按各州平均出兩名代表計算。種種原因使奴隸主們在美國每取得一塊新的領土時，都與北方吵得不可開交，以期增加蓄奴州的數量。

1820年，《密蘇里協定》（The Missouri Compromise）使密蘇里州成了蓄奴州；1854年，《堪薩斯－內布拉斯加法案》（Kansas-

◆林肯簽署《解放黑人奴隸宣言》塑像

Nabraska Act）使奴隸主們再次獲得勝利。憲法因所規定的蓄奴地區界限被打破，而尊嚴掃地。奴隸主們更加肆無忌憚，奴隸制不再有固定疆界，只要能夠得到多數人的贊同就可以成為蓄奴州，以致出現了被奴隸主們運去的奴隸還不足五十個人時，新墨西哥州（New Mexico）就成了蓄奴州的怪異景象。

蓄奴州的範圍不斷擴大，南北方的利益衝突愈加嚴重。正在飛速發展的北方工商業城市，因為得不到足夠的勞動力而不得不減慢步伐。而南方種植園中低下的勞動效益，則是白白浪費了大量人手。北方希望政府提高貿易保護，使北方工業品與南方的工業原料在國內相互交換，以提高美國商品的競爭力。但南方種植園主們卻希望將手中的棉花運往價錢更高的歐洲，並從歐洲進口更便宜的商品，因此他們強烈要求降低關稅。南北雙方為此爭吵不休，衝突日增，焦點漸漸集中在奴隸制度的存廢上。

平民總統

1809年2月12日，肯塔基州哈丁縣（Hardin Country, Kentucky）一個貧苦農民家庭中出生了一名男嬰，父母為他取名亞伯拉罕・林肯（Abraham Lincoln）。清貧的家境使林肯從小深諳民間疾苦。九歲時，林肯失去了疼愛他的母親，但幸運的是繼母慈祥和善，對他如同己出，一家人過得非常融洽。因為貧窮，林肯小小年紀就輟學工作，為維持家計東奔西走。他先後在俄亥俄河上做擺渡工人，在種植園中做雇工，在商店中做店員，甚至還學習做木工。十八歲時，林肯沿俄亥俄河航行千里到達了紐奧良（New Orleans）。旅途中，林肯親眼看見了黑人奴隸的悲慘遭遇。心地善良的林肯對夥伴說：「等到我有機會打擊奴隸制度的時候，我一定要徹底粉碎它！」

長大後林肯成了一名以測量和計算精確著稱的土地測繪員。辛勤工作之餘，林肯始終保持著旺盛的學習精神。他閱讀了大量書籍，廣泛的閱讀使他成了一名博學睿智的人。他開始在一些政治集會上表達意見，抨擊不人道的黑奴制度，對公眾事業提出自己的建議。林肯的人格魅力漸漸增加了他在公眾中的影響力，1834年8月，二十五歲的林肯被選為州議員。隨後在朋友的幫助下，林肯開始學習法律，成為一名律師，在他的仕途上大展拳腳。

1846年，他當選為眾議院議員。翌年，輝格黨（Whig Party）所青睞的林肯做為黨

代表參加國會議員選舉，並成功當選。他在國會中明確地反對奴隸制度，招致南方種植園主的仇恨。1850年，林肯在政治上受挫，退出國會。但林肯在人民中的影響力卻愈來愈大。1860年，他成為共和黨（Republican Party）的總統候選人。11月，選舉結果揭曉，雖然奴隸主控制的南部十個州沒有一張票投給林肯，但林肯仍然以二百萬張票當選為美國第十六任總統。

1861年3月，林肯宣誓就職。在就職演說中，他宣布「聯邦不容分裂」，但為了最大限度地維護統一的局面，又許諾「無意直接或間接干涉蓄奴州的奴隸制度」。但是，蓄謀已久的南方種植園主們卻一意孤行，早在1861年2月，南卡羅萊納等六個蓄奴州就宣布成立「南部同盟」，並選舉傑佛遜・戴衛斯（Jefferson Davis）為總統，另立政府。隨後又有五個蓄奴州加入叛軍陣營。4月12日，叛亂軍隊開始炮轟聯邦薩姆特要塞（Fort Sumter），正式挑起戰爭。4月15日，林肯簽署政府令，下令討伐叛軍，美國歷史上最大的內戰南北戰爭（American Civil War；又稱美國內戰）正式開始。

這不僅是一場奴隸制存廢問題的戰爭，也是一場維護美國的國家統一，還是讓國家分裂的較量。戰爭初期，掌握著戰爭正義性的北方不僅有合法政府，而且實力更是大大地高於南方——二千二百三十四萬北方自由公民是南方九百一十萬人口（其中三百八十多萬為黑人奴隸）的兩倍多。但是，由於南方叛亂者準備充分，且名將雲集——「西點第一名將」羅伯特・李（Robert Edward Lee）、「石牆」傑克遜（Thomas Jonathan

◆ 美國內戰中的史波茨威尼爾郡府之戰（Spotsylvania Court House, 1864）

◆ 蓋茨堡戰役

這是一場具有決定性的戰役，是美國內戰中最著名的一場戰鬥，經常被引以為美國內戰的轉捩點。畫面描繪的是著名的「皮克特衝鋒」場景。

"Stonewall" Jackson）、「不敗的猛將」約瑟夫・強斯頓（Joseph E. Johnston）等優秀的西點軍校畢業將領，在戰場上使裝備精良的南方叛軍如虎添翼。而為了恢復國家統一，及擔憂沒有參加叛亂的蓄奴州的去留，林肯政府一直對解放奴隸猶豫不決，這極大地影響了北方部隊的作戰士氣，以致叛軍在

戰場上接連告捷。1861年7月的馬納薩斯戰役（Battle of Manassas；又稱牛奔河之役〔Battle of Bull Run〕）和1862年夏的半島戰役（Peninsula Campaign），南方軍隊大獲全勝，政府軍損失慘重。林肯政府的壓力陡增，廢除奴隸制已經迫在眉睫。

《解放黑人奴隸宣言》

為了扭轉戰爭形勢，林肯進行了一連串革命措施。1862年5月，林肯政府頒布《宅第法》，規定：「凡美國公民只要繳納十美元的手續費，就可以在西部國有土地中領取

些人的自由。」消息傳到南方，渴望自由的奴隸成批逃亡北方，北方軍隊士氣大振。國際上關注美國奴隸問題的國家也紛紛對北方表達了支持，南方在政治上陷於孤立。

1863年，林肯的改革措施在戰場上顯露出成效。7月1日，蓋茨堡戰役（Battle of Gettysburg）大捷殲滅叛軍二‧八萬人，內戰主動權轉移到北方軍隊手中，戰爭形勢迅速逆轉。1864年9月，謝爾曼將軍（William Tecumseh Sherman）率軍攻克亞特蘭大（Atlanta），格蘭特將軍則率領軍隊逼近里奇蒙（Richmond）。1865年，南方種植園中的奴隸幾乎逃亡一空，南方經濟陷於癱瘓。1865年4月9日，在政府軍的重重包圍中，叛軍向格蘭特將軍投降，美國內戰結束。

四年的戰爭奪取了美國將近一百萬將士的生命，但是換來了國家的重新統一，廢除了黑人奴隸制度，為美國的繁榮富強打下了堅實的基礎。

一塊不超過約六十五公頃的土地，連續耕種五年以後，即成為私有財產。」同時，他還下令武裝從南方逃亡而來的奴隸，實行徵兵法，調整軍事領導機構，格蘭特將軍（Hiram Ulysses Grant）被任命為全軍統帥。

1862年9月22日，林肯頒布《解放黑人奴隸宣言》（The Emancipation Proclama tion），宣布：「1863年1月1日起，凡當地人民尚在反抗合眾國的任何一州之內，或一州的指明地區之內，為人占有而做奴隸的人們，都應在那時及以後永遠獲得自由；合眾國政府行政部門，包括海陸軍當局，將承認並保障這

◆林肯總統畫像

143

西元**1815**年—西元**1898**年

人物：俾斯麥　威廉一世　　地點：德國　　關鍵詞：鐵血宰相　統一

鐵血宰相俾斯麥

　　1815年4月1日，普魯士布蘭登堡雪恩豪森的大容克地主費迪南德‧馮‧俾斯麥年輕的妻子，為他生下了一個健壯的男嬰，這就是德國近代史上傑出的政治家和外交家奧托‧馮‧俾斯麥。他的出現，讓德國走上了統一大業。

◆俾斯麥畫像

普魯士王國首相，十九世紀德國最著名的政治家。透過一連串鐵血政策統一了德意志，並成為德意志帝國首任宰相，人稱「鐵血宰相」。

容克之子

　　俾斯麥（Otto von Bismarck）是個含著金湯匙出生的幸運孩子——父親龐大的莊園和廣闊土地帶來的滾滾財富，讓俾斯麥從小過著衣食無憂的生活。1823年，八歲的俾斯麥進入柏林小學讀書。這所小學中的學生大部分為資產階級子弟，俾斯麥貴族地主容克（Junker）家庭的出身，使得他在同學中顯得格格不入。這種被排斥、與群體相疏離的痛苦一直伴隨著他整個小學和中學生活。但是，當周圍的同學沉浸在少年無憂無慮的歡笑和遊戲時，孤獨的俾斯麥將自己投入到學習中，勤奮和天賦的智慧使他的語言天分很快展露出來。十七歲時，俾斯麥成了格丁根大學的一名新生。但嶄新的大學生活卻沒有給俾斯麥帶來新的激情，不過大學自由的氛圍將他天性中的另一面激發出來：粗野、蠻橫。腰挎佩劍，手牽狼狗，一副無賴打扮的俾斯麥在校園中遊走、尋釁，他先後與同學進行過二十七次決鬥。後來俾斯麥轉入柏林大學修習法律，畢業後成了一名律師。

◆ 俾斯麥在德國總部與部下商議軍事

鐵血宰相

後來俾斯麥又謀過很多職業，還得了一個河堤監督官的職務——這很適合他爭強好勝的性格，很快就得到了人們的嘉許。1847年5月，俾斯麥使用權術迫使一名患病的議員退出，從而使自己順利進入柏林州議會，成為一名議員。野心勃勃的俾斯麥一步步接近自己的目標。

1848年，歐洲掀起了史無前例的革命浪潮，普魯士也未能倖免地發生著名的德意志革命（Deutsche Revolution 1848；又稱三月革命）。3月，普魯士柏林爆發起義，國王腓特烈‧威廉四世（Frederick William IV）處於危急中，聞訊的俾斯麥組織了一支軍隊準備開往柏林「勤王救駕」。這一舉動贏得了普王的賞識。1851年，威廉四世任命俾斯

麥為普魯士駐法蘭克福聯邦會議代表，隨後又升為大使。出色的工作能力使他擔任這一職務長達八年之久。1857年，威廉四世因精神不佳，由其弟威廉親王攝政。他任命俾斯麥為駐俄大使，從而開始了俾斯麥的外交官生涯。1862年，俾斯麥爭任首相未果，失望之餘請辭轉任駐法大使。

事情在普魯士議會新一輪選舉中出現轉機。這一年，自由派取得了絕對勝利成為議會多數，他們立刻否決了普魯士政府軍事改革撥款的要求。議會和政府針鋒相對，互不相讓，陷入僵局。而俾斯麥成為能夠化解這一衝突的希望。1862年9月23日，威廉一世將他從法國召回，並任命他為首相。

9月26日，成為首相的俾斯麥來到下院

中發表首次演講：「德國所注意的不是普魯士的自由主義，而是權力……普魯士必須積聚自己的力量以待有利時機，這樣的時機我們已經錯過了好幾次……當代的重大問題不是透過演說與多數人的決議所能解決的，這正是1848年和1849年的錯誤，而是要用鐵和血。」從此，「鐵血宰相」成為俾斯麥的代名詞。這位鐵腕宰相開始領導普魯士走向統一的道路。

統一大業

十九世紀中葉，德意志還是個邦國林立的國家，四分五裂的局面成為德國資本主義經濟發展的障礙，統一的呼聲愈來愈高。

俾斯麥上臺伊始就將統一大業放到日程上來，普王對此深表贊同。自此，威廉一世和俾斯麥結成了十分牢固的君臣情誼，彼此支持，共同推動普魯士王國走向輝煌。

俾斯麥第一個要對付的就是丹麥。做為德意志的北鄰，丹麥一直在領土上大做文章，長期控制著原本屬於德意志的石勒蘇益格－荷爾斯泰因（Schleswig-Holstein）。1863年，丹麥違反1850年和1852年倫敦議定書，通過憲法宣布把兩地併入丹麥國土，這不僅引起了當地人們的不滿，更給俾斯麥找到了向丹麥開戰的理由。開戰之前，他首先與奧地利達成同盟，並約定取勝之後對這兩地的劃分方法。1864年2月，普奧聯軍六萬多人向丹麥發起進攻。丹麥戰敗。10月30日，雙方簽訂《維也納條約》（Treaty of Vienna），丹麥失去了對石勒蘇益格－荷爾斯泰因的控制權利。1865年8月14日，普奧兩國達成《加斯坦因協約》（Gastein Convention），將這兩地瓜分，普魯士獲得了石勒蘇益格。

荷爾斯泰因雖然落入奧地利之手，但俾斯麥並不擔憂，因為荷爾斯泰因被普魯士環繞。俾斯麥只需要等待時機，積蓄力量，與奧地利決一雌雄就可解決問題。經過兩年精心備戰，1866年6月8日，普軍長驅直入荷爾斯泰因，並先後占領漢諾威、薩克森等地。6月17日，奧地利對普魯士宣戰，普奧戰爭開始。拿破崙戰爭中就已經呈現衰敗趨勢的奧地利，在對普魯士的戰場上依然遭遇慘敗。7月3日，薩多瓦會戰（Battle of Sadowa；或稱克尼格雷茨戰役〔Battle of König-grätz〕），奧軍戰死一·八萬人，被俘二·四萬人。22日，奧地利不得不求和停戰。8月23日，普奧雙方在布拉格簽訂條約，奧地利被迫退出德意志聯邦，普魯士獲得了荷爾斯泰因和戰爭中與奧地利站在一起的小邦國。

至此，德意志北部和中部領土連成一片。1867年北德意志聯邦在普魯士領導下建立起來，威廉一世成為聯邦國王。但是德意志南部諸邦依然在法國的幕後操縱中，成為俾斯麥統一大業中的最後一塊絆腳石。1870年，俾斯麥藉西班牙王位繼承問題大做文章，故意激怒法蘭西第二帝國皇帝拿破崙三世。拿破崙三世向普魯士宣戰，並狂妄地說只是一次「到柏林的軍事散步」。但是德意志人在俾斯麥的號召下加強了民族團結，四十七萬普魯士軍隊向法軍進攻。結果拿破崙三世為這次的「散步」付出了慘痛代價。

9月色當一役，法軍大敗，八‧三萬法國官兵舉手投降，包括法蘭西帝國皇帝。消息傳到法國，舉國譁然，第二帝國被資產階級趁機推翻，建立了共和國。俾斯麥揮師直逼巴黎，法國被迫在《法蘭克福條約》上簽字：阿爾薩斯（Alsace）和洛林（Lorraine）被割讓給德國，法國賠償德國五十億法郎。

至此，整個德意志已經統一在普魯士旗幟下，俾斯麥的鐵血政策大獲成功。1871年1月18日，德意志帝國在凡爾賽宮宣告成立，威廉一世（William I）為德意志帝國首位皇帝，而俾斯麥則成為帝國第一任首相。

盛極而衰

戰爭已停息，但鐵血宰相的「鐵血」政策並未停止，他還要用這項政策將統一後的德意志帝國推到歐洲第一強國的寶座上。

為此，俾斯麥在1871年到1877年間發動了一場「文化鬥爭」，成功壓制了羅馬教廷；1878年頒布《反社會主義法》（Anti-Socialist Laws），鎮壓工人運動。為防止法國報復，俾斯麥先在1873年與奧匈帝國和俄羅斯結成「三帝同盟」；六年後，德意志帝國與奧匈帝國單獨締結同盟條約；1887年，又與俄國簽訂《再保險條約》（Reinsurance Treaty）；1882年，德國和義大利、奧匈帝國結成「三國同盟」，重重盟約將德意志帝國安全地掩護起來。

統一後的德國發展迅速，國力日增，俾斯麥也因此在德國權傾一時。然而，1888年3月威廉一世逝世，繼位的威廉二世年輕氣盛，對俾斯麥多有不滿。已過古稀之年的俾斯麥厭倦了權力爭奪，心灰意冷之餘向年輕的皇帝遞交了辭呈。1890年3月18日，俾斯麥正式下野。1898年7月30日，曾經叱吒風雲的鐵血宰相溘然長逝，終年八十三歲。

◆1871年，威廉一世加冕稱帝

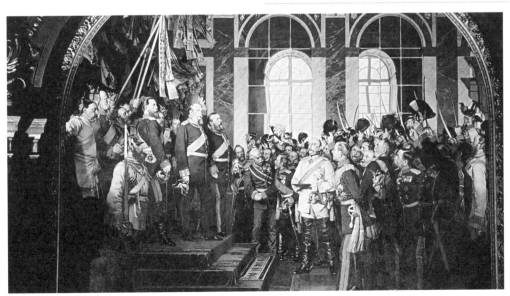

西元1870年—西元1871年

◎人物：拿破崙三世　俾斯麥　◎地點：法國　德國　◎關鍵詞：軍事散步

普法戰爭

　　《普法戰爭短評》指出：「第一，法軍在迎擊敵人的進攻時所處的陣地，使獲勝的德軍能夠入法軍分散的各軍之間，結果把法軍割裂為兩支獨立的部隊，並使它們彼此不能會合，甚至不能配合作戰；第二，巴贊軍團在麥茨行動遲疑，結果被緊緊地圍困在那裡；第三，援救巴贊軍團所用的兵力和所沿的路線，簡直是唆使敵人俘虜全部援軍。」

◆拿破崙三世畫像

路易・拿破崙・波拿巴，即拿破崙三世。法蘭西第二共和國總統，第二帝國皇帝。拿破崙一世的姪子。

拿破崙三世的困境

　　1852年12月2日，路易－拿破崙・波拿巴（Louis-Napoléon Bonaparte）效仿他的叔叔拿破崙・波拿巴黃袍加身，在1848年大革命後的動盪紛紜中，建立了法蘭西第二帝國，是為拿破崙三世（Napoléon III）。

　　稱帝之後，拿破崙三世即大力推動法國經濟建設。青年時流亡英國的經歷，使他看到英國興盛繁榮的景象，也意識到相形之下法國工商業發展的落後。十九世紀中期，正是在拿破崙三世的推進下，工業革命的成果才在法國快速普及起來，法國的經濟也因此獲得了長足進步，後來使法國成為僅次於英國的世界第二工業大國。相對於拿破崙・波拿巴，拿破崙三世的經濟建樹顯然更為突出。

　　然而，為了小心翼翼地維護人民的幻想，也為了重現他所敬仰的那個輝煌帝國，拿破崙三世上臺伊始便走上了對外戰爭的道路。他力圖透過這一連串武力再造拿破崙神話，在歷史上留下屬於自己的一筆。但拿破崙三世顯然高估了自己的軍事能力，連年征戰並未給他帶來榮譽和輝

煌，反而喚起了人民對戰爭年代創傷和痛苦的回憶。人們開始從幻想中清醒過來。拿破崙三世對戰爭的執著態度令人們厭倦而恐懼——被他打倒的奧爾良遺老們、主張共和制度的工業資產階級和中小資產階級也不約而同站在他的對立面。但按照拿破崙式的思維，再加上皇后為了兒子可以當上皇帝而提出的「戰爭是必要」的主張，他決定繼續發動對外戰爭以擺脫困境。而這次戰爭的對象，就是法國身邊新近崛起的北德意志聯邦。

未竟的統一事業

此時的普魯士，更確切地說是北德意志聯邦，也正在醞釀著對法國的戰爭計畫。除了耶拿會戰（Battle of Jena-Auerstedt）時，拿破崙留給普魯士的永久恥辱令普魯士人寢食難安之外，更現實的原因則是法國阻擋了德意志統一大業之路，使普魯士必欲除之而

後快。

1862年，普魯士的「鐵血宰相」俾斯麥上臺，他是個狂熱的德意志統一主義者，他將實現德意志統一做為自己的人生大業，也視為是普魯士王國的大業。因此，準備兩年之後，俾斯麥便急不可待地對丹麥開戰，在氣勢洶洶的普魯士軍隊面前，丹麥很快戰敗，石勒蘇益格－荷爾斯泰因被普魯士和奧地利瓜分，俾斯麥成功實現了他理想的第一步。然而，這離最後的統一任重而道遠，普丹戰爭結束後，為達目的從不擇手段的俾斯麥很快與奧地利翻臉。1866年，普軍長驅直入荷爾斯泰因，普魯士和奧地利在戰場上兵戎相見。薩多瓦一戰普魯士大獲全勝，荷爾斯泰因和黑森（Hesse）等一些小邦國被普魯士控制。第二年，連成一片的德意志中北部

◆ 俾斯麥護送皇帝拿破崙三世
（威廉・豪森，德國）

◆拿破崙三世的軍隊與普軍廝殺

宣布組成聯邦，普魯士國王為北德意志聯邦國王，俾斯麥也成為首位聯邦首相。

　　普奧戰爭前，為了避免法國插手，俾斯麥曾以萊茵河附近的領土為誘餌，使法國皇帝拿破崙三世心領神會地在普奧戰爭中保持緘默，以致如今德意志中北部雖然獲得統一，但南部的巴登（Baden）、符騰堡（Württemberg）、巴伐利亞、黑森－達姆施塔特（Hesse-Darmstadt；黑森林大公國）四個小邦國，依然在法國的支持下保持獨立。這是俾斯麥所無法容忍的事情，為了統一大業的最後完成，普魯士對法國的一戰在所難免。

西班牙王位

　　雖然情形已經勢如水火，但誰也不想成為戰爭的發動者而被輿論譴責，俾斯麥和拿破崙三世都在等待著一個合適的時機。

　　戰爭危機終於在1868年出現，這一年西班牙爆發革命，女王伊莎貝拉（Isabel II）流亡國外，西班牙王位空缺。俾斯麥圖謀造成對法國東西夾擊之勢，於是極力拉攏西班牙臨時政府，建議由普魯士國王威廉一世的堂弟利奧波德親王（Leopold von Hohenzollern-Sigmaringen）繼承西班牙王位。俾斯麥昭然若揭的目的即刻被拿破崙三世識破，他隨即向普魯士國王遞交了抗議書，強烈反對俾斯麥對西班牙王位的建議。出於各自利益的考慮，英國、奧地利和俄國都附和法國，俾斯麥的圖謀受挫。

　　為了杜絕後患，1870年7月，法國要求威廉一世保證霍亨索倫家族永遠不沾染西班

牙王位。憤怒的威廉一世斷然拒絕，並將這一情況電告國內的俾斯麥。俾斯麥獲悉之後卻高興起來，與參謀總長毛奇（Helmuth Karl Bernhard von Moltke）和陸軍總長羅恩（Albrecht von Roon）商量之後，第二天被改頭換面的電文公開發表，文中對法國極盡侮辱的語言徹底激怒了拿破崙三世。1870年7月19日，法國對普魯士宣戰。

色當戰役

拿破崙三世對戰爭充滿了信心，輕蔑地說這次戰爭「不過是到普魯士做一次軍事散步」。拿破崙三世親任總司令，勒布夫（Le Boeuf）為總參謀長，在德法邊境的阿爾薩斯和洛林集結八個軍，共約二十二萬人編成萊茵軍團，準備在普魯士動手前先發制敵。具體計畫為集中兵力越過國界，大軍直指法蘭克福以切斷德意志南北聯繫，迫使南德諸邦保持中立，法國就可全力打擊普魯士。

普魯士則在萊茵河中游梅斯（Metz）和史特拉斯堡（Strasbourg）之間，集中了三個軍團共約四十七萬人的兵力。普魯士國王威廉一世也親自任總司令，毛奇為總參謀長。作戰計畫以優勢兵力進攻阿爾薩斯和洛林，將法軍圍殲在邊境，或者將法軍向北驅趕，最後普軍圍攻巴黎，迫使拿破崙三世投降。

8月2日，拿破崙三世一聲令下，法軍在索爾布呂肯（Saarbrücken）向普軍開了第一槍。但是拿破崙三世原先的估計顯然過於樂觀，法軍剛越過邊境就遭到普軍的迎頭痛擊。僅僅兩天時間，法軍的攻勢就停頓下來，而普軍則從防守轉為攻擊，且攻勢凌

屬，法軍接連敗北。更糟的是，原計畫將德意志攔腰截斷的法軍卻被普魯士部隊所割裂。巴贊元帥指揮的十七萬人被圍困於麥茨要塞，而拿破崙三世和麥克馬洪（Patrice MacMahon）元帥的三個軍共十二萬多人，在博蒙（Beaumont）激戰失利後退守色當（Sedan）。

普軍參謀長毛奇立即命令軍隊占領麥茨河右岸至法比邊界的整個地區，使法軍兩部徹底失去聯繫。9月1日，毛奇下令普軍集中進攻拿破崙三世所在的色當——這將是普法戰爭的決定性戰役。普軍七百多門大炮一齊向法軍陣地進行猛烈轟擊，雨點一樣的炮彈落向毫無抵抗能力的色當城，城內頓成一片火海。麥克馬洪幾次被流彈擊傷依然指揮法軍突擊，但已無法挽救失敗的命運。下午3時，在二十萬普軍的凌厲進攻下，色當城頭升起了法軍的白旗。拿破崙三世被迫向威廉一世遞交了投降書，表示願「將他的佩劍交到陛下的手中」。十萬法軍隨同他們的皇帝和元帥成了普魯士的俘虜。

普法戰爭以拿破崙三世的「散步」失敗而告終。1871年5月10日，雙方簽訂了《法蘭克福條約》，法國割讓阿爾薩斯和洛林給德國，並賠款五十億法郎。

普法戰爭使俾斯麥最終實現了德意志統一的夢想。1871年1月18日，普魯士耀武揚威於法國土地，德意志帝國在巴黎的凡爾賽宮宣布成立。而失敗後的法國不僅承受著土地和賠款的損失，更使法蘭西民族的自尊心受到極大的打擊，拿破崙三世在人民心目中的形象轟然倒塌，法蘭西第二帝國垮臺。

西元**1871**年**3**月—**5**月

◎人物：梯也爾　◎地點：法國　◎關鍵詞：鎮壓與反鎮壓

巴黎公社運動

　　《法蘭西內戰》中曾說：「公社最偉大的措施就是它本身的存在，它在聞所未聞的困難下工作著、行動著！巴黎公社升起的紅旗，實際上只是標誌著巴黎的工人政府的建立！他們已經清楚地、有意識地宣告他們的目的是解放勞動和改造社會！」

侵略與反侵略

◆巴黎公社的傳單

　　1870年7月，法蘭西第二帝國的皇帝拿破崙三世狂言要到普魯士做一次軍事「散步」，親自指揮二十二萬大軍開進德意志。可惜，拿破崙‧波拿巴的姪子雖然繼承了科西嘉人的張狂與傲慢，卻沒能繼承他天賦的軍事才能。這次張揚地對德戰爭，其實反而正中普魯士「鐵血宰相」俾斯麥的下懷，成了他實現德意志統一大計的一枚棋子。不過一個月時間，拿破崙三世的戰線就被普魯士切割，失去支援的法國皇帝和元帥被困色當城。如雨點一樣落下的炮彈徹底擊碎了拿破崙三世的狂傲和勇氣，卑躬屈膝的皇帝獻出自己的寶劍，成了法國歷史上最後一個被敵人俘虜的君主。

　　色當一役，法國敗局已定，德意志統一的道路已無阻礙，志得意滿的

威廉一世和他的宰相俾斯麥卻並未就此罷手。1806年，耶拿會戰後，得勝的拿破崙大軍曾開進柏林城，這種羞辱令普魯士人沒齒難忘，如今正是他們一雪前恥的時候。因此，接受了拿破崙三世投降的佩劍之後，俾斯麥並未下令停止進攻，反而按原計畫繼續向巴黎進攻。但是自普魯士軍隊踏進法國領土的那一瞬間起，為了實現民族統一和保家衛國的正義普魯士，就轉而成了面目可憎的侵略者。那些曾在戰場上為民族尊嚴而英勇鬥爭的戰士們，在法國大地上燒殺搶掠——他們的殘暴行為激起了法國人民的強烈憤慨。蟄伏在人民心中的正義感，激勵他們開始為了自己國家的尊嚴而鬥爭。

鎮壓與反鎮壓

1870年9月4日，拿破崙三世在色當投降的消息傳回法國國內，經過無數次革命洗禮的巴黎人民按捺不住胸中的怒火而起義——法蘭西第二帝國葬送在人民的怒火中。但是人民再一次成為政權更迭的工具，權力最終落入資產階級之手——以特羅胥（Louis Jules Trochu）將軍為首的「國防政府」接管了拿破崙三世被剝奪的政權。

新成立的國防政府視法國人民日益高漲的愛國熱情為洪水猛獸，對革命群眾的恐懼甚於對普魯士軍隊的恐懼，甚至為了苟安而向普魯士皇帝屈辱求和。9月19日，普魯士大軍兵臨巴黎城下。10月31日，十七萬法國正規軍成為普魯士的俘虜。憤怒的巴黎人民再次起義——將推翻背叛祖國利益的國防政府做為目標，可是起義被鎮壓了。

◆ 巴黎公社時期的宣傳畫

起義雖然失敗了，但使巴黎人民更加清楚地意識到，要想維護民族獨立與尊嚴，必須先將反動的資產階級統治徹底推翻，必須建立自己的武裝隊伍。巴黎人民開始加緊建設國民自衛軍，僅僅三個星期就組織了一百九十四個工人營隊，人數達三十萬人。他們自己募捐購買武器，自己鑄造大炮，任命自己的成員做為工兵營營長。這支以工人為主體的國民自衛軍日夜堅守巴黎城，抵擋住了普魯士一次又一次的進攻。

1871年2月17日，反動的奧爾良黨人梯也爾（Marie Joseph Louis Adolphe Thiers）上臺，準備放手鎮壓巴黎的革命群眾。3月，梯也爾調集了三萬軍隊進入巴黎，威脅工人

解散國民自衛軍，被工人們義正詞嚴地拒絕了。

3月17日夜，梯也爾召集政府部長和將軍們進行祕密商談。他們制訂了詳細的軍事行動計畫，預備先奪取國民自衛軍的大炮，然後進行全城搜查，逮捕國民自衛軍領袖。當時巴黎國民自衛軍的四百一十七門大炮，主要布置在蒙馬特（Montmartre）高地和梭蒙高地。

18日凌晨，一支政府軍在列康特的帶領下，悄悄地來到了蒙馬特高地附近，這裡只有幾名守衛大炮的自衛軍戰士。政府憲兵殘忍地將這些戰士屠殺，但自衛軍戰士的槍聲驚醒了附近的居民。消息傳開，國民自衛軍立刻行動起來──一些巴黎市民，包括婦女、兒童和老人也自動加入隊伍中。人們湧上蒙馬特高地，勇敢地攔在企圖拖走大炮的政府軍面前，指責政府軍卑劣的行徑和可恥的賣國求榮行徑。最後許多政府軍戰士羞慚地放下武器，站到了巴黎人民的一邊。堅持反革命的列康特（Claude Lecomte）將軍，和一些反動員警、憲兵被人民逮捕。梯也爾偷襲蒙馬特高地的陰謀被粉碎。同時，梭蒙高地也傳來捷報，偷襲的政府軍同樣被擊潰。

巴黎公社成立

梯也爾這一無恥行為，使巴黎人民胸中的怒火燃燒得更加旺盛──巴黎各個工人區不約而同爆發起義。國民自衛軍和巴黎市民拿起武器，走上街頭。巴黎的大街小巷又一次築滿街壘，只是這次街壘後面的人民更振

奮，力量更強大。威力十足的大炮口時刻對準了反動軍隊。

中午，國民自衛軍擊潰了梯也爾調集來的鎮壓部隊，向巴黎市中心挺進，起義從防守轉為進攻。下午3時，國民自衛軍和自發的巴黎人民與政府軍展開了激烈的巷戰，政府軍的陸軍部和其他一些軍事機關被革命隊伍占領。梯也爾被嚇得倉皇逃往巴黎西郊的凡爾賽宮。政府軍和憲兵六神無主，聞風逃竄。晚上9時，國民自衛軍控制了矗立著拿破崙‧波拿巴銅像的凡登廣場（Place Vendôme）。晚上10時，巴黎市政廳升起了國民自衛軍的紅旗，聚集在廣場的人們的歡呼聲不斷。

國民自衛軍控制了巴黎全城，梯也爾的資產階級政府被國民自衛軍中央委員取代，起義取得了勝利。3月26日，巴黎舉行了普選，許多工人、社會主義者和國際主義者代表被選舉出來組織了革命領導機構。3月28日，巴黎公社宣布成立，歷史上第一個無產階級革命政權建立起來。

五月血腥週

巴黎公社的敵人——梯也爾，雖然逃出了巴黎卻並沒有甘心罷手。他一邊重新集結殘兵敗將，一邊向俾斯麥請求援助。

4月3日，為了扭轉被動挨打的局

面，巴黎公社決定先發制人，四萬名公社戰士向凡爾賽進攻，但因為寡不敵眾和指揮失誤，在成功進抵距離凡爾賽五公里處被敵人重兵包圍。

4月6日，西南的梯也爾軍隊與東面及北面的普魯士軍隊，形成了對巴黎的包圍之勢。保衛巴黎的一‧六萬名作戰部隊和四‧五萬名預備部隊，決心與數倍於自己的敵人周旋到底。但因為組織不善，缺乏戰鬥經驗，4月7日，巴黎訥伊橋（Pont-de-Neuilly）和附近據點被敵人攻克。

公社戰士堅持不屈不撓的鬥爭，在任何一個可能殺傷敵人的地方都給敵人造成了巨大的消耗。5月21日下午，梯也爾的反動軍隊從盧克門進入巴黎城，一場震撼世界的巷戰搏殺——「五月血腥週」（La Semaine Sanglante）自此開始。

巴黎無產階級和人民群眾，不分男女老幼，為了保衛自己的新政權，與手握鋼槍、刺刀的敵人進行了殊死搏鬥。至27日，二百名公社戰士被反動軍隊屠殺在拉雪茲神父公墓（Père Lachaise Cemetery）前，公社戰士傷亡殆盡。28日，巴黎公社最後一個街壘被攻克，巴黎公社倒在血泊中。

◆鎮壓巴黎公社的命令者梯也爾

155

第二次工業革命

⊙資本主義統治確立　⊙電氣時代　⊙壟斷資本主義

　　戰爭給人們帶來了無盡的傷痛，長時不能癒合。但從另一方面講，也促進了科學技術的迅猛發展。1870年以後，各種新技術、新發明如雨後春筍般席捲大地，層出不窮，對經濟發展產生了巨大的推動作用。電力的廣泛應用、內燃機和新交通工具的創製、新通訊方式的發明，以及化學工業的建立，標誌著第二次工業革命的浪潮已經來臨。

資本主義統治的確立

　　1640年，英國斯圖亞特王朝的查理一世試圖挑戰議會，卻沒想到已經成長起來的資產階級與新貴族聯手將他趕下了王位。1688年「光榮革命」之後，英國王權專制時代一去不返，世界上第一個資本主義國家在大不列顛島上冉冉升起。

　　這個新生的國家將整個世界帶入了另一個時代。1775年，美國獨立戰爭爆發，資本主義在北美大陸站穩了腳跟；1789年，法國大革命將自由、平等、博愛的思想深入人心；1861年，在克里米亞戰爭中一敗塗地的沙皇俄國進行農奴制改革，走上了發展資本主義的道路；1868年，日本天皇從幕府手中奪回權力後實施了一連串列發展工商業的措施，成功「脫亞入歐」，成為暮氣沉沉的東亞世界中唯一擺脫了落後狀態的資本主義國家；1871年，統一的德意志帝國在鐵血宰相俾斯麥不擇手段且堅韌不拔的努力下，最終在巴黎凡爾賽宮宣布成立。同年，借助普法戰爭的餘蔭收回羅馬的義大利的統一大業也全部實現，宣布將首都從佛羅倫斯（Florence，又稱翡冷翠）遷往羅馬，一個新的資

◆電話的發明者貝爾

本主義國家在亞寧半島上拔地而起。

至此，最初在大不列顛島上燃起的星星之火，最終在全世界發展成燎原之勢，這些新生的資本主義國家隨著數量的增多連成一片，整個舊世界將因之被完全顛覆。資本主義是個天生的掠奪者，他們剛一誕生就將侵略擴張的矛頭對準了所有落後國家和地區。很快大片大片土地淪為他們的殖民地和半殖民地，他們從那裡搜刮來的萬千財富轉而成為自身資本主義發展的強大助力。

十八世紀中期，英國的紡紗工人哈格里夫斯（James Hargreaves）偶然發明了珍妮紡紗機，一場推動工業大變革的工業革命自此開始。其後，機械師瓦特（James von Breda Watt）發明了改良蒸汽機，使工廠擺脫了河流水力的束縛，人類社會步入真正的大機器生產時期。人們從中發現了技術進步對生產的強大推動力，對科學理論的研究和實踐興趣更濃了。第一波工業革命的浪潮還沒有徹底結束，第二波更加洶湧的科技革命浪潮又接踵而來。

進入電氣時代

1831年，自學成才的英國科學家法拉第（Michael Faraday），經過七年反覆實驗終於發現了電磁感應現象，這成為人類發現並利用電的起點。在電學理論逐漸完善的過程中，科學家們開始研究並製造發電機。1866年，德國人西門子（Werner von Siemens）研製成功第一部發電機，幾經改進後發電機在十九世紀七〇年代走出實驗室，進入實際使用中。電能傳遞速度快，傳輸過程中損失

◆ 偉大的發明家愛迪生

小，而且能夠遠距離輸送，並便於集中生產和管理，因此電力很快取代蒸汽成為新型動力，從此人類步入「電氣時代」。

神奇的電能吸引了大批科學家投入到它的應用研究中，其中人們最耳熟能詳的是「發明大王」愛迪生（Thomas Alva Edison）。在他兩千多項發明中，帶給人類最大影響的是電燈。1879年10月21日，愛迪生在新澤西州門洛帕克實驗室（Menlo Park Laboratory）製造出世界上第一個使用碳化捲繞棉線做為燈絲的電燈泡。這是他和助手們在試驗過一千六百種耐熱材料、六千種植物纖維後，找到的最適合的燈絲材料。白熾燈發出柔和的淡黃光芒，從此，光芒微弱而閃爍的油燈漸漸退出歷史舞臺，電燈如新興的資本主義一樣在世界歷史中熠熠生輝。

受電磁感應原理啟發的另一個重要發明是通訊。1837年，美國人摩斯（Samuel Finley Breese Morse）製造出第一臺電磁式電報機，他在華盛頓和巴爾的摩之間架設一條六十一公里長的實驗線路獲得成功。1880年，貝爾電報公司（Bell Telephone company）成

立，電報成為人們溝通資訊最為便捷的方式。1894年，義大利人馬可尼（Gulielmo Marconi）又發明了無線電報裝置；1899年，他在英法之間進行遠距離無線發報成功；兩年後，無線電波又成功橫跨大西洋。原本透過速度緩慢的人和動物傳遞消息的方式經常導致的貽誤，從此再也不會發生了。1875年，波士頓大學聲音生理學教授貝爾（Alexander Graham Bell）偶然在「U」形磁鐵中插入音叉而獲得一些傳聲效果。經過反覆實驗，1876年3月10日，他的助手沃森在臥室裡清晰地聽到貝爾在書房中呼喚他的聲音，世界上第一臺電話研製成功，人們可以在遙遠的地方與他人進行交談了。

此外，交通工具也發生了翻天覆地的變化。1876年，德國人奧托（Nicolaus Otto）研製成了一臺以煤氣為燃料的四行程循環內燃機。1883年，奧托的同胞戴姆勒（Gottlieb Wilhelm Daimler）在他研究的基礎上用汽油代替煤氣研製成了新的具有馬力大、重量輕、體積小等優勢的內燃機。兩年之後，德國機械工程師卡爾・賓士（Karl Friedrich Benz）將新式內燃機應用到交通工具上製造了世界上第一輛汽車，人類開始擺脫了體能的限制，以更快的速度到達目的地，賓士因此被譽為「汽車之父」。緊接著，德國工程師狄塞爾（Rudolf Christian Karl Diesel）又在1897年發明了結構更簡單、燃料更便宜，但動力更強勁的柴油機，從此重型運輸工具如輪船和火車再也不用浪費龐大的空間裝著沉重的煤炭跑了。

更令人激動的是，1903年12月17日，一直嚮往著自由飛翔的美國萊特兄弟（Wright brothers）研製的飛機，終於在北卡羅萊納的基蒂霍克（Kitty Hawk）荒涼的海灘上成功試飛五十九秒，飛行二百六十公尺，實現人類對天空的渴望。1905年，萊特兄弟的飛機持續飛行了近四十公里；1909年搭載乘客飛

◆ 萊特兄弟的飛行試驗

這架飛機看起來簡陋，但卻是人類航空時代到來的標誌。

行了一百三十五公里。一個新的工業部門
——航空工業隨後迅速發展起來。

除此之外，另一個新工業部門——化學
工業也從二十世紀八〇年代突飛猛進地發展
起來，新的化學產品不斷被提煉出來，塑
膠、人造纖維、絕緣物質等，也先後被發明
並投入生產和使用。

總之，自人類出現以來，無數個具有劃
時代意義的「第一」在第二次工業革命中湧
現，這些嶄新的科學與技術的應用不知不覺
中徹底改造著人們的生活和整個世界秩序。

過渡到帝國主義國家

與第一次工業革命相較，第二次工業革
命真正體現了科學和技術的結合。許多發明
成果不再只是一些工匠在日常工作中進行的
技術革新，而是以科學理論的研究做為指
導，不管是電磁感應原理還是新化學元素的
被提取，都成為後來發電機的發明、電力的
廣泛應用、新興化工產業興起的基本理論依
據。這次革命的傳播也不再是從英國開始逐
漸蔓延到其他國家的單一傳導方式，而是幾
個國家不約而同地同時進行研究、發明和創
造。美國、德國、英國等國家的研究成果共
同使人類受益。並且，新發明投入生產的速
度比起第一次工業革命時期大大縮短了時
間，因此對人們生活和生產的改造效果也愈
加迅速地展現出來。在第二次工業革命發生
時，英、法、美都已經完成了第一次工業革
命，而德國和俄國的工業革命正進行得如火
如荼，日本則剛剛開始。對於這些後來的資
本主義國家而言，第一、第二次工業革命緊

◆摩斯電報機模型

1837年，摩斯發明的電報機是電報通訊的起
源。它的通訊電碼是以點、畫符號組合而成，
每一個碼代表一個字母和一個數字。發報員用
電鍵發出長短不一的電碼，收報員聽到嘀嗒的
聲音。嗒的聲音是嘀的三倍長。收報員抄錄嘀
嗒組合的電碼後再譯成電文。

密連接在一起，甚至在交叉同步進行，使他
們充分利用了後發優勢，在第二次工業革命
中表現得活躍而出色，取得的成就令世人矚
目。

在科技的推動下，生產力飛速進步，資
本主義經濟出現了許多新景象。嶄新的工業
革命部門如雨後春筍般紛紛湧現，老工業部
門被新技術加以改造而重新煥發生機，也有
些部門被技術的浪潮所淘汰退出了歷史舞
臺。人們的生活發生了翻天覆地的變化，資
本主義生產也逐漸與以往大不相同。新行
業、老行業，新技術、老技術，競爭日益激
烈，使大量財富漸漸集中到少數大資本家手
中，壟斷組織在各國以不同的面目出現，不
論是托拉斯（Trust），還是卡特爾
（Cartel）或辛迪加（Syndicate），都採用壟
斷的方式瓜分企業生產和銷售等各個環節。
資本主義社會因此過渡到帝國主義階段。

西元十九世紀**60年代**—**70年代**

 人物：明治天皇　　地點：日本　　關鍵詞：明治維新

日本明治維新

　　露絲·本尼迪克特（Ruth Benedict）曾說：「明治政府從未想過要把這次改革做為一種意識形態的革命而進行，他們只是把它當作一項工作。他們的意圖就是要使日本成為一個舉足輕重的國家。他們並不想進行徹底的改革……」這指的就是明治維新。

◆ 大久保利通畫像

日本明治維新時期的傑出人士，號稱「日本的俾斯麥」。為了改革，鐵血無情，不論敵友，最後被民權人士刺殺身亡。

無可奈何花落去

　　十二世紀前後，天照大神的子孫，日本天皇大權旁落，將軍幕府取替王城成為日本的權力中心。此後七個多世紀，將軍統治盛極一時。但隨著新時代的到來，寧靜的日本群島同樣無法倖免。

　　1603年，豐臣秀吉的部將德川家康受封為「征夷大將軍」，在江戶開設幕府，史稱「德川幕府」。在家康、秀忠、家光三代德川將軍的勵精圖治下，幕府成功地建立起中央集權的政治制度。在消費的刺激下，都市和工商業呈現出一派繁榮。但封建制度已經油盡燈枯、注定走向沒落的道路，這些加強控制的努力不過是更證實了封建制度無法挽回的頹落。而短暫的繁榮也不過如行將就木之前的迴光返照，轉瞬就熄滅在黑暗中。

　　事實的確如此，德川幕府統治後期，危機重重。為了便於控制，德川幕府將全國居民分為士、農、工、商四個等級。其中「士」指所有武士，包括將軍、大名和他們的家臣。他們習文練武，擔任各級官吏，是為國家的統治階級。大名是將軍分封

在地方的封建領主，在自己的藩國中享有全權統治的權力。這種分封雖然在一定程度上成為將軍控制地方的簡便方式，但強藩大名常常與將軍相抗衡，為幕府統治帶來威脅。於是德川幕府規定各大名必須隔年到江戶參覲、侍奉將軍一年，且得將妻子兒女留在江戶做為人質。這一殘忍措施雖頗見成效，但積壓在大名心中的不滿卻更多。

農民雖然排在第二等級，但實際上是最受剝削和壓榨的對象——他們不能隨便遷徙移居，不能買賣土地，甚至連耕種作物的品種都沒有權利決定。走投無路的農民為了活命只能起而抗爭，農民起義風起雲湧。據統計，自十八世紀以來，農民起義的年平均次數不斷攀升，最初十年僅有五・五次，但到了八〇年代則已達到二十二・九次；十九世紀更是頻繁，僅三〇年代就爆發了二百七十九次起義。

「工、商」在幕府時代被視為最低賤、卑微的行業。然而，隨著資本主義萌發的發展，一些富商大賈從民間崛起，甚至出現了「大阪富豪一怒，天下諸侯驚懼」的局面。總之，與以往相較，整個日本社會已經在劇烈的變動中面目全非。

十九世紀中期，這個閉塞的幕府社會成為太平洋另一邊覬覦的對象——年輕而野心勃勃的美國要將這個島國變成它在太平洋的補給站。1853年，培里（Matthew Calbraith Perry）率領四艘軍艦叩開了閉鎖的日本國門。日本面臨淪為半殖民地的危險，人民對幕府的怨恨已經如火山一般，即將噴發出來。

◆「維新三傑」之一的西鄉隆盛銅像

好萊塢大片《最後的武士》曾經轟動一時，其中的主角原型實際上就是日本「維新三傑」之一的西鄉隆盛。

倒幕運動

1860年，曾殘酷處死了七名倒幕志士的幕府大老（幕府將軍下的最高官職）井伊直弼，在江戶櫻田門外被刺死。這一事件迅速點燃了倒幕運動的導火線。

為了轉移人民的注意力，1863年6月，德川幕府詔令宣布「攘夷」，但是遭到美、法軍艦的攻擊，英國軍艦也對攘夷十分激烈的薩摩藩進行武力鎮壓。攘夷失敗的幕府很快重投列強懷抱。1864年，英、法、荷、美四國組建聯合艦隊，進攻倒幕運動的大本營——長州下關。長軍不敵，幕府趁機興兵征伐長州，企圖徹底鎮壓倒幕運動。長州的守舊勢力奪取了藩政，幕府軍不戰而勝，而倒幕運動遭遇挫折。

不過，暫時的失敗更激發了倒幕派的鬥志。1865年，長州藩倒幕派領袖高杉晉作組織八十人起義，三個月橫掃長州，奪回政權。之後，他改變策略，不再提倡「攘夷」，而是轉向全力武裝倒幕。隨後他徵集五千多名農民和市民，組織了新式倒幕軍隊——騎兵隊。

第二年，長州和薩摩結成倒幕的「薩長同盟」，被激怒的幕府第二次征討長州。十五萬幕府大軍分四路進攻高杉晉作。但情況已今非昔比，倒幕軍以一敵十，大獲全勝。

次年10月，被後世稱為「維新三傑」的倒幕領袖西鄉隆盛、大久保利通、木戶孝允會集京都。孝明天皇駕崩後，繼位的明治天皇悄悄給他們下達了「討幕密敕」。隨後薩摩、長州倒幕軍浩浩蕩蕩開進京都。幕府將軍德川慶喜見勢不妙，主動奏請「大政奉還」，但暗地裡在大阪集結兵力準備反撲。

1868年1月，天皇在倒幕軍隊的幫助下發動政變，頒布《王政復古大號令》，宣布

◆明治天皇頒布法令

廢除幕府，命令德川慶喜「辭官（交出兵權）納地（獻出領地和人民）」。眼看大勢已去的德川慶喜猶做困獸之鬥，在1月底指揮一・五萬軍隊分兩路進攻京都。

倒幕軍五千人分別在京都西南的伏見、鳥羽與幕府軍遭遇。士氣高昂的倒幕軍以少勝多打敗德川慶喜。4月，逃竄回江戶的德川慶喜被迫投降。5月新政府入主江戶，將之改名為東京。幕府殘餘勢力土崩瓦解。1869年6月底，盤踞在北海道函館的幕府殘餘被消滅，幕府統治隨之永遠退出了歷史舞臺。

新政府的改革

1868年4月6日，明治天皇政府發布具有綱領性質的《五條誓文》——歷史上有名的「明治維新」自此開始。隨後，整個十九世紀六〇年代末到七〇年代初，日本政府頒布了一連串具有資產階級性質的政策。從政治、經濟、文化等各個方面，對日本進行了大刀闊斧的改革。

政治上建立中央集權：1869年6月，政

府強制實行「版籍奉還」，取消各地大名的地方統治權力，大名改名為藩知事，做為明治政府的地方官接受中央的統一領導。1871年，配合「版籍奉還」又實行「廢藩置縣」，廢除原有藩國界限，重新劃分全國行政區。全國被劃為三府七十二縣，中央重新任命府縣官吏，原大名封建領主權被取消，大名全部移居京都領取國家俸祿。

同時還規定廢除等級身分制度，公卿諸侯等貴族改稱為「華族」，平常武士改稱為「士族」。又廢除了武士佩刀的特權。普通平民被編入戶籍，建立了系統的戶籍制度，政府以此為依據進行徵稅和徵兵。

1870年，效仿西方設立工部省，聘請大批外國專家和技師，引進先進技術設備和管理方法，建立了一批以軍工、礦山、鐵路、航運為重點的國營企業。同時建立示範工廠，鼓勵私人發展資本主義企業。

十九世紀八〇年代初，政府又將一些成功的國營企業、礦山出售給大資本家，並以優厚的條件保護資本家投資。到十九世紀八〇年代中期，殖產興業到達高潮，日本經濟

◆ 上野之戰

1868年5月15日的「上野之戰」中，天皇軍隊把幕府的武裝「彰義隊」一千多人最後肅清。至此，德川氏二百六十餘年來的根據地——關東地方被連根拔除。

突飛猛進。

為了達到強兵的目的，明治政府在陸軍方面參考德國、在海軍方面效仿英國，改革軍隊編制。1872年的徵兵令規定，凡年滿二十歲以上的成年男子必須服兵役，服役期為三年。1873年頒布徵兵令，在「國民皆兵」口號下，大批青年被征召入伍，建立一支常備軍，稱為「皇軍」，即天皇的軍隊。他們還注重軍事思想教育，在平時向士兵灌輸效忠於天皇的信念，並貫徹「武士道」精神。而這為後來日本走上軍國主義道路，埋下了禍根。

明治維新之後的日本面貌煥然一新，迅速崛起的日本很快擺脫了民族危機，成為東亞強國。但為了晉升歐美強國之列，保留的封建殘餘使日本走上了令人不齒的對外侵略道路，開始在亞洲大肆擴張。

西元1904年—西元1905年

人物：兒玉源太郎　　地點：中國　　關鍵詞：貪婪爭食

貪婪爭食的日俄戰爭

　　《盛京時報》曾說：「東北人民『陷於槍煙彈雨之中，死於炮林雷陣之上者數萬生靈，血飛肉濺，產破家傾，父子兄弟哭於途，夫婦親朋呼於路，痛心疾首，慘不忍聞。』」這就是日俄戰爭帶給中國的災難。

◆日俄戰爭中的寺內大將（左）與兒玉源太郎（右）

兒玉源太郎，日俄戰爭的滿洲軍總參謀長，攻克旅順口的實際指揮者。

黃俄羅斯計畫

　　十九世紀末期，資本主義國家基本上都在第二次工業革命的浪潮中發展國內生產，相對減少了對外鬥爭，歐洲處在相對平靜、緩和的時期。但經過農奴制改革走上資本主義道路的沙俄，隨後將注意力投向了中國的東北。

　　1894年，中日甲午戰爭爆發。腐朽無能的清政府戰敗，割地、賠款求和——遼東半島被割讓給日本。但得到消息的沙俄卻十分不滿。因為它不能容許它獨霸中國東北的「黃俄羅斯計畫」被任何人染指。於是，沙俄聯合德、法「干涉還遼」。最終，清政府用白銀三千萬兩「贖回」了遼東半島，沙俄以再造功臣自居。

　　1897年，俄國將艦隊開進旅順口，第二年強行「租借」旅順、大連。1903年8月，不顧中國人民的反抗以及英國、日本的反對，沙俄又擅自成立遠東總督區，任命阿列克賽耶夫（Yevgeni Ivanovich Alekseyev）為總督，以旅順為指揮中心，把中國東北視為自己的領土。

明治維新之後，日本迅速擺脫落後挨打的狀態，成為東亞地區唯一的資本主義強國。但是由天皇自上而下進行的改革，不可避免地保留了大量封建殘餘，尤其是軍國主義思想。這使日本習慣於使用武力方式，來思考和解決國內外的一切問題。再加上島國對土地的天然渴望，日本很快就走上了對外擴張的道路。而它的目標很明確，就是朝鮮和中國，即所謂的「大陸政策」。

1874年，日本侵略臺灣；1894年，日本侵略中國內陸。甲午戰爭後，日本成為戰爭暴發戶。兩億兩白銀的賠款和大片土地的割據使日本志得意滿，尤其是得到的遼東半島，更使日本獲得了夢寐以求踏上大陸的跳板。但在這裡日本與有著同樣濃重的軍事封建色彩的沙俄不期而遇。在沙俄的強勢壓制下，日本不得不放棄到嘴的肥肉，將遼東半島「歸還」給清政府。這樣的羞辱使日本寢食難安，它開始著手對俄備戰。

交錯混戰

日俄之間的衝突已經十分明朗，但沒有國家出來進行斡旋或調節。甚至基於各自的利益考慮，紛紛選邊站，並鼓動戰爭情緒。英國在阿富汗問題上早就對俄國抱有成見——1899年，美國提出「門戶開放」政策之後，英國幾次欲插足中國東北都遭到俄國的阻攔，所以選擇了支持日本擴軍備戰。而欲與英國爭霸的德國則站在了沙俄的一邊。在這樣的國際氛圍下，日俄的戰備競賽愈加激烈，戰爭氣氛愈來愈濃，又一次帝國主義重新瓜分殖民地的掠奪戰爭開始了。

◆ 日本關於日俄戰爭的漫畫

戰爭前夕，俄國龐大的疆土和人口使小島國日本相形見絀，但因為俄國一直將軍事重點放在歐洲，因此在遠東地區只有正規陸軍九萬多人，太平洋分艦隊也只有六十餘艘作戰艦艇。而全力以赴的日本則有三十七‧五萬陸軍，且配備了專門適用於東北戰場的山炮——海軍戰艦達到八十艘，規格統一、性能良好。

針對這樣的形勢，俄國還需要時間將布置在歐洲的軍隊調往遠東。因此它力圖盡量拖延戰爭進程，將作戰計畫設定為牢牢控制黃海和朝鮮海峽，盡力阻止日軍登陸。這個計畫顯得十分保守，且因缺少相配合的陸地作戰規畫而漏洞百出。

仿照德國兵制的日本在軍事思想上，也

奉行以強調進攻為核心的德國名將毛奇的理論。在俄國總人口和軍事力量大大超過自己，但在遠東局部弱於自己的情況下，日軍統帥部本著出其不意、搶占先機的原則，決定首先突襲俄國太平洋艦隊。取得制海權之後，他們再掩護陸軍在朝鮮和遼東半島登陸，在俄國增援部隊到達之前，集中優勢兵力在遼陽和奉天一帶殲滅俄軍。

1904年2月8日午夜，日本軍艦悄悄靠近了駐紮在旅順港的俄國艦隊。此時麻痺大意的俄國官兵還在酣睡當中，遠處旅順城中的俄國軍官則在舉行宴會。借助俄軍艦的探照燈，日軍準確地向俄軍發了魚雷——其中三枚命中，俄軍最好的三艘軍艦毀於一旦。9日，日軍又在朝鮮仁川逼沉兩艘俄軍艦，占據了海上的相對優勢。不過，俄國軍艦雖然損失不小，但保存的實力仍然不容忽視。因此，直到3月初，日本都沒能達到封鎖旅

順口的目的。

為加快戰爭速度，日本陸軍開始強行登陸。3月21日，日軍從朝鮮鎮南浦登陸成功，並在4月中旬抵達鴨綠江左岸。九連城激戰後，俄軍被迫退往遼陽，日軍進入東北的門戶被打開。5月，旅順已經處在日軍海陸兩面的夾擊當中，日本統帥部認為奪取旅順的時機已經成熟。6月中旬，日軍開始發起全面爭奪旅順的進攻。負責旅順防務的俄軍將領斯捷賽爾（Stoessel）屢戰屢敗。一道道保衛旅順的屏障——金山、狼山等防線在他手中接連喪失。8月7日，大、小孤山之戰後，旅順周邊前沿制高點落入日軍之手。龜縮在旅順港內的俄軍艦，企圖突破日本海軍封鎖但失敗。日軍雖然取得了一連串的勝利，但損失嚴重，日漸拖長的戰爭時間和戰線嚴重損耗了它的力量。因此，雖已攻到旅順城下，日軍也已如強弩之末，只得停下進攻的腳步，改為長期圍困。

8月24日，日軍開始實施奪取遼陽的作

◆日俄戰爭中廝殺的俄軍與日軍

戰計畫。雖然之前作戰中俄軍暴露出來的腐朽無能讓日軍信心大增，但人數處於劣勢的日軍兵力、火力都使它精巧的作戰計畫大打折扣。因此日軍雖然攻擊態勢凌厲，但損失極為嚴重。沒想到的是，就在日軍決定撤軍之前兩小時，屢屢失利的俄軍將領庫羅帕特金（Aleksey Kuropatkin）下令撤往奉天，將遼陽拱手送給了日軍。

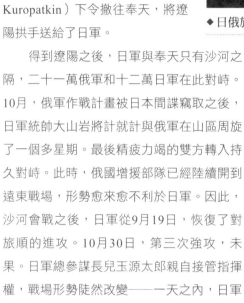

◆ 日俄旅順港之戰

得到遼陽之後，日軍與奉天只有沙河之隔，二十一萬俄軍和十二萬日軍在此對峙。10月，俄軍作戰計畫被日本間諜竊取之後，日軍統帥大山岩將計就計與俄軍在山區周旋了一個多星期。最後精疲力竭的雙方轉入持久對峙。此時，俄國增援部隊已經陸續開到遠東戰場，形勢愈來愈不利於日軍。因此，沙河會戰之後，日軍從9月19日，恢復了對旅順的進攻。10月30日，第三次強攻，未果。日軍總參謀長兒玉源太郎親自接管指揮權，戰場形勢陡然改變──一天之內，日軍就攻克了俄軍占據的203高地。12月15日，在日軍炮轟中，旅順防禦「靈魂」俄國康特拉琴柯（Kondratenko）將軍殞命疆場。1月2日，俄軍投降。

日本的陸地作戰目標只剩下了奉天。1905年2月，日軍在奉天地區集結了二十七萬人，俄軍總兵力為三十三萬人。走投無路的俄軍決心依仗優勢展開反擊──爆發了黑溝台之戰。驍勇的哥薩克騎兵將日軍逼到絕境，但關鍵時刻猶豫拖沓的俄軍總司令庫羅帕特金，拒絕對擔任突擊任務的第二軍進行增援，將大好戰機再次奉送給了日軍。

5月，行動遲緩的俄國增援海軍終於繞過好望角，通過麻六甲海峽，經過二百二十天的航行出現在對馬海峽。這裡是日本艦隊主力布守的地區，經過了充分休整的日軍正等待著俄軍的到來。5月27日，對馬海戰正式爆發。疲憊的俄國海兵又一次在無能將領的混亂指揮下，付出了沉痛代價──除三艘艦艇逃出外，其餘船艦在一天一夜的激戰中全軍覆沒。

《樸資茅斯和約》

此時，俄國本土爆發了1905年革命。沙皇已無心戀戰，而日本也擔憂曠日持久的戰爭將自己消耗殆盡。在美國總統西奧多・羅斯福（Theodore Roosevelt）的斡旋下，1905年9月5日，日俄簽訂《樸資茅斯和約》（Treaty of Portsmouth）：俄國承認日本對朝鮮的占有；旅順、大連及附近海域的租借權轉讓給日本，長春至旅順的鐵路及其附屬權利、財產、煤礦也轉讓給日本；庫頁島南端為日本永久占有。至此，日俄戰爭結束。

第三章

兩戰風雲

　　戰爭從來是與文明相生相伴的。塞拉耶佛的一聲槍響，掀開了一戰的序幕——馬恩河奇蹟、索姆河決戰、日德蘭海戰……鮮血染紅了河水，浸透了大地。

　　一戰結束後的二十幾個年頭，二戰又走進了現實——不列顛之戰、偷襲珍珠港、史達林格勒（今伏爾加格勒）戰役、中途島海戰、諾曼第登陸……哀鴻遍野，滿目瘡痍。但法西斯軍國主義，最終在正義面前繳械投降。兩戰風雲，已成為人們不願提起的痛苦回憶。

西元1914年6月

◉人物：斐迪南大公夫婦　◉地點：波士尼亞　◉關鍵詞：一戰導火線

塞拉耶佛的槍聲

第一次世界大戰是帝國主義國家兩大集團間為重新瓜分世界、爭奪殖民地而進行的戰爭，是資本主義世界經濟體系危機的產物，是資本主義發展不平衡的結果。然而，這一切的開始，都要從塞拉耶佛的槍聲說起。

歐洲火藥桶

巴爾幹地區位於歐洲的東南部，瀕臨地中海，地處歐、亞、非三大洲的交會處，既控制著地中海和黑海的門戶，也控制著通往印度洋的航路，戰略位置十分重要。自十四世紀以來，巴爾幹地區一直處於鄂圖曼帝國的殖民統治之下，因此這裡的民眾也一直在尋求建立獨立國家。進入十九世紀，隨著鄂圖曼帝國的逐步衰落，巴爾幹地區的一些國家相繼宣布獨立，如塞爾維亞、保加利亞、希臘等。二十世紀初，野心極度膨脹的奧匈帝國開始對外擴張，戰略位置極其重要的巴爾幹地區自然成了其優先考慮的目標。

◆ 王儲抵達火車站

1914年6月28日上午，斐迪南大公抵達塞拉耶佛火車站，數百民眾在車站迎接這位王儲。與此同時，七名刺客也已混雜在人群中，伺機而動。

　　1908年10月6日，奧匈帝國等待的機會終於到來了——以本國僑民在巴爾幹地區波士尼亞的安全受到威脅為由，出兵吞併了原由自己託管的波士尼亞與赫塞哥維納（Bosnia and Herzegovina，簡稱波赫）。這一軍事行動激起了塞爾維亞的強烈不滿，於是，塞爾維亞開始調動軍隊進行反擊。而俄國也對奧匈帝國的動作大為惱火，立即宣布支持塞爾維亞的軍事行動。就這樣，奧匈帝國和塞爾維亞兩國的軍隊在邊境形成了對峙，戰爭一觸即發。

　　此時，德國站出支援奧匈帝國，於1909年3月21日向俄國發出最後通牒，警告其如果硬要干涉這場戰爭，德國不僅將對塞爾維亞宣戰，也將對俄國宣戰。俄國剛剛經歷了日俄戰爭的慘敗，元氣尚未完全恢復，只能選擇忍氣吞聲。發現俄國有心無力，塞爾維亞也就不敢再有進一步的行動。這件事傳到塞爾維亞國內之後，民眾一時間群情激憤，對奧匈帝國恨到了極點。於是在塞爾維亞國內，反對奧匈帝國的一部分人先後成立了「國防會」、「黑手會」等祕密組織，期望透過游擊戰、暗殺等極端方式來阻止奧匈帝國的擴張。

巴爾幹戰爭

　　就在巴爾幹地區局勢趨於緊張的同時，土耳其帝國的日子同樣不好過。其控制下的殖民地被很多新崛起的帝國看上了，其中包括義大利。1911年9月28日，義大利向土耳其發出最後通牒，抗議土耳其在其北非殖民地阻撓義大利在那裡的「正常商務活動」，

◆ 威廉二世

威廉二世1888年至1918年在位期間大力推行帝國主義政策，他說「世界只有依靠德意志才能得救」，他要為德國「謀求一個陽光下的位置」。1914年，他利用塞拉耶佛事件挑起了第一次世界大戰。

並要求土耳其開放這些地區的自由通商權，否則就只能採取武力。面對義大利的挑釁，土耳其斷然拒絕了它的無理要求，義土戰爭由此爆發。結果，土耳其慘敗於義大利。而此時的巴爾幹人民也想藉此機會徹底擺脫土耳其帝國對他們的統治。

　　1912年8月，塞爾維亞（Serbia）、保加利亞（Blugaria）、希臘和蒙特內哥羅（Montenegro）這四個獨立的巴爾幹國家先後達成協議，組建了名為「巴爾幹同盟」（Balkan League）的組織，聯合起來攻打土

◆ 王儲斐迪南大公夫婦在塞拉耶佛火車站準備登上敞篷禮車

之間的戰爭由此拉開了序幕。

6月29日，保加利亞先發制人，對反保聯盟裡最活躍的塞爾維亞發動進攻。不久，蒙特內哥羅、羅馬尼亞、希臘等國也先後加入了這場混戰。對巴爾幹仍不死心的土耳其，隨後也加入對抗保加利亞的戰爭中。不久保加利亞就撐不住了，不得不請求和談。8月10日，戰爭雙方在羅馬尼亞的布加勒斯特（Bucharest）簽訂和約──保加利亞同意將馬其頓的大半領土割讓給塞爾維亞、希臘，並把多布羅加劃給羅馬尼亞，土耳其則重新占領了亞德里亞堡（Hadrianopolis；亦稱哈德良堡，今名為埃迪爾內〔Edirne〕）等。由於塞爾維亞獲得馬其頓的大部分土地，嚴重威脅到奧匈帝國在巴爾幹的利益，引起了奧匈帝國的強烈不滿。奧匈帝國因而和德國聯手尋找發動戰爭的機會。

耳其帝國，以解放被它占據了多年的巴爾幹土地。同盟軍很快就擊潰了駐紮在巴爾幹的土耳其軍隊，土耳其政府被迫求和進行談判。1913年5月30日，各國在英國倫敦簽署了《倫敦條約》。巴爾幹同盟取得了巨大的勝利，由此獲得了期盼已久的民族獨立。但很快地，勝利之後的短暫喜悅就被現實的分歧取代，最終又演變成了一場戰爭──由於保加利亞獲得的領土面積最大，引起了塞爾維亞的不滿。後者希望保加利亞能劃出馬其頓的一部分給它，而希臘則要求得到馬其頓南部和西色雷斯。蒙特內哥羅也想從保加利亞手中取得部分土地，甚至連沒有參加同盟的羅馬尼亞也向保加利亞索要南多布羅加（Southern Dobruja）的土地。但保加利亞拒絕了上述四個國家的所有領土要求，於是這些國家開始組建反保聯盟。巴爾幹地區國家

大戰的帷幕

1914年5月，奧匈帝國總參謀長赫岑朵夫（Franz Conrad von Hötzendorf）與德國參謀長小毛奇（Helmuth Johannes Ludwig von Moltke）舉行會談，討論共同出兵塞爾維亞

的軍事計畫。6月12日，奧匈帝國王儲法蘭茲・斐迪南大公（Archduke Franz Ferdinand）前往德國和威廉二世舉行會談，正式確定了共同進攻塞爾維亞的計畫。兩週之後，奧匈帝國開始在靠近塞爾維亞邊境的波士尼亞首府塞拉耶佛（Sarajevo）舉行大規模軍事演習，假想敵即是塞爾維亞。而得意揚揚的斐迪南大公則決定帶著他的妻子前往塞拉耶佛進行視察，同時觀看奧軍的軍事演習。塞爾維亞「黑手會」獲知此消息之後，立即決定和波士尼亞當地的祕密民族主義團體「青年波士尼亞」，共同安排對斐迪南大公進行暗殺的計畫，期望以此來阻止奧匈帝國對塞爾維亞的侵略。

6月28日清晨，獲得斐迪南大公即將在當天訪問塞拉耶佛的消息之後，七名刺客便被安排在斐迪南的必經之路上，以確保此次行動萬無一失。

上午10時，斐迪南夫婦在城郊檢閱軍事演習之後，乘坐敞篷汽車進入塞拉耶佛城區。此時的斐迪南並不知道，死神正在一步步向他逼近。當斐迪南的車隊駛至市中心的阿佩爾碼頭（Appel Quay）時，埋伏在這裡的第一個刺客沒能動手，因為一名員警走過來站在他的面前。另外一名刺客則突然從道路兩旁圍觀的人群中衝出來，向斐迪南乘坐的車輛扔出一枚手榴彈。但這枚手榴彈被車篷擋開，掉到地上，在後面一輛汽車前方爆炸。受到驚嚇的斐迪南很快就緩過神來，故做鎮靜地走下車來查看爆炸現場，並指著那名被抓到的刺客說：「先生們，這個人瘋了，我們還是按原計畫進行吧！」

隨後，斐迪南按照原計畫參加市政廳的歡迎會，之後又驅車前往醫院看望在爆炸事故中受傷的隨從。但在前往醫院的途中，又遇到了一名埋伏多時的刺客，十九歲的波士尼亞青年加夫里洛・普林西普（Gavrilo Princip）。他用勃朗寧1900型手槍，對著斐迪南夫婦連開七槍。斐迪南夫婦分別被擊中了頸部和腹部，十小時後雙雙離開人世。

斐迪南夫婦被暗殺的消息傳到奧匈帝國國內，一片譁然。該國於7月28日正式向塞爾維亞宣戰，並開始進攻塞爾維亞。俄國這時候也坐不住了，開始全國總動員，出兵援助塞爾維亞。8月1日，德國向俄國宣戰，繼而向法國宣戰。8月4日，德國入侵中立國比利時，導致英國對德宣戰。隨後英國又向奧匈帝國宣戰。至此，第一次世界大戰在塞拉耶佛的槍聲中拉開了帷幕，協約國和同盟國兩大敵對陣營，終於開始了一場曠日持久、真刀真槍的較量。

◆加夫里洛・普林西普被捕

加夫里洛・普林西普暗殺斐迪南大公後被逮捕。此後，他被判二十年監禁，在1918年死於獄中。

西元**1914**年9月

人物：小毛奇　霞飛　　地點：法國　　關鍵詞：翻盤奇蹟

馬恩河翻盤奇蹟

　　德軍在馬恩河戰役敗退之際，驚慌失措的小毛奇向德皇威廉二世發出了一封電報：「陛下，我們輸掉了這場戰爭。」他說得很對，德國人不僅輸掉了馬恩河戰役，而且必定會輸掉整個戰爭，只不過還需要四年多的時間來證明而已。

◆「沙朗」計程車

1914年8月，巴黎軍事長官約瑟夫·加列尼將軍下令徵用巴黎所有的計程車，以便將六千多名士兵運送到前線。馬恩河戰役中，1910年產的「沙朗」計程車是幾千輛將法國士兵從巴黎運往前線的車輛之一。

施里芬計畫

　　法國在1870年與德國的戰爭中以慘敗而告終，拿破崙三世的法蘭西第二帝國也在這一過程中土崩瓦解，普魯士國王威廉一世則登基成為德意志帝國皇帝。這一連串的打擊讓法國人受到了極大的刺激。因此，法國在戰後開始著手鞏固法德邊界上的工事——這條防線東南端從靠近瑞士的阿爾卑斯山脈開始，沿線經過貝爾福、埃皮納爾、土爾和凡爾登，結束於西北端的阿登森林，再往北就是盧森堡、比利時等國。當這項龐大的防禦工程完工之後，法國人長舒了一口氣。他們認為德國人不會再像1870年那樣直接從法德邊界發動進攻，從而長驅直入法國境內了。

　　就在法國人認為憑藉這條防線可以高枕無憂的時候，德國人也一直沒有閒著。1891年至1906年擔任德國陸軍總參謀長的阿爾弗雷德·馮·施里芬（Alfred Graf von Schieffen）透過多年研究並根據德軍的特點，設計一項

名為「施里芬計畫」（Schlieffen plan）的進攻策略，即繞過法國軍隊重兵布防的法德邊界，從比利時和荷蘭東南部突入法國北部地方，直插其首都巴黎。

按照施里芬精心設計的作戰計畫，德軍將以最靠近法國邊境的德國城市梅斯為中心分為左右兩翼——其中配置有七十九個陸軍師的右翼為主攻方向，他們將以迅雷不及掩耳之勢突入比利時，迅速擊潰比軍之後攻入法國內陸，從而讓法國人苦心經營的法德邊界堡壘防線化為烏有。而由八個師組成的德軍左翼則需要一直留在法德邊界，以牽制正面法軍主力。如此布置下來，德軍部隊就會像一把長長的鐮刀橫掃法國北部地區，從而可以隨後從北、西、南三個方向包圍巴黎，並最終迫使法國進行和談。

施里芬計畫除了將法國軍隊納入考慮之外，還加入了英國會派出十萬人遠征軍的假想，最後還不忘對東線俄軍可能採取的攻勢進行安排（鑑於俄軍較慢的動員速度，施里芬只是在東線部署了十個師的兵力）。

德軍的右翼

大戰爆發前夕，八十歲的施里芬走到了生命的最後階段。然而，他用畢生心血而為的施里芬計畫，在他去世一年多後，就被他的繼任者小毛奇修改了。這也導致了施里芬計畫最終的失敗。小毛奇的全名是赫爾穆特・約翰內斯・毛奇，他的叔叔就是德國歷史上赫赫有名的軍事將領赫爾穆特・馮・毛奇，又稱老毛奇。但小毛奇沒有從他叔叔那裡學到任何真本領，而是靠著和德意志皇

◆ 威廉二世和小毛奇視察戰場

馬恩河戰役中德軍敗北後，小毛奇也因此被威廉二世免去德軍最高指揮官之職。西線戰爭至此轉入持久的陣地戰階段。

威廉二世一起從小長到大的夥伴關係，獲得了格外關照，一步步當上德軍總參謀長。

小毛奇修改了施里芬計畫，將施里芬一再強調的德軍右翼部隊減少三分之一兵力，將這些削減下來的部隊補充給左翼，甚至還有東線。此外，小毛奇還放棄對荷蘭的進攻。因為他覺得德軍只需要通過比利時就可以到達法國。不久，德國右翼的兩個集團軍就面臨了通過比利時狹窄的列日要塞區的難題，不僅人員受到極大損失，最關鍵的是寶貴的時間也在比利時被消耗掉了。

1914年8月4日，德軍右翼開始大舉入

侵比利時。德軍原本認為可以在幾天內結束戰事，卻在列日要塞拖了十幾天，直到8月16日才完全攻占這個要塞。8月20日，德軍占領了比利時首都布魯塞爾。隨後，在比利時國王的懇請下，法國軍隊開始進入比利時境內。8月22日，在阿登森林地區與德軍不期而遇，雙方爆發了大規模交戰。很快地，德軍占據上風，法軍總參謀長約瑟夫・霞飛（Joseph Jacques Césaire Joffre）不得不下令

施里芬和施里芬計畫

施里芬於1865年進入德軍總參謀部工作，1891年任德軍總參謀長。他對毛奇、克勞塞維茨的戰爭理論充滿敬意，在德軍總參謀部期間，對法國和俄國進行深入研究，同時根據著名的坎尼之戰（Battle of Cannae）獲得的啟示（即漢尼拔〔Hannibal〕採用包圍敵軍兩翼和後衛的戰術擊敗了強大的羅馬軍團），為德國擬定了一個大膽的戰爭構想：利用德國兵力動員迅速的優勢先行擊敗法國，然後集中力量對抗俄國。因為俄國落後的軍事動員機制，其至少需要六週至八週才能完成戰爭動員，所以德國可以利用這一時間差和自己發達的鐵路網，通過比利時對法國北部地方實施突襲，從而迅速打敗法國，這就是施里芬計畫的雛形。至1905年12月，施里芬完成施里芬計畫的最終方案，並在1906年將此計畫交託給小毛奇。

部隊全線撤退。德軍於8月24日開始突入法國境內。

而在德軍的左翼，法軍從8月14日就開始從阿爾薩斯－洛林（Alsace-Lorraine）一線發動攻勢，希望以此來牽制德軍在比利時的進攻，並奪回自己在四十多年前丟失的土地。準備充分的左翼德軍抵擋住了法軍的進攻，但此時小毛奇被暫時的勝利沖昏了頭。他命令德軍立即攻向退回堅固陣地中的法軍。很顯然，這種攻擊完全徒勞，反而給自己增加了許多傷亡。

到了8月底，法國人的處境已經是岌岌可危，似乎德軍很快就會攻到巴黎城下。在這個危急時刻，屢次作戰失利的霞飛將軍並沒有慌亂，冷靜地展開大規模的調兵遣將。霞飛將軍將從阿爾薩斯－洛林地區抽調出來的部隊和法軍預備役部隊混編成第六集團軍，同時將費迪南・福煦（Ferdinand Foch）的新編第九集團軍調到與德軍正面交鋒的第五集團軍右翼。此外，霞飛將軍還撤換了幾十名在此前戰鬥中表現令人失望的軍官，其中包括兩名集團軍司令。

在霞飛將軍的有效調度之下，法軍的抵抗逐漸有所效果。而在此時，小毛奇又犯下一個致命錯誤：面對俄軍在東線的進攻，慌了手腳的他立即從德軍右翼部隊中抽調出兩個軍的兵力運往東部前線。加上德軍需要在比利時留下大批部隊以清剿比軍殘餘力量，馬恩河（Marme）附近的法軍數量對德軍數量由此取得了1.8：1的局部優勢。

法國的反擊

1914年9月2日，德國第一集團軍進抵馬恩河，並開始準備渡河以直取巴黎。這一天，法國政府也開始向南疏散，霞飛則很快就將巴黎變成了一座大兵營，

各路法軍部隊在這裡集結重新整隊，並按照他的指揮奔赴馬恩河沿線，等待德軍即將發動的進攻。而此時的德軍經過近一個月的連續作戰，已經疲憊不堪，再加上後勤補給時斷時續，士氣已經降到了最低點。

9月4日，霞飛將軍命令法軍第六集團軍主動出擊，渡過馬恩河攻擊德軍的側後方，其他法軍部隊則在馬恩河沿岸發動反攻。第二天，出擊的法軍就和德軍第一集團軍交上了火，雙方爆發了一場激烈的遭遇戰。隨後不久，法國第五集團軍在弗朗謝·德斯佩雷（Louis Franchet d'Espèrey）的率領下，突入德軍第一集團軍和第二集團軍之間的防禦缺口，在德軍防線上硬生生撕開了一個缺口，法軍隨即發動了全面反攻。而此時擔任掩護任務的法國第九集團軍，受到了來自兩個德國集團軍的猛烈進攻。在福煦的親臨指揮下，法軍頂住了德軍的進攻，勝利逐漸傾向法國人這邊。

9月8日，法軍將兩個德國集團軍之間的缺口進一步擴大，並最終將這兩股德軍徹底分割開來。第二天，德國第二集團軍面對即將被包圍的危險，率先開始向北撤退。看著自己旁邊的隊伍撤離了，德國第一集團軍也在同一天開始全線撤退。至9月11日，德軍已經全部撤離馬恩河陣地，馬恩河戰役

◆ 霞飛將軍

霞飛將軍在一戰期間任法軍總司令，指揮的馬恩河戰役和凡爾登戰役直接影響了法德兩國的命運，也影響了整個歐洲的歷史進程。

（Battle of the Marne；又名馬恩河奇蹟〔Miracle of Marne〕）由此結束。

在這次戰役中，交戰雙方先後投入了超過一百五十萬總兵力，而傷亡總人數則在三十多萬，其中法軍傷亡約十四萬人，德軍則傷亡近二十二萬人。德軍在此次戰役中遭遇了巨大的失利，也失去了在閃電戰中擊敗法國的最好機會。法國則憑藉著這場逆轉勝，改變了法國再次被德軍攻占的命運。

西元1916年7月—11月

人物：霞飛　黑格　　地點：法國　　關鍵詞：坦克第一次實戰應用

決戰索姆河

1916年初，就在德國人為進攻凡爾登而緊鑼密鼓準備的時候，法國人也沒有閒著。他們正謀畫著在法國北部的索姆河地區發動對德軍陣地的進攻作戰，而設計和部署這一戰役的人，正是此前已為法國立下赫赫戰功的霞飛將軍。

協約國的豪賭

霞飛希望透過索姆河戰役（Battle of Somme）迫使德國從俄國戰線撤出部隊，從而給德軍以致命打擊，以盡早結束這場已經造成巨大傷亡的戰爭。根據法英兩國的協定，英國軍隊將在這場戰役中給予法國方面最大的支持，並派遣最大規模的部隊參戰。英國遠征軍的指揮官是道格拉斯‧黑格（Douglas Haig）爵士。當他獲知霞飛的作戰計畫之後，曾勸告過後者，希望能從易於進攻的法蘭德斯（Flanders）地區發動協約國的攻勢，而不是在沒有任何戰略意義的索姆河地區做文章。但他的建議很快就被霞飛拒絕了。

此時，英國的志願應募制已經被徵兵制取代，所以可以從加拿大、澳洲、紐西蘭、南非和印度獲得大批兵源。但由於這些新兵需要時間去訓練，所以黑格稍後又建議霞飛推遲索姆河戰役的時間，以便使協約國獲得足夠的優勢，確保最終戰役目標的達成。此外，黑格還在等待一種嶄新祕密武器的到達，他認為這種武器將徹底改變塹壕戰的戰局。於是，他請求霞飛將戰役推遲到8月15日，而不是之前制定的7月1日。然而，霞飛再次否決了他的提議，堅

◆ 衝鋒前的準備

索姆河戰役的戰況慘烈，照片中的英軍士兵正在做衝鋒前的準備——給自己的步槍上刺刀。

持按照原定計畫時間發動進攻，因為此時在凡爾登方向，法軍的壓力依然非常大。黑格在日記裡這樣描述當時的場景：「我提到的時間是8月15日，霞飛馬上很激動地説：『如果到那時我們還無所作為，法國軍隊就要被消滅了。』」

按照霞飛最初的設想，協約國會安排兩個法國集團軍和一個英國集團軍在索姆河附近一條近一百公里長的戰線上對德軍發動進攻。但法軍在凡爾登被德軍糾纏上之後，法國能用於索姆河戰役中的兵力就大大減少，英國軍隊因此成了發動進攻的主力。協約國最初投入的兵力為三十九個師（戰役過程中增加到八十六個師），其中英軍二十五個師，以第四集團軍為主，第三集團軍為輔，在索姆河北岸卡爾諾以北地區發動進攻，正面二十五公里；法軍第六集團軍十四個師，跨索姆河在英軍右側進攻，正面十五公里。此外，協約國部隊還有二千一百八十九門火炮、一千一百六十門迫擊炮，以及約三百架作戰飛機，在兵力總數和火力配備方面均超過防守德軍。但擔任主攻任務的英國軍隊中的很多部隊都是來自英聯邦各國，欠缺協同作戰經驗，而且其中很多是新兵，沒有任何實戰經驗，受到的訓練也不充分。因此，他們中的很多人在戰役發動的第一天，就在衝鋒中被打死了。

慘烈的戰鬥

英法軍隊的對面是正在磨刀霍霍等待敵軍進攻的德軍部隊，主要是第二集團軍，其第一線為九個師，預備隊四個師（後總兵力

◆ 戰場上的霞飛與黑格

1915年，霞飛（前排中）與道格拉斯・黑格（前排左）在戰場前線。這一年的12月10日，黑格出任英國遠征軍司令。

增至六十七個師）。從部隊數量上來看，德軍處於絕對劣勢，但他們也有自己的殺手鐧。自一戰開始以來，索姆河地區相對於其他戰火紛飛的地區來説，算得上相當平靜，雙方更多時候都是在靜默中對峙，很少發動大規模的攻堅戰。可能是這一點促使霞飛選擇將這裡做為協約國在1916年的主攻方向。但德軍在索姆河地區的防禦工事的堅固程

度，完全超出了霞飛的想像。德軍在這裡一直都沒有閒著，為加強三個主要防禦陣地的防禦能力，他們在沿河的兩個方向做了大量準備工作，例如在堅實的白堊土中精心構築了分隔開的地下坑道網等。這些堡壘包括廚房、洗衣房、急救站等設施，還有龐大的彈藥儲備，即使是強大的炮擊也無法破壞這個地下綜合掩體。這些掩體的進出口都隱蔽在村莊住房和附近樹林中，有效保護了防守德軍的安全。而且這些防禦堡壘是逐個升高的，從而形成了密集的交叉火力網，迫使協約國的進攻者要冒著火力一級一級爬上來，而這段時間則成了德軍最好的攻擊時間。相對於德軍完善的防禦工事，協約國的露天塹壕工事顯得非常簡陋，士兵一旦探出身來，就會被德軍狙擊手幹掉；從這些工事中躍出後發動大規模地面進攻，協約國的士兵都將成為隱蔽在掩體中的德軍的最佳槍靶子。此

外，協約國在戰役準備的保密工作上也做得非常差，這些國家的駐外使館武官在諸多場合透露了會發動大規模攻勢的言論，這些情報被德國安插在馬德里、海牙等地的間諜一一傳回德國。當英法軍隊大批調往索姆河地區的時候，驗證了上述情報的準確性，德國人更加明確了他們的防禦重點，他們正靜靜地等待著獵物送上門來。

　　6月24日，協約國前沿炮兵部隊開始對索姆河地區的德軍陣地實施大規模炮擊，為隨後的陣地進攻掃清前進的障礙。這次炮擊持續了整整六天，協約國軍隊共發射一百五十萬發炮彈——這個數字比英國在一戰第一

◆「馬克 I 型」坦克

照片中坐在馬克 I 型坦克上的英國士兵顯得興高采烈。對於他們來說，坦克厚達1.2公分的車身鋼板足以抵擋1.143公分的機槍子彈，還能搭載他們越過又高又深且滿是爛泥的壕溝。

年全年製造的炮彈總數還要多。爆炸的場面異常「絢麗」，特別是在夜晚，很多協約國士兵都會爬出戰壕，遙望德軍陣地上星星般閃爍的爆炸。他們中的很多人都認為數天之後的進攻將會成為例行公事，因為在如此規模的打擊下，德軍是無法存活下去的。這些人很快就會明白，這樣的想法大錯特錯。

而在另外一側，德軍士兵安全地躲避在防禦坑道裡面，這其中還包括一名德軍下士，他的名字叫阿道夫・希特勒。這個時候的他和大多數防禦工事裡的德軍士兵一樣，充滿了對幾天後戰鬥的期待，因為他們知道協約國的士兵會在德軍完善的防禦工事前像割韭菜一樣被消滅掉。對於當時的情景，希特勒在他的日記裡是這樣寫的：「我毫不羞愧地承認，我為熱情所陶醉。我跪下來衷心地感謝上帝，為了榮幸地允許我活在這樣的時候。」

7月1日，協約國的三個集團軍在戰線的三個方向上分別發動攻擊，並在部分地區突破了德軍的第一道防線，但也因此傷亡慘重——當日被德軍馬克沁機槍（Maxim gun）殺傷的人員數量就達到了近六萬。第二天，英法軍隊攻占了德軍第二道陣地，並一度占領巴爾勒（Barleux）、比亞什（Biaches）等德軍防禦要地。但隨後德軍投入了大量預備隊，對上述區域進行反覆爭奪，遲滯了協約國的推進速度。至7月中旬，協約國軍隊僅向前推進了數公里，沒有達到戰役預期目標，戰鬥陷入了僵局。進入8月初，英法軍隊數量增加至五十一個師，作戰飛機也增加至五百架，但仍不能改變戰局。此時，德軍也增加至三十一個師，僵局仍然未打破。

9月15日，英軍在戰鬥中第一次使用了新式武器——坦克，也就是黑格爵士之前提到的祕密武器，總計四十九輛。但由於機械故障等原因，實際投入戰鬥的只有十八輛。坦克投入戰鬥之初，的確讓德國人嚇了一大跳，也取得了一定的成效，配合步兵進攻取得了當日推進四至五公里的不俗戰績，之前每日推進速度僅一百五十至二百公尺。但由於坦克數量有限，且戰線寬度大，再加上技術尚未完善而故障頻頻。所以總體上取得的成效不大，對於索姆河戰役的最終結局發揮不了多大的作用，反而在後續幾次戰鬥中被德軍擊毀了十輛。

無言的結局

戰役進入秋季之後，天氣狀況開始變得惡劣，大多數時間都是陰雨連綿，使得道路泥濘，很難再發動較大規模的攻勢，索姆河地區的戰鬥開始趨向平靜。至11月，索姆河戰役正式結束，協約國的這一作戰計畫以失敗告終，它們近半年的進攻最終只獲得了一塊十公里寬、五十公里長的狹長地帶，其中沒有任何有價值的戰略要地。協約國共傷亡七十九・四萬人，德國傷亡五十三・八萬人。霞飛因此被解除了所有職務，雖然他也同時被晉升為法國元帥，但人們都清楚這實際上是明升暗降。即便如此，索姆河戰役還是消耗了大量德國軍隊的戰鬥力，在1916年之後，勝利開始完全倒向協約國這一邊。

西元1916年5月—6月

◎人物：傑利科　貝蒂　◎地點：丹麥　◎關鍵詞：一戰最大規模海戰

日德蘭海戰

　　1916年5月的最後一天，呼嘯的海風夾帶著濃烈的鹹味，吹過了斯卡格拉克海峽。在北海波濤洶湧的海面上，人類創造出來的最可怕的鋼鐵巨獸，狠狠地碰撞在了一起。此後，全世界人都記住了這個名字——日德蘭。

決戰前夕

　　1916年，已經是一戰的第三個年頭。在馬恩河，在香檳－阿登（Champagne-Ardenne），在馬祖爾湖（Masurian Lakes），幾百萬全副武裝的士兵在廝殺、戰鬥和流血，戰鬥機、毒氣彈、瑪律斯巨型火炮等殺人武器，相繼亮相。陸地上打得這樣熱鬧，海上也不平靜。德國潛艇雖然屢屢偷襲英國的商船，但面對實力強大的英國本土艦隊，德國的公海艦隊也只能老老實實地龜縮在不萊梅港（Bremerhaven）和威廉港內（Wilhelmshaven）。英國人嘲笑這支艦隊是「存在艦隊」，把堂堂的德國海軍看成了「看門狗」。自尊心極強的德國皇帝威廉二世對此大為惱火，決定走馬換將，任命海軍上將萊茵哈特·舍爾（Reinhard Scheer）為公海艦隊的新司令。這名水兵出身的海軍上將一向以勇猛、好鬥著稱，他向皇帝提出了一個新的作戰計畫——以小規模艦隊騷擾英國海岸，誘使英

◆貝蒂中將塑像

日德蘭海戰結束後的第三年，貝蒂中將被晉升為海軍元帥，並被封為伯爵，以做為對他長期服役和所做貢獻的獎勵。

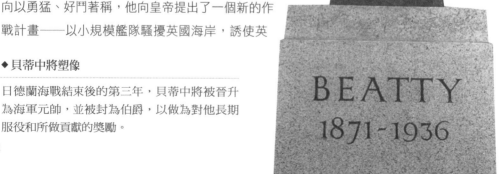

BEATTY
1871-1936

國的分艦隊出擊，再以公海艦隊的主力圍而殲之，然後和實力嚴重削弱的英國本土艦隊進行決戰。威廉二世對這個「釣魚」戰術非常滿意，很快就批准了舍爾上將的計畫。

1916年5月30日，德國海軍中將希佩爾（Franz von Hipper）帶領五艘戰列巡洋艦、五艘巡洋艦、二十艘驅逐艦組成的「誘餌艦隊」駛出了威廉港，目的地是日德蘭半島（Jutland Peninsula）和瑞典之間的斯卡格拉克（Skagerrak）海峽。在航程中，希佩爾命令部下不斷地用無線電發報機發報，生怕英國人不能發現自己而耽誤了整個「釣魚」行動。5月30日中午12點，英國本土艦隊司令傑利科（John Rushworth Jellicoe）海軍上將收到德國海軍將於次日出動的情報。儘管不知道德國艦隊出動的規模，傑利科上將和他手下的貝蒂（David Beatty）中將，還是制訂了一個和德國人類似的作戰方案——貝蒂中將率領一支分艦隊與德國艦隊主動交火，然後再伺機撤退。等德國艦隊開始追擊後，傑利科上將率領本土艦隊的主力從側翼出擊，一舉消滅德國艦隊。

意外的遭遇

5月30日晚，貝蒂中將率領著四艘戰列艦、六艘戰列巡洋艦、十二艘輕型巡洋艦和

◆ 日德蘭海戰中受損的獅號巡洋艦

日德蘭海戰中，英國皇家海軍的獅號巡洋艦被德軍艦主炮十二發大口徑炮彈命中，險些沉沒。這張照片拍攝於1919年6月，維修人員正在修復獅號巡洋艦，主炮的前裝甲板已被卸下。

二十七艘驅逐艦組成的「英國版」誘餌艦隊從軍港出發了。幾個小時後，傑利科海軍上將率領著本土艦隊的主力也出發了，就尾隨在貝蒂艦隊的身後。第二天下午2點，兩支龐大的艦隊都出現在了北海的海面上，在貝蒂艦隊的東邊就是希佩爾的艦隊，只是雙方都沒有察覺到對方的存在。下午2點20分，一艘丹麥籍貨輪從兩支艦隊之間經過，貨輪不早不晚地拉響了自己的汽笛，一股濃濃的蒸汽沖天而起。德國巡洋艦埃爾平號和英國巡洋艦加拉蒂號都向貨輪方向靠近，它們很快就發現了對方，英國人搶先發射了這次海

戰中的第一發炮彈，日德蘭大海戰的序幕終於拉開了。

當時雙方的實力對比：本土艦隊有三十七艘「無畏」級戰列艦和戰列巡洋艦，三十四艘巡洋艦和八十艘驅逐艦；而公海艦隊只有二十三艘「無畏」級戰列艦，十一艘巡洋艦和六十三艘驅逐艦。而「無畏」級戰列艦是什麼樣的軍艦呢？1906年，英國海軍花費七百五十萬英鎊打造的巨艦「無畏號」下水，這艘「海上堡壘」裝有十門十二英寸主炮，滿載排水量達到了二·一萬噸，航速更是達到了二十一節。由於火炮設置巧妙，任

◆ 經歷了日德蘭海戰後的塞德利茨號巡洋艦停靠在港口

這艘德國海軍的巡洋艦於1911年11月5日開始服役，在日德蘭海戰中與德弗林格爾號一同擊沉了英國皇家海軍的瑪麗王后號巡洋艦。而它也在這場海戰中被二十二發大口徑穿甲彈和一枚魚雷擊中，五座主炮塔全部失去作戰能力，船艙進水量達五千三百噸，在與艦隊失散的情況下，返回德國本土基地，因此有了「不沉戰艦」之名。

何方向來襲的敵人都會同時遭到八門主炮的攻擊，每四秒鐘就會有八發十二英寸的炮彈傾瀉到敵人的頭上。無畏號誕生後，各國紛紛效仿，主炮口徑在十二·五英寸到十五英寸之間，排水量在二萬噸到二·五萬噸之間的戰列艦也被統稱為「無畏艦」或「超無畏艦」，這種海上怪獸一時間成了海軍力量的象徵。日德蘭海戰中，傑利科和舍爾手中的王牌，也正是這些無畏艦。

慘烈的決戰

貝蒂中將和希佩爾中將幾乎同時得到了敵襲的報告，希佩爾命令艦隊向東南方向，也就是公海艦隊主力所在的方向撤退。好不容易遇到德國軍艦的貝蒂下令全速追擊，完全忘記了自己誘餌的身分。就在兩支前衛艦隊大玩「貓捉老鼠」遊戲的時候，它們身後的主力艦隊也在加速趕往戰場。下午3點48分，貝蒂艦隊和希佩爾艦隊開始了戰鬥。由於德國軍艦裝有先進的測距儀和指揮系統，所以德國軍艦的射擊更加準確，貝蒂艦隊中的戰列巡洋艦獅號、虎號、瑪麗王后號相繼中彈。下午4點整，一枚穿甲彈擊中了貝蒂的旗艦獅號的炮塔，幾乎引發了彈藥庫的大爆炸。幸虧炮塔指揮官哈威少校在臨死前下令向彈藥庫注水，獅號這才避免了被炸上天的命運。戰後，哈威被授予了英國軍人的最高榮譽——維多利亞十字勳章。瑪麗王后號就沒有那麼好的運氣，幾發炮彈擊中了它的彈藥

庫，這艘排水量達到二萬噸的無畏艦瞬間變成了一個火球，沉入北大西洋冰冷的海底，船上的一千二百七十五名船員中只有九人生還。幾分鐘後，英國軍艦不屈號也步上瑪麗王后號的後塵，第一輪交鋒德國艦隊以2：0領先。

禍不單行，就在貝蒂為巨大的損失而心痛的時候，舍爾率領的公海艦隊主力趕到了戰場。一看形勢不妙，貝蒂急忙下令艦隊向北撤退。殺紅了眼的德軍艦隊全力追擊，完全不知道自己追逐的也是一個有毒的誘餌。晚上6點左右，傑利科的本土艦隊出現了，二十四艘無畏級戰列艦排成了海戰中最能發揮火炮優勢的「T」陣形進入了戰場，而公海艦隊的陣形卻是不利於火炮射擊的縱隊形。儘管德國軍艦又擊沉了英國軍艦無敵號，但德軍的戰列艦呂措夫號也被打得千瘡百孔。這時，舍爾從被俘的英國水兵口中得知自己面對的是整個本土艦隊，上將這才發現他釣上來是隻要命的大白鯊，舍爾終於決定撤出戰場。晚上7點整，呂措夫號帶著肚子裡的幾萬噸海水發起了決死衝鋒，德國驅逐艦也向幾個方向發動佯攻，以掩護己方的戰列艦突出重圍。雙方的巡洋艦、驅逐艦互相對陣，戰列艦十二英寸主炮的炮口不停地閃動著耀眼的光芒。

6月1日凌晨3點，公海艦隊終於衝破了本土艦隊的包圍，從合恩礁（Horns Rev）水域撤回了威廉港，追蹤而來的英國人卻只能在水雷區外憤怒地咆哮，德國人布下的水雷讓他們望而卻步。4點15分，傑利科上將命令本土艦隊返航，日德蘭海戰終於結束。

日德蘭魚雷

魚雷是一種能在水中自導、自控、自航，在水中爆炸毀傷敵方艦船的武器。一戰中，魚雷已經成了僅次於艦炮的主力武器。在戰鬥中，發射出去的魚雷不是擊中目標，就是自沉於海底，但在日德蘭海戰中，英國超無畏級戰列艦普魯斯號發射的一枚二十·九英寸白頭魚雷，既沒有擊中目標，也沒有沉沒。它竟然像幽靈一樣在大洋中漂泊了五十多年，先後在北海、北大西洋、百慕達三角、美國東海岸等許多地方出現過，許多國家的海軍官兵、船員都親眼見到過這枚「古董」武器。其實，這枚魚雷漂浮的原因很簡單：一戰時魚雷的裝藥量很少，一般不超過六十六磅，而且魚雷「身體」裡有一個占其總長度二分之一的密封氣艙，這樣魚雷的浮力和本身重力幾乎持平，讓它能夠浮而不沉，並隨著海水的流動開始了世界漫遊。

這場戰鬥中，英國人損失了三艘戰列巡洋艦、三艘輕型巡洋艦和八艘驅逐艦，傷亡六千九百餘人；德國人損失了一艘戰列艦、一艘戰列巡洋艦、四艘輕型巡洋艦和五艘驅逐艦，傷亡三千餘人。

做為戰列艦時代最輝煌的一次戰鬥，日德蘭海戰讓愈來愈多的國家意識到巨艦大炮的不足。在這次海戰之後，航空母艦和潛艇逐漸成了海戰中取勝的決定性武器。

西元1918年8月—11月

人物：魯登道夫　威廉二世　　地點：德國　　關鍵詞：一戰結束

一戰謝幕演出

　　1918年，敗局已定的德軍在西線發動了數次大規模攻勢，但最終也只能是無用的掙扎。這一年的11月11日，德國終於宣布投降，第一次世界大戰正式畫上句號。這場戰爭總共有五大洲的三十多個國家參加，雙方參戰兵力達六千多萬，傷亡三千多萬，因戰爭而死於飢餓和疾病的平民達一千萬，交戰各國的經濟損失達二千七百億美元，是一場不折不扣的人類浩劫。

◆德軍最高指揮當局

1917年，德皇威廉二世（中）與保羅·馮·興登堡（左）、魯登道夫（右）在德軍總部研究作戰方案。威廉二世左臂先天殘疾，照片中他習慣地將左手插在口袋中，而興登堡和魯登道夫也都將他們的一隻手插在口袋中。

初試啼聲的美軍

　　1917年2月，德國重新開始了無限制的潛艇戰，這一舉措徹底惹火了美國。美國開始對德宣戰，加入協約國的行列。1918年，德國人在西線對協約國發動了一次閃電戰——麥可行動（Operation Michael）。但結果是德國人在行動中損失巨大。德國人知道時間對於他們來說已經不多了，所以德軍最高指揮之一魯登道夫（Erich Ludendorff）決定不給協約國軍隊有喘息機會，於1918年5月27日，在法國東北部的法蘭德斯發動進攻。為了迷惑敵軍，魯登道夫還在謝曼德達姆等地實施了佯攻。雖然此時協約國軍隊根據德軍滲透部隊的戰術已經研究出彈性防禦戰術，但在謝曼德達姆駐守的法軍指揮官仍然機械式地照搬步兵教科書上的防禦戰術，把重兵放在前沿，致使德軍的滲透戰術再一

次取得成功。進攻開始不到一個小時，德軍就突破了布滿守軍屍體的防線，朝著法軍的後方挺進。看到佯攻的德軍部隊反而獲得了戰場的主動權，魯登道夫決定改變作戰計畫，命令在謝曼德達姆進攻的德軍轉為主攻部隊繼續全速挺進。幾天後，勢如破竹的德軍順利推進到了幾年前他們戰敗過的地方，距離巴黎不到六十公里的馬恩河畔。

此時，巴黎的防守非常薄弱，不得不將距離這裡最近的潘興（John J. Pershing）將軍率領的美國遠征軍的兩個師拉過來。這些美國兵基本上沒有多少作戰經驗，正在所謂的後方接受作戰的基本訓練，而現在後方也因為德軍的進攻變成了前線。於是，美國遠征軍開始了在歐洲戰場上的第一次戰鬥，結果居然擊退了德軍的進攻，迫使德軍於6月6日結束了對巴黎的進攻。隨後，這場戰役中最激烈的一次戰鬥在一個叫做貝洛森林（Belleau Wood）的地方展開。

經過三個星期的苦戰，美軍完全奪取了

◆加拿大士兵進入法國北部城鎮康布雷

這張照片拍攝於1918年10月。此前，撤退的德軍在鎮上放了一把火，但由於加拿大士兵迅速到來，使得這個小鎮避免了被焚毀的厄運。

這片森林，與他們交手的德軍士兵也不得不佩服這支初出茅廬的作戰部隊，稱他們是「鷹犬之師」。為了表彰美國海軍陸戰隊英勇作戰的事蹟，法國政府在戰爭結束後，將這座已被打成禿山的森林命名為「海軍陸戰隊森林」，而這座森林在名義上也被劃歸美國政府所有。

全線崩潰

自此，德國人再也沒有能力發動新的攻勢，接下來該兵強馬壯的協約國軍隊發言了。1918年7月18日，協約國的埃納－馬恩河反攻作戰開始了。美國遠征軍的八個師首次做為主力部隊擔當主攻任務，一鼓作氣將德軍趕回了沿埃納河（Aisne River）和維斯爾河（Vesle River）一線的防禦陣地。與此

◆ 歡呼勝利

聽聞德國簽署停火協議，美軍第七步兵師第六十四團的士兵用歡呼和揮舞鋼盔來表達他們的興奮心情。

同時，英國遠征軍發動了一連串的反擊作戰，法軍也配合作戰。8月8日，德軍在西線全線崩潰，雖然還在苦苦支撐，但勝利對於他們來說已經是一件遙不可及的事情。

接下來，協約國開始謀畫對德軍的最後決戰，期望透過一次大的會戰徹底結束這場戰爭。他們計畫對德軍形成一個巨大的「壓縮」包圍圈：包圍圈的左翼為英國遠征軍，向東橫掃比利時和法國北部；右翼是美軍第一集團軍和法國軍隊，向北穿過默茲河和阿爾貢森林區。如果協約國的右翼部隊能夠突破德軍的五道防線，並殺開血路穿越大約六十五公里的無人區，就能切斷德軍主要的鐵路供應幹線，迫使德軍沿崎嶇的阿登山區兩側後撤。因此，做為右翼主攻部隊的美軍是整場戰局的關鍵。六十萬名美軍、四千門大炮、四萬噸彈藥，以及不計其數的補給品被火速運至戰場前線，準備在9月底發動可以一錘定音的默茲－阿爾貢攻勢（Meuse-Argonne Offensive）。其中，中路美軍將做為主力，長驅直入穿過蒙福孔（Montfaucon）山丘插入德軍在羅馬格涅（Romagne）和庫內爾的第三道防線。左路美軍將掃蕩森林和埃爾河谷進抵格朗普雷（Grandpré），這也是德軍第三道防線中的一個主要堡壘，右路美軍將占領庫內爾和默茲河之間的地區。與此同時，法軍部隊將在阿爾貢森林西部和默茲河東部支援美軍部隊，進行策應作戰。

9月26日，美軍第一集團軍打響了默茲－阿爾貢攻勢的第一槍（同一天，保加利亞退出了同盟國）。在進行了三個小時的炮火準備之後，美軍步兵開始一波又一波地衝

向德軍陣地。然而，戰局的發展卻不盡如人意——美軍的進攻遭到了德軍的頑強阻擊。隨後，德軍六個師的增援部隊趕到前線，補充到防守陣地中。10月1日，潘興將軍不得不承認在美軍初期作戰中沒有達成既定戰略目標的事實，但還是堅持繼續進攻，保持對德軍的持續壓力。

10月4日，美軍總算在德軍防線上突破缺口，並透過這個缺口突入德軍的防禦縱深處，德軍防線開始全線撤退。在隨後幾週的戰鬥中，美軍最終突破了德軍的第三道防線，取得戰役的主動權。由於美國人在此處的凌厲攻勢，迫使魯登道夫動用他的二十七個最精良的後備師，以增援搖搖欲墜的默茲－阿爾貢戰線，從而緩解了其他戰區協約國軍隊的壓力。此後不久，土耳其、奧匈帝國等先後退出同盟國，只剩德國孤軍戰鬥。

謝幕演出

1918年11月6日，美國第一集團軍抵達了色當附近俯視默茲河的高地，對德國密集的鐵路網進行炮擊，致使德軍在此地的鐵路運輸陷入癱瘓。隨後，美軍強渡默茲河，攻占位於色當和梅斯之間的整個德軍陣地。與此同時，協約國左翼的英國遠征軍給予北路德國集團軍群沉重打擊，迫使德軍退向萊茵河。在一片風雨飄搖之中，德國開始走向最後的崩潰。而德國許多部隊的士兵也紛紛起義，拒不執行最高統帥部的命令。11月7日，由中央黨領袖、新任國務部部長馬蒂亞斯・埃茨伯格（Matthias Erzberger）領導的德國停戰委員會開始同福煦元帥在貢比涅

（Compiègne）的一列火車車廂裡談判。

11月9日，已經控制不了局面的興登堡（Paul von Hindenburg）不得不最後一次提醒德皇：「我必須勸告陛下退位，並前往荷蘭。」不到兩天的時間，威廉二世就接受了興登堡的建議宣布退位。臨時政府很快就成立，並於1918年11月11日凌晨5時整，與協約國正式簽署停戰協定。

根據貢比涅停戰協定（Armistice of Compiègne；即康邊停戰協定）的規定，德國同意從所有侵占的領土撤出，包括於1871年從法國奪取的阿爾薩斯和洛林。它還保證遣返所有被俘的協約國士兵和平民而不要求進行交換，並交出大量戰爭物資，其中包括五千門大炮和二·五萬挺機槍。需要注意的是，該停戰協議對於德國工業基本上沒有進行任何形式的削弱，使得德國人可以在二十多年後重整旗鼓，再次發動第二次世界大戰。

◆ 佛雷澤一家閱讀當日報紙

1918年11月11日，加拿大多倫多市內的佛雷澤一家正在閱讀當日報紙的頭條——德國與協約國簽署停戰協定。

詭異的塹壕戰

⊙攻城利器　⊙塹壕生活　⊙塹壕友誼

　　塹壕戰，也稱戰壕戰或壕溝戰，是一種利用修築低於地面高度的塹壕來保護士兵進行作戰的戰爭形式。進行塹壕戰的雙方都有固定的防線。塹壕戰是第一次世界大戰初期，交戰雙方陣營採取的主要作戰形態。

攻城的利器

　　塹壕戰（Trench Warfare）的歷史要追溯到十七世紀的歐洲大陸，當時這片土地上的主要戰爭都是圍繞城堡展開的。雖然火炮已經開始使用在攻城戰中，但仍不能成為攻城掠地的利器。而且，如果城堡也開始裝備防禦火炮，就會使得攻占城堡的戰鬥演變成曠日持久的拉鋸戰。

　　一位名叫塞巴斯蒂安·德·沃邦（Sébastien Le Prestre de Vauban）的法國人打破了這一僵局，他首次採用塹壕戰來攻城，取得了極好的效果。沃邦指揮圍城部隊

在守軍炮火射程範圍之外，挖掘一條環繞城堡的塹壕，之後由這條塹壕再按照「之」字形朝城堡方向挖掘分支塹壕，等到距離達到一定範圍的時候，就將火炮由塹壕拉至城堡正前方抵近攻擊，直至最終摧毀守軍的防禦城堡。沃邦塹壕在法荷戰爭期間發揮了巨大的作用，幫助法軍接連攻克荷蘭多座堅固的城堡。從此，中世紀城堡戰時代宣告結束。

　　在隨後一些著名戰例中，塹壕戰同樣發揮了巨大作用。例如在美國獨立戰爭的約克鎮戰役中，華盛頓領導的美國軍隊在精通塹壕戰的法國軍隊的幫助下，挖掘多條塹壕直通英軍防守的約克鎮據點，從而取得了勝利。

慘烈的拉鋸戰

　　到了一戰期間，塹壕戰演變成敵我雙方

◆塹壕上的風向標

一戰時，一名澳洲士兵調整塹壕胸牆上的風向標。塹壕面對敵人的一側叫胸牆，是用泥土或石頭築成的用以保護士兵的防護牆，背對敵人的一側叫背牆。

異常慘烈的拉鋸戰。馬恩河戰役之後，德軍速戰速決逼迫法國投降的戰略企圖失敗，而法英軍隊也在德軍構築的防線面前止步不前。於是雙方都開始透過「奔向大海」戰術向海邊進發，並在接觸地域構築防禦塹壕工事，期望能夠藉此迂迴到對方的防線背後，從而包圍對手。就這樣，雙方構築了長達七百多公里的巨型塹壕體系，這條戰線爆發多場重大戰役，雙方都付出了慘重的人員傷亡與損失。

一戰時期的塹壕體系仍然沿用了沃邦時代的塹壕體系結構，主要由三部分組成：前沿為火力塹壕，其後為掩護塹壕，連接兩道主壕的是「之」字形交通塹壕。敵我雙方塹壕之間的地帶則被稱作無人區，其寬度通常約一百至三百公尺，中間布滿了鐵絲網、防步兵地雷等障礙物。而在部分爭奪特別激烈的地區，兩軍塹壕相距可能不到十公尺。為了有效抵禦敵方炮火的攻擊，塹壕內布滿了各種各樣的防炮掩體。

法英軍隊塹壕中的掩體比較簡單，因為他們覺得如果塹壕條件建設得太好，士兵就會不大願意出去冒死衝鋒了。而人數上處於劣勢的德國人則不是這樣想的，他們更願意在法國人的領土上長期堅守下去，所以他們的塹壕設施更加完備一些──有些塹壕的地

◆塹壕中的祈禱

1915年，在西班牙加利西亞，著名攝影師安德烈・柯特茲為一戰留下了可貴的影像紀錄：某日清晨，一名士兵在潮濕泥濘的塹壕中祈禱。

面甚至還鋪設有地毯、牆面上掛著鏡子，等等。即便如此，塹壕裡的生活仍然是十分艱苦的，尤其是遇到陰雨天氣的時候，大家就只能在泥漿中放哨、戰鬥和睡覺。除了敵軍的攻擊和惡劣的天氣之外，堅守塹壕的士兵

191

們還得忍受老鼠、跳蚤、蝨子等動物的侵擾，由此帶來的疾病更是種類繁多。

　　由於戰線的相對穩定，雙方的攻擊時間也大致固定了下來，一般情況下每天都有兩次攻擊。當清晨到來的時候，法英軍隊會開始進行攻擊，而太陽西沉的時候，德軍則開始還以顏色。白天的時候，雙方士兵的神經都是高度緊張的，以防備對方可能發起的進攻。同時，特別需要注意的是，白天是雙方的狙擊手頻繁活動的最佳時間，千萬不要讓自己的身體高於塹壕之上，哪怕就幾秒鐘的時間。而到了夜晚，雙方都心照不宣地不再發動攻勢，開始利用這段時間修理己方受損的塹壕。通常每個士兵需要在前沿塹壕駐紮十天，並進行五天左右的施工任務，再加上

◆ 士兵們的塹壕生活

1916年，法國香檳戰區，一名法國士兵為同一塹壕的戰友理髮。一戰中各種毀滅性武器被運用到戰場上，可以將其射程內的地面上的一切物體摧毀。於是，塹壕戰出現了。在猛烈炮火的轟擊下，士兵們在塹壕裡過著非人的生活。許多士兵在塹壕裡一待就是幾個月，但他們在艱苦的環境裡，結下了深厚的生死友誼。

其他的整修工作，約滿一個月的時間就可以輪換到後方去休整。然而，很多士兵都無法堅持到一個月，他們往往不是在衝鋒時被打死，就是在塹壕中被炮彈炸死，或者染上風寒等疾病病死。

　　在長達四年之久的塹壕戰中，雙方都不斷投入大量最新研製的武器，例如毒氣、戰鬥機、坦克等，但都對最終的戰局沒有產生

決定性的影響。1917年俄國爆發十月革命並退出一戰後，德軍開始嘗試在塹壕戰中實施滲透攻擊的戰術，並取得了一定的進展。就在塹壕戰的僵局即將被打破之際，第一次世界大戰卻結束了。在之後的第二次世界大戰中，塹壕戰在快速機動的機械化部隊面前，已經失去了往日的優勢，從此走向衰落。

塹壕戰中的「友誼」

雖然協約國、同盟國的軍隊在塹壕戰中的傷亡都很慘重，但雙方的基層士兵們卻在交戰間隙尤其是西方傳統節日時還能進行一連串「友好往來」，希望以此增進大家之間的「友誼」，因為誰都不希望自己在塹壕中被打死。「自己活的同時，也希望讓別人活」，逐漸成了敵我雙方士兵的共同信條，他們有意識地達成一些默契。在很多戰區，每天早餐時，雙方士兵都要在空地中豎起一塊木板。這塊木板一豎起，槍戰便停止了，他們各自開始打水和取糧食。在整個早飯期間，只要這塊木板豎著，雙方便會停止槍擊。但是，當木板倒下時，戰爭又重新開始。有時候，雙方的官兵還相互喊話。一些戰爭前曾在不列顛工作過的德國士兵時常會向英國士兵詢問他們熟悉的商店、街道的情況。他們甚至還把大聲爭論問題、唱歌做為一種娛樂和傳遞資訊的方式。在陽光充足的日子，雙方官兵會各自聚集在塹壕前沿舉行即興音樂會，唱愛國或傷感的歌曲。在寧靜的晚上，歌聲會從一方的陣地上飄到對方的塹壕，引來對方士兵的一片掌聲，有時還會被要求再唱一次。1914年12月24日，敵我雙方甚至在各自的前沿陣地辦起了迎接聖誕的慶祝會，當時一名德國人從戰場那邊喊了一句：「英國人耶誕節快樂！」英國人也回了一句：「你也是！」隨後大家一起唱起聖誕頌歌。雖然各自軍隊的指揮官對這種狀況頭疼不已，三令五申禁止此類事情的發生，但仍然阻擋不住大家的熱情，最終這些禁令也就沒人去理會了。

◆ 戰壕中的士兵

戰鬥是如此的殘酷且漫長，但士兵面對鏡頭還是露出了可貴的微笑。因為他們渴望著戰爭早些結束，回到自己的家園。

西元1918年—西元1940年

人物：希特勒　墨索里尼　　地點：法國　　關鍵詞：凡爾賽和約

禍起凡爾賽

　　一戰結束以後，戰敗國德國受到了協約國有力的制裁，也為自己帶來了十億英鎊的外債。外界看來，這將給德國帶來很大的壓力，短時間內很難翻身再起。但結果出人意料——德國經濟快速復甦，對外爭霸的野心再度升起。因為它從戰勝國那裡得到了比外債更多的貸款。

◆簽訂《凡爾賽和約》的四國元首

《凡爾賽和約》簽訂期間，與會的四國元首在一家旅館門前留下了這張珍貴的合影。從左至右分別是：英國首相勞合‧喬治、義大利總理維托里奧‧奧蘭多、法國總理喬治‧克里蒙梭和美國總統伍德羅‧威爾遜。

凡爾賽和約

　　戰爭就像潘朵拉的盒子一樣，一旦開啟，將給人類帶來巨大的災難。1918年11月11日，持續四年多、造成三千六百萬人傷亡

◆墨索里尼和希特勒視察軍隊

的一戰落下了帷幕。第二年，戰爭中的勝利者——英國、法國、美國、義大利、日本等協約國，在巴黎近郊的凡爾賽宮召開和平會議，單方面制定並迫使德國、奧匈帝國等戰敗國簽署了《凡爾賽和約》（Treaty of Versailles）。根據該和約的規定，德國失去了八分之一的國土、十分之一的人口和三百萬平方公里的全部殖民地，並承擔十億英鎊的戰爭賠款。同時，德國廢除義務兵役制，解散德軍總參謀部，陸軍總人數不得超過十萬人，海軍不得超過一‧五萬人，艦隻總數不得超過三十六艘，不得擁有主力艦和潛艇，不得建立空軍，不得建立軍校，不得擁有軍用飛機、坦克和重炮等攻擊性武器，拆除德國在西線的軍事工事，萊茵河左岸德國領土由協約國占領十五年，德國不得在萊茵河左岸及右岸五十公里內設防。德屬非洲的殖民地由英、法兩國瓜分，德屬太平洋地區的殖民地則由英、日兩國瓜分。《凡爾賽和約》在極大程度上滿足了戰勝國的要求，但在德國國內卻被稱作「恥辱的和約」，由此埋下了引發日後更大規模戰爭的種子。

戰後的德國雖然背上了沉重的戰爭債務，但由於英、法、美等國在對待德國問題上存在的巨大分歧，而使德國獲益不少。英國出於保持歐洲大陸勢力均衡的考慮，並不希望德國就此一蹶不振而讓法國在歐洲大陸稱王稱霸。此時共產黨已在俄國建立了社會主義政權，英國十分擔心它會在歐洲蔓延，而讓德國保持強大則是阻隔其向西發展的有效手段。法國則與英國的想法相反，時刻都在想方設法置德國於死地，如此才能安享歐

洲霸主的地位。另外，一戰中最大的贏家——美國，出於開拓歐洲市場尤其是德國市場的緣故，非常慷慨地給予德國巨額貸款，同時加大了對德投資的力度。就這樣，德國在英、美兩國的支持下，不僅逐步減少了戰爭賠款的支付，還獲得了大量英鎊、美元的投資，國力開始迅速恢復，戰爭機器不斷獲得增強。而就在這時，一個名叫阿道夫·希特勒（Adolf Hitler）的德國國防軍下士開始登上歷史舞臺。

惡魔登場

希特勒於1889年出生在奧地利與德國接壤的邊境小鎮因河畔布勞瑙（Braunau am Inn），其父是奧地利海關的一名普通職員。少年時期的希特勒性格叛逆，中學沒畢業就輟學了，以打零工為生。一戰爆發後，已經二十五歲的希特勒突然發現戰爭對他來說是最好的展示舞臺，於是自願加入德國軍隊。1918年，能言善辯的他加入一個法西斯組織——「德國工人黨」，並很快在這個組織中獲得領導地位。1920年2月，希特勒將該黨更名為「民族社會主義工人黨」（即「納粹黨」），並在不久後成為該黨主席。1923年11月8日，希特勒在慕尼黑的比格布勞凱勒（Bürgerbräukeller）啤酒館發動暴動，妄圖推翻現政府並建立法西斯政權。這次暴動很快就被鎮壓下去，希特勒也被打入獄。在監獄服刑期間，希特勒口述、其追隨者魯道夫·赫斯（Rudolf Hess）執筆撰寫了臭名昭著的《我的奮鬥》（Mein Kampf）一書，詳細闡述了征服全世界，並建立由高尚純種雅利安（Aryans）民族領導的世界的規畫。

1932年7月大選，希特勒極力煽動德國人尋求「新的生存空間」，宣揚「強權國家是改善經濟的前提」。這些激進主張贏得了許多希望德國能走出經濟困境的選民的支持，納粹黨最終獲得了百分之三十七·三的選票，一舉成為國會第一大黨。1933年1月30日，希特勒被德國總統興登堡任命為總理。1935年3月，希特勒宣布建立國防軍，不久又頒布了國防法令，同時恢復普遍義務兵役制。這一連串措施已經從實質上廢除了《凡爾賽和約》，戰爭的腳步愈來愈近了。

在義大利，貝尼托·墨索里尼（Benito Mussolini）同樣在進行著龐大的擴軍備戰行動。墨索里尼於1883年出生在義大利普雷達皮奧（Predappio）的一個鐵匠家庭，從小就崇尚以暴力解決問題的行事方式。1919年3月，墨索里尼在米蘭（Milano）組建了一個名為「戰鬥法西斯」的組織，開始在義大利國內推行法西斯主義。1921年11月，墨索里尼又組建了正式的法西斯政黨（Partito Nazionale Fascista, PNF），並廣泛招攬黨徒。一戰之後，義大利國內經濟極度困難，政局也動盪不安，墨索里尼的法西斯宣傳得到了大多數人的擁護。1922年10月15日，墨索里尼糾集四萬名全副武裝的法西斯黨徒從那不勒斯（Napoli；或稱拿坡里）出發，向首都羅馬進軍，企圖以武力奪取政權。1922年10月29日，在經歷了一場不流血的政變之後，墨索里尼成為義大利總理，法西斯專政開始在義大利確立。

戰爭策源地

1924年，義大利以武力威逼南斯拉夫割讓了亞得里亞海北岸的港口阜姆（Rijeka；即里耶卡），該港在一戰後被劃歸南斯拉夫。墨索里尼於1935年發動侵略衣索比亞（Ethiopia）的戰爭，次年又和德國一道干涉西班牙內戰，扶植佛朗哥建立獨裁政權。1936年10月25日，義大利與德國簽訂了《德義軸心協定》，兩國在衣索比亞、西班牙等問題上達成了一致。11月1日，義大利與德國結成了「羅馬－柏林軸心」，墨索里尼成為希特勒在二戰中的主要幫凶。

在遠東和太平洋地區，美國、英國和日本之間的利益衝突也不斷加劇。為了抑制日本的擴張，1921年11月，美國、英國、法國、日本、義大利、比利時、荷蘭、葡萄牙、中國在美國華盛頓召開會議，共同簽署了關於中國問題的《九國公約》。這一公約讓日本人極度不滿，也讓日本國內軍國主義勢力的戰爭野心開始不斷膨脹。1940年9月，日本、德國和義大利簽訂了《德義日三國同盟條約》（即三國公約）。該條約規定當美國為了英國的利益而加入歐洲戰爭時，日本有為軸心國參戰的義務，實際上日本已正式加入了軸心國聯盟。至此，由德、義、日組成的軸心國成了二戰的策源地，人類歷史上最慘烈的浩劫很快就要來臨。

◆啤酒館外的聚會

希特勒一手扠腰，一手緊張地抓著自己的禮帽，他的雙眼怒視著前方，彷彿那裡是他奪權的障礙所在。站在他左邊的是被稱為納粹黨「思想領袖」的阿爾弗雷德・羅森堡，右邊則是他當時的助手弗里德里希・韋伯。

西元**1938**年**3**月—**9**月

✿人物：希特勒　張伯倫　達拉弟　墨索里尼　✿地點：德國　✿關鍵詞：綏靖政策

慕尼黑陰謀

　　德國人的擴張野心日益膨脹，將《凡爾賽和約》早已棄之腦後，在萊茵非軍事區大搖大擺地走著。此時，他們已經鎖定目標，就是位於歐洲中心、軍工業發達、礦產資源豐富、戰略地位重要的捷克斯洛伐克。而英法的綏靖政策，也促成了《慕尼黑協定》的產生。

◆維也納的閱兵式

希特勒，這個維也納的流浪漢終於以一種前所未有的方式報復曾經輕視他的祖國——他將奧地利從世界地圖上抹去，然後將它加入德國地圖中，奧地利這個有著古老歷史的國家就這樣變成了納粹德國的東方省。

▋吞併奧地利

　　1936年3月7日，德國軍隊大搖大擺地進入萊茵非軍事區，《凡爾賽和約》變成了一紙空文。英法兩國政府獲知這一消息後極為震驚，立即向德國提出強烈抗議。希特勒立即使用慣用伎倆，向英法保證這次行動只是象徵性的，並不對任何國家構成威脅。當時英國上下對這件事情的普遍看法是「息事寧人」。但英國的軟弱表現讓德國占領萊茵河地區成了既定事實，也讓希特勒在德國國內獲得了前所未有的支持，可以放心大膽地擬訂更大規模的戰爭計畫。

　　在成功干涉西班牙內戰之後，希特勒將目光投向了昔日奧匈帝國的中心——奧地利。1938年2月12

日，希特勒向奧地利政府發出了最後通牒，命令其承認奧地利納粹黨的合法性，對所有在押的奧地利納粹黨人實行大赦，並任命納粹黨人為內閣保安部長。奧地利政府斷然拒絕這些無理要求。希特勒於是決定以武力威懾，最終奧地利政府同意德軍進駐奧地利，隨即希特勒的部隊占領了奧地利全境。3月13日，希特勒宣布解散奧地利共和國，其全部領土併入德國。就這樣，希特勒兵不血刃地吞併了奧地利。這一次，英法兩國還是照舊對德國發出強烈抗議，但也僅限於抗議，並未採取任何實質上的行動。希特勒經過兩次的試探之後，發現英法等國並沒有實施真正意義上的制裁，於是胃口變得愈來愈大，捷克斯洛伐克（於1993年正式解體為捷克與斯洛伐克兩個獨立國家）也順理成章地成了他的下一個目標。

◆四國首腦在慕尼黑舉行會談

1938年9月29日，英國首相張伯倫（右二）、法國總理達拉第（右一）、義大利總理墨索里尼（左一）和德國總理希特勒（左二）在德國慕尼黑會面。照片上，墨索里尼正和達拉第握手言歡。

▌染指蘇臺德

希特勒之所以對捷克斯洛伐克如此關注：一是希望將所有德國國土之外的日耳曼民族都併入德國，然後向東方擴張謀求更大的生存空間；二是認為捷克斯洛伐克可能會成為未來蘇聯進攻德國的空軍基地，或者是英法兩國的軍事支持力量。

一戰之後，為了維持多瑙河流域和巴爾幹半島的政治格局，捷克斯洛伐克、羅馬尼亞和南斯拉夫在法國的影響

◆1938年9月，四國簽訂《慕尼黑協定》

簽訂幾小時後，蘇臺德小鎮普拉納的街道上就掛滿了納粹旗幟，小鎮也被更名為普拉。

和支持下，相互簽訂了同盟條約。羅馬尼亞擁有豐富的石油資源，南斯拉夫有豐富的礦石，兩個國家都有龐大的軍隊，而他們的軍火供應主要依靠捷克斯洛伐克。這三個歐洲小國結成一個強大的國家聯盟，被稱作「小協約國」。1924年至1927年，法國先後與上述三國簽訂政治、軍事協議，確立了對小協約國的領導地位，在南歐形成了與義大利抗衡的局面。

捷克斯洛伐克西部與德國接壤的邊境有一個名叫蘇臺德（Sudetenland）的地區，那裡居住著三百二十萬德意志人，他們大多能與當地居民友好相處。但自1935年開始，蘇臺德德意志黨在德國的幕後指使下，開始謀求蘇臺德地區的獨立。1938年4月24日，受德國吞併奧地利行動的鼓舞，德意志黨黨魁漢萊因（Konrad Henlein）公開叫囂蘇臺德地區應實行自治，脫離捷克斯洛伐克成立一個納粹國家。同時，希特勒也攻擊捷克斯洛伐克政府正在有組織地虐待蘇臺德地區的德意志人，宣稱「德國有責任去保護這些日耳曼同胞，應該為他們爭取一般的自由，包括人身的、政治的和思想的自由」。一時間，捷克斯洛伐克國內局勢驟然緊張起來。害怕戰爭的英法兩國再次對強硬的德國讓步，敦促捷政府採取和平的方式解決蘇臺德爭端。

迫於德國強大的軍事壓力，以及來自英法兩國的「規勸」，捷克斯洛伐克政府與漢萊因開始談判。由於雙方歧異太大，談判沒有持續多久，漢萊因就單方面宣布終止與捷克斯洛伐克政府的談判，並煽動蘇臺德地區的納粹分子不斷製造騷動。高度警惕的捷克

斯洛伐克政府動用軍隊迅速平息了這些騷動。希特勒隨即放出將干預捷克斯洛伐克政局的風聲，並於1938年5月19日調動軍隊向德捷邊境集結。捷克斯洛伐克政府也不甘示弱，立即宣布局部動員向捷德邊境增兵，與德國軍隊形成了對峙。眼看德捷兩國就要兵戎相見，英法兩國頓時慌了手腳。因為他們一直採取忍讓策略就是為了防止戰爭的爆發，戰爭不符合它們在歐洲的利益。英法兩國隨即向「不聽話」的捷克斯洛伐克政府施加強大壓力，聲稱如果捷克斯洛伐克政府不聽勸阻執意與德國對抗，英法將不會履行之前與捷克斯洛伐克簽訂的互助防禦條約中所規定的義務。在這種壓力之下，捷克斯洛伐克政府不得不同意在英法兩國的調停之下，和德國就蘇臺德地區的地位問題進行談判。同時，英法兩國向希特勒明確表示「承認蘇臺德地區脫離捷克斯洛伐克的原則」，請求德國不到萬不得已不輕易動武。為此，英國首相張伯倫專程飛赴德國柏林會見希特勒，提議召開英、法、德、義四國首腦會議，商討捷克斯洛伐克割讓蘇臺德地區的相關事宜。張伯倫的建議正中希特勒下懷，後者立即同意召開四國會議進行協商。

《慕尼黑協定》

1938年9月29日，英國首相張伯倫、法國總理達拉第、德國總理希特勒、義大利總理墨索里尼在德國慕尼黑舉行會談，商討捷克斯洛伐克割讓蘇臺德地區的事宜。捷克斯洛伐克政府代表雖然準時到達慕尼黑參加會議，但卻被禁止入場，只能眼睜睜地看著自己的國家被肢解。9月30日，四國政府簽訂《關於捷克斯洛伐克割讓蘇臺德領土給德國的協定》，這就是歷史上著名的《慕尼黑協定》。按照該協定，捷克斯洛伐克將蘇臺德地區及同奧地利接壤的南部地區一起「轉讓」給德國。捷克斯洛伐克喪失了近五分之一的領土（一·八萬平方公里）、半數以上的工業設施和資源，以及堅固的邊境防禦工事。

如願吞併蘇臺德地區之後，希特勒的野心膨脹到了極點，1939年3月10日，德國軍隊開始向捷克斯洛伐克首都布拉格進軍。隨即，長期暗中接受德國支持的斯洛伐克人，宣布脫離捷克斯洛伐克建立斯洛伐克國，並接受德國的保護。隨後，捷克人也宣布停止抵抗，於是德軍不費吹灰之力就成功占領了捷克斯洛伐克。而面對希特勒的再次挑釁，英法等國政府首腦依舊沉湎於「歐洲即將迎來黃金時代」的幻想中，沒有對德國進行任何實質上的制裁。

◆ 英國首相張伯倫

張伯倫手中揮舞著《慕尼黑協定》，發表了熱情洋溢的講話，宣稱綏靖政策成功。

西元**1940**年**7**月－**10**月

人物：戈林　　地點：英國　　關鍵詞：最大規模空戰

鏖戰不列顛

　　1939年9月，德軍閃擊入侵波蘭。隨後，英法聯手對德宣戰，但法國遭到重創。經歷了波蘭和法國的潰敗後，英國成了歐洲戰場上的孤軍。它猶如希特勒的眼中刺、肉中釘，不斷刺激著希特勒的神經。希特勒原本以為英國會接受和談，但他想錯了。這支孤軍在邱吉爾的帶領下，絲毫不給希特勒面子。這樣，一場世界上最大規模的空戰即將上演。

◆ 希特勒和戈林

1943年6月，一名納粹軍官正在向希特勒（中）和戈林（右）介紹Me-262噴氣式戰鬥機的研製情況。

大戰前的陰雲

　　第二次世界大戰爆發以後，英法聯軍被迫向德宣戰。1940年5月27日，比利時投降，四十萬英法聯軍被困敦克爾克（Dunkirk）。為了保存實力，英法聯軍上演了人類戰爭史上的偉大奇蹟——敦克爾克大撤退（Battle of Dunkirk）。英國遠征軍雖然大多數士兵都從敦克爾克幸運地返回了祖國，但還是元氣大傷。

　　在海峽另一側，希特勒的自信滿滿。他判斷英國在強大的軍事壓力之下很快就會投降，於是將關注重心轉到東線，開始謀畫進攻蘇聯。但他發現，有美國在背後撐腰的英國根本就沒有向德國投降的打算，於是氣急敗壞地批准了入侵英國的「海獅計畫」。按照該計畫的設想，德軍會在多佛爾海峽法國一側使用重炮對英國

海防工事實施毀滅性打擊，同時出動作戰飛機奪取該地區的制空權，從而在英吉利海峽（Egnlish Channel）最便捷的一條通道上開闢一條狹窄的走廊，再用水雷將這條走廊的兩側圍起來，同時由潛艇提供保護。準備妥當之後，德國陸軍會坐渡船通過該走廊抵達英國本土。最後，陸軍在空軍的掩護下占領英倫三島。

　　隨後，在敦克爾克沒有撈到多少油水的德國空軍元帥戈林（Hermann Wilhelm Göring），再次向希特勒打包票宣稱，他可以在四個星期內將英國皇家空軍從英倫三島的上空給抹去，並迫使英國投降，而不需要動用陸軍。因為此時戈林的手中，已擁有二千六百六十九架作戰飛機，而英軍作戰飛機的數量則不到八百架。雖然雙方空軍的實力

◆ 英國皇家空軍飛行員

在不列顛空戰最激烈的階段，他們必須全天保持警惕，有時一天要起飛三至四次迎擊德軍。

相差懸殊，但英國此時擁有自己的祕密武器——雷達。它與戰鬥機、高射炮、探照燈、防空氣球等，構成了一套十分有效的防空體系，再加上英國完善的地面預警機制，都讓德國人在後來的進攻中吃盡苦頭。

空中戰爭打響

　　從1940年7月10日至8月初，德國空軍動用二千四百餘架作戰飛機對英國實施猛烈空襲。在第一階段的攻擊中，德國空軍的首要攻擊目標是多佛爾到普利茅斯（Plymouth）之間的英國南部港口，以及英吉利海峽中的

◆1940年，倫敦市民捐獻鋁製鍋碗瓢盆給英國皇家空軍製造飛機零件

實際上，英國的物資還沒有緊缺到這種程度，政府如此號召，是為了激發英國民眾的愛國心。

英國護航艦隊，以期清除渡海通道上的障礙，同時誘使英國戰機出戰，並尋機將其消滅。英國皇家空軍為保存實力，只派出小批戰機與德機周旋。即便如此，在這一階段的戰鬥中英國皇家空軍共擊落德機二百二十七架，自己僅損失九十六架，有效打擊了德國人的囂張氣焰。

8月1日，希特勒簽發第十七號作戰指令，要求德國空軍「盡快打垮英國空軍」。於是戈林制定了代號為「鷹」的空中作戰計畫，並將德國空軍開始全面出擊的日期命名為「鷹日」。戈林希望這樣能夠在空戰中盡快殲滅更多的英國作戰飛機，為即將到來的渡海登陸作戰提供有效的空中掩護。8月2日

至9月6日，英國東南部和倫敦周圍的軍用機場、補給設施、雷達觀測站及飛機工廠等，成為德國空軍打擊的重點。最初戈林將「鷹日」定在8月8日，後來由於天氣問題而推遲至13日。此時德國空軍一流的Bf-109戰鬥機由於受作戰半徑的限制，不能為龐大的轟炸機群提供遠距離的護航，於是不得不冒險使用航程較長但作戰性能稍遜一籌的Bf-110雙發雙座戰鬥機。8月15日，英德雙方迎來了開戰以來最大規模的一次空戰。這一天，大約一百多架德國轟炸機在完成對英國轟炸任務返航途中，遇到了英國皇家空軍大批「噴火」式戰鬥機的攔截。靈活的「噴火」式戰鬥機很快就將擔任護航任務的四十多架機體龐大笨拙不堪的Bf-110戰鬥機打得七零八落，並擊落了大量的德軍轟炸機。在這一天的所有戰鬥中，德國空軍共出動作戰飛機二千多架次，英國皇家空軍則出動了所有的二十二個戰鬥機中隊進行攔截，許多中隊一天出動兩次，有些甚至出動三次。最終英國人大獲全勝，共擊落七十六架敵機，其中大部分是重型轟炸機，自己僅僅損失了三十四架戰鬥機。從那天開始，德國空軍的轟炸機如果沒有Bf-109這樣的一流戰鬥機護航，是不敢在白天對英國進行轟炸的。

8月28日，英國皇家空軍首次對德國首都柏林進行空襲，這讓希特勒大為惱火，命令戈林立即對倫敦實施報復性空襲。他相信這樣做不僅能讓這個當時歐洲最大的城市陷入混亂和癱瘓之中，而且可以使英國政府和人民產生畏懼心理，從而屈服於德國的意志。於是從9月7日開始，德國空軍的攻擊重

點改為倫敦。這一天傍晚,德國空軍共投入了六百二十五架轟炸機和六百四十八架戰鬥機,首次對倫敦進行大規模空襲,造成極大的人員傷亡與破壞。在接下來的五十七天裡,倫敦平均每天晚上都會遭到德國空軍兩百多架轟炸機的狂轟濫炸,許多無辜市民被炸死炸傷,城市建築大多都被炸彈夷平。雖然倫敦遭受前所未有的巨大損失,但這段時間卻給英國皇家空軍有了寶貴的喘息之機。

不列顛的勝利

1940年9月15日,可以說是不列顛空戰的轉振點。這天中午,當德國空軍兩百多架轟炸機在六百多架戰鬥機的掩護下,氣勢洶洶地再次撲向倫敦時,迎接它們的是已經做好充分準備的英國戰鬥機。這一戰德軍共損失一百八十三架作戰飛機,英軍的損失則不到四十架。當天,英國皇家空軍龐大的轟炸機群襲擊從布洛涅到安特衛普(Antwerp)的各個港口,對在那裡停泊的德軍登陸船舶進行毀滅性攻擊。兩天之後,面對長時間無法掌握制空權的局面,希特勒決定無限期推遲海獅計畫,直到10月12日才正式宣布將入侵時間推遲到第二年的春天。

從10月開始,眼見奪取制空權和渡海登陸的希望渺茫,德國空軍開始轉向對倫敦和其他英國大城市實施夜間轟炸。儘管11月14日對考文垂(Coventry),和12月29日對倫敦的空襲都造成了英國重大的人員傷亡,但此時德國空軍的進攻已經是強弩之末,英國人馬上就要展開反擊。到了1941年7月,希特勒再次將海獅計畫的時間推遲到1942年

春,因為「到那時對蘇聯的戰爭就將結束了」。1942年2月13日,深陷東線戰場泥潭的希特勒終於同意完全擱置海獅計畫。從那以後,英國皇家空軍先後對科隆、埃森、不萊梅、柏林等德國大城市實施了戰略轟炸,不列顛的上空又恢復了往日的平靜。

不列顛戰役(Battle of Britain)是二戰中英國對德國取得的第一次重大勝利,難怪邱吉爾在英國議會下院的一次演講中感性地說:「在人類戰爭的歷史上,從來沒有過這麼少的人對這麼多的人做過這麼大的貢獻。」不列顛戰役之後,盟軍開始籌畫反攻歐洲大陸的計畫。

◆ 英倫空戰期間躲在戰壕裡的孩子

面對納粹德國對英倫三島的狂轟濫炸,英國政府一方面組織力量保衛國家,一方面利用地下鐵路、戰壕和人員疏散等,盡可能地將人員傷亡降到最低。

西元1941年—西元1942年

人物：朱可夫　地點：蘇聯　關鍵詞：致命寒冷

莫斯科保衛戰

　　哈爾德曾在日記中寫道：「只要能有相當良好的指導，再加上中等的好天氣，則我們對於莫斯科的包圍戰是一定能成功的。」然而，事實卻並非如此——德軍在風雪中功虧一簣，而蘇聯卻借助風雪贏得了莫斯科戰役的最終勝利，創造了風雪中的神話。

◆蘇聯輕型坦克車

1941年，兩輛翻覆的蘇聯輕型坦克躺在列寧格勒（今聖彼德堡）通向莫斯科的公路上。蘇聯二戰前生產的許多步兵坦克在面對德軍坦克時，實在是不堪一擊。這張照片從未在蘇聯的媒體上刊登過。

「颱風」呼嘯而來

　　自從二戰爆發以來，在希特勒的帶領下，德軍在歐洲的戰鬥勢如破竹。正如其所標榜的「閃擊戰」這個名稱，德軍如同閃電般凌厲而迅速的攻勢，使得各個抵抗國的軍隊節節敗退，毫無招架之力。短短時間內，歐洲一半的領土都掌控在德軍手裡。戰事發展到1941年4月，以德軍為代表的法西斯軸心國完全控制了巴爾幹半島，解除了歐洲東南部的後顧之憂，此時希特勒決定放心地征服蘇聯。1941年6月22日，德軍發起對蘇聯的攻擊。

　　1941年8月，希特勒向陸軍總司令下達指令，要求暫停中央集團軍群向莫斯科的推進，調整軍隊部署進攻重點轉向南方，以奪取糧產豐富的烏克蘭、經濟繁榮的克里木（Crimea；即克里米亞），與此同時也抽調部隊支援北方集團軍群對列寧格勒的包圍

（即列寧格勒圍城戰〔Leningrad Block-
ade〕），並實現德軍與芬蘭軍隊的會合。這
樣的指示，源於希特勒對於德國軍隊獲得更
多的經濟和政治成果的考慮。然而，這樣的
軍事部署，打破了德國陸軍總部攻陷莫斯科
的計畫，延誤了戰機，為蘇軍組織軍隊保衛
莫斯科提供了時間。

　　直到1941年9月30日，德軍才繼續對莫
斯科的攻擊。希特勒明白，莫斯科是蘇聯的
政治中心、鐵路交通網的中心，更是軍事中
心能否占領莫斯科，是此次對蘇戰爭成敗的
關鍵所在。正如陸軍總參謀長哈爾德（Franz
Halder）上將所說的，「最好的解決辦法是
直接進攻莫斯科」。因此9月分的時候，希
特勒將戰爭重點重新放回到莫斯科方向，這
時也是攻陷莫斯科取得決定性勝利的最後時
機，德軍必須在這個秋天取得戰爭的勝利。
一旦冬天降臨，德軍沒有冬日作戰的裝備，

◆ 沮喪的德國士兵

莫斯科沒有成為納粹勝利的天堂，卻成了埋葬
納粹的地獄。一名德國士兵沮喪地坐在地上，
將頭深埋兩手之間，頭髮凌亂。而在他身旁就
躺著戰友的屍體。所有這一切，具體呈現了莫
斯科戰役殘酷的一面。

戰爭取勝就很難了。

　　1941年9月30日，德軍開始實施進攻莫
斯科的「颱風行動」，第二裝甲集群首先在
布良斯克（Bryansk）方向實施突擊。兩天
後，第三、第四裝甲集群則在維亞濟馬
（Vyazma）方向開始攻擊。雖然蘇軍進行了
頑強抵抗，但依然阻擋不了德軍裝甲部隊的
推進。從10月3日開始，奧廖爾（Oryol）、
斯帕斯－傑緬斯克（Spas-Demensk）、基洛
夫（Kirov）和尤赫諾夫（Yukhnov），在兩
天之內相繼被德軍占領。至10月7日，德軍
從南北兩個方向突破維亞濟馬防線，蘇軍西

方面軍和預備方面軍的大部分部隊被包圍，最終只有一部分突出重圍。此時，莫斯科的第一道防禦陣線已告失守，蘇軍被迫退守莫扎伊斯克（Mozhaysk）防線，德軍已從西、北、南三個方向包圍了莫斯科。10月10日，蘇軍最高統帥部大本營將西方面軍和預備方面軍的殘餘部隊合併整編為新的西方面軍，朱可夫（Georgy Zhukov）大將臨危受命擔任該方面軍司令。莫斯科開始緊急疏散政府機關和重要企業，以及在近郊地區構築防禦工事，組建新的民兵師，並做好與德軍進行巷戰的準備。為構築防禦工事，總計動員了四十五萬莫斯科市民，其中百分之七十五為女性。

抗爭中的勝利

1941年10月14日，北翼德軍突入加里寧格勒市（Kaliningrad），形成從東北方向迂迴莫斯科的態勢。蘇軍隨即以西方面軍的右翼部隊組成加里寧方面軍，有效阻擊來犯的德軍，粉碎了其從加里寧格勒向東南發展並前進至西北方面軍和西方面軍後方的企圖。10月15日，蘇聯政府的部分機構撤往距離莫斯科八百公里的古比雪夫（Kuybyshev）。但史達林仍然堅持留在莫斯科，親自指揮莫斯科保衛戰。此時，天氣開始轉冷，道路變得異常泥濘，德軍被迫全線停止前進。蘇軍最高統帥部利用這一寶貴的戰爭空隙，調動後方部分預備部隊趕往莫斯科參戰。

11月15日，經過短暫休整後的德軍重新向莫斯科發動進攻，希望能在冬季最惡劣的天氣到來之前占領莫斯科。但德軍的進攻遭遇蘇軍的頑強抵抗，每向莫斯科前進一步，就傷亡慘重。11月底，德軍在付出了慘重傷亡之後，在亞赫羅馬（Yakhroma）地區進抵莫斯科運河，在納羅－福明斯克（Naro-Fominsk）以北及以南地區強渡納拉河（Nara River），前進至卡拉奇（Kalach）。但此時德軍的進攻已盡顯疲態。蘇軍根據戰場態勢的變化，在亞赫羅馬、卡拉奇、圖拉（Tula）等地區對德軍組織了強有力的反突擊，戰場主動權開始轉到蘇軍手中。僅11月16日至12月5日這段時間，德軍在莫斯科附近就死傷十五·五萬人，損失坦克約八百輛、火炮三百門，其作戰官兵的士氣受到嚴重打擊，蘇軍轉入全面反攻並消滅莫斯科附近德軍的條件已經成熟。

絕地反擊

1941年12月5日蘇軍開始展開全面反攻，凌厲的攻勢讓疲憊不堪的德軍毫無還手之力。當天，德軍中央集團軍群司令博克（Fedor von Bock）元帥在向德軍總參謀部發去的報告中稱，他「已經到了山窮水盡的地步」。此時的莫斯科已是寒冬季節，氣溫下降到了-20℃以下，原打算在兩個月內滅亡蘇聯的德軍嚴重缺乏越冬準備。士兵沒有足夠的冬衣和防寒設備，坦克和汽車的水箱在嚴寒中被凍裂，發動機也難以啟動，日常的後勤補給也因為天氣惡劣而變得困難重重。12月8日，希特勒簽發了第三十九號作戰指令，命令蘇德戰場上的德軍轉入全線防禦。固執的希特勒要求德軍必須死守每一個陣地，一步也不能後退，直到最後一兵一卒、

◆莫斯科嚴寒中的德國士兵

最後一枚手榴彈用盡。

　　1942年1月5日，蘇軍最高統帥部根據德軍已無力進攻莫斯科的有利局勢，決定乘勝發動全線反擊作戰。至4月下旬，蘇軍取得了一個又一個的勝利，迫使德軍後撤數百公里，解除了莫斯科和北高加索的危險，改善了列寧格勒的處境，收復了加里寧格勒州、圖拉州、梁贊州（Ryazan）、斯摩棱斯克州、奧廖爾州、庫爾斯克州（Kursk）、哈爾科夫州（Kharkiv）等地區。在整個戰役中，德軍約有五十個師被殲滅，共傷亡五十多萬人（其中凍死凍傷的人數就有十幾萬人），損失一千三百輛坦克、二千五百門大炮、一‧五萬輛汽車和大量的其他裝備。戰役結束後，為了挽回德軍低落的士氣，德軍的軍事法庭以臨陣脫逃、擅自退卻、違抗軍令等罪名給六‧二萬官兵判刑，希特勒還將

儘管德軍士兵用衣帽將露在外面的頭和臉緊緊地裹住，眉毛和鬍子上還是結了冰，連眼睛幾乎也睜不開。-40℃的氣溫使得德軍的推進停止不前。同樣的環境下，蘇軍卻穿著厚厚的棉衣，應付自如，戰爭勝負正悄悄地變化。

博克元帥、布勞希奇（Walther von Brauchitsch）元帥、古德里安（Heinz Wilhelm Guderian）上將、史特勞斯（Adolf Strauss）上將等高級軍官撤職。

　　莫斯科衛國戰爭的巨大勝利極大提升了蘇聯在軍事、政治方面的國際地位，使得世界反法西斯聯盟更加鞏固。更重要的，是這次勝利宣告了德軍自入侵波蘭以來屢試不爽的「閃電戰」的徹底失敗，由此蘇聯開始轉入戰略反攻的階段。戰役結束後，德軍總參謀長哈爾德承認，莫斯科戰役有力地證明「德國陸軍常勝不敗的神話已經破滅」。

西元**1941**年**12**月

◎**人物：**山本五十六　◎**地點：**美國　◎**關鍵詞：**對日宣戰

偷襲珍珠港

「不是大獲全勝，就是輸個精光。假如我們襲擊珍珠港失敗了，這仗就乾脆不打了。」山本是個軍人，又是個賭徒。突襲珍珠港無異於一場豪賭，而這場冒險卻直接改變了第二次世界大戰的進程和結果。

掃除「眼中釘」

日本自1940年後開始不斷向東南亞發展自己的勢力，此舉引起了涉足此地的其他強國的不安，尤其是強大的美國。為了遏制日本的強勁勢頭，美國凍結了與日本的經濟貿易。這樣的舉措，也引起了日本國內的爭執。最終經過一番爭論、嘗試、實驗後，日本決定給美國一致命打擊──襲擊駐紮在夏威夷、被日本視為「眼中釘」的美國太平洋艦隊。

1941年7月2日，日本御前會議通過一份名為《帝國國策綱要》的文件，宣稱「不論世界形勢如何演變，帝國均將以建設大東亞共榮圈為方針」。10月18日，好戰分子東條英機出任日本首相，並兼任陸軍大臣、內務大臣。

11月4日，日本陸海軍最高參謀會議確定了對美開戰的最後日期──定於12月初對駐紮在珍珠港的美國太平洋艦隊實施打擊。此次偷襲行動代

◆**日本航空母艦「翔鶴號」**

上面停滿了戰鬥機，稍後這些戰鬥機將飛往珍珠港，對這座美軍在太平洋的軍事基地發動第一波攻擊。它們的主要任務是襲擊機場和占據制空權。

號為「Z作戰」。同一天，為了掩蓋戰爭意圖，日本派遣特使前往大洋彼岸與美國政府高層進行和談。在接下來直到日美開戰的二十多天裡，日本特使假意地與美國人進行多次和平談判，每一次都強調日本無意在太平洋與美國開戰，有效地讓美國失去戒心。

1941年11月23日，日本第一航空母艦艦隊司令南雲忠一指揮準備襲擊珍珠港的三十多艘海軍艦艇（包括六艘航空母艦）。11月26日，這支偷襲艦隊起航，祕密駛往目的地——珍珠港。12月2日，日本聯合艦隊司令山本五十六大將通知南雲忠一攻擊日期為東京時間12月8日，夏威夷時間12月7日。當天是星期日，也是美軍的休假日，太平洋艦隊大部分艦艇會停泊在港內，日軍不會撲

◆ 被日軍魚雷擊中的「西維吉尼亞號」戰艦
它的內側就是「田納西號」。

空。而且當天半夜到日出前會有下弦月，便於空軍偷襲。

夏威夷時間12月6日23時，在距離珍珠港入口以南七海里的海面上，五艘日本海軍伊級潛艇的艇員們借著月光正有序地將五艘袖珍潛艇（容納兩名作戰人員）放入大海之中。一個小時之後，這幾艘袖珍潛艇成功潛入美軍太平洋艦隊的錨地，港口的燈光已清晰可見。12月7日3時，日本聯合攻擊艦隊三十餘艘戰艦航行到了距離珍珠港北面約二百二十海里的海域。此時六艘航空母艦上擔任攻擊轟炸任務的飛行員被叫醒，吃完一頓米

◆ 轟炸珍珠港

在日軍開始轟炸十幾分鐘後，珍珠港的美軍機場變成了一片火海，濃煙直沖雲霄。

飯加鯛魚的早餐之後，快速奔向飛行甲板上已經載滿了炸彈和燃油的戰機。6時許，第一攻擊波的一百八十二架飛機開始一架接一架地起飛，這其中包括四十九架九九式俯衝轟炸機、四十架九七式魚雷攻擊機和四十三架擔任護航的「零」式戰鬥機。一個半小時之後，日本第一波攻擊戰機到達了珍珠港上空，毫無戒備的美軍雷達操作員竟然把它們當作了美軍戰機。此時珍珠港內共有九十四艘美國海軍艦艇（其中有八艘戰列艦），它們即將成為日本飛機攻擊的活靶子。

日本第一攻擊波指揮官向所有擔任攻擊任務的飛行員發出了事先約定好的「虎！虎！虎！」攻擊信號，珍珠港立即變成了一片火海。由於正值週末，港內美軍戰艦上的人員不到四分之三，而且很多防水密封艙門都被打開。面對日本人的突然襲擊，美國人

一時亂了陣腳。停在港口外側的西維吉尼亞號戰列艦最先被數顆魚雷直接命中，艦體開始傾斜，很快海水就將甲板淹沒。與此同時，亞利桑那號戰列艦的前部彈藥艙發生了劇烈爆炸，艦體被硬生生撕裂，黑紅色的爆炸煙柱瞬間就躥到三百多公尺的高空。很快，亞利桑那號沉入海底，一千多名艦員陣亡。奧克拉荷馬號戰列艦同樣不走運，由於整體防水密封性較差，在遭受魚雷攻擊之後，海水很快就灌滿了該艦的所有防水密封艙，四百多名艦員隨著這個「水棺材」沉入了海底。

此次攻擊持續了半個小時，美軍損失慘重，但噩夢還沒有結束。8時40分，日軍第二攻擊波的一百七十六架戰機飛臨珍珠港上空，內華達號戰列艦成為主攻目標。稍稍回神的美軍艇員使用各種對空武器拚命向著日軍轟炸機射擊，日本人的攻勢被有效地抑制住了。為了防止內華達號戰列艦被日軍擊沉而阻塞珍珠港的主航道，幾艘美軍拖船成功地將其拖到了港口周邊。日軍轟炸機轉而開始攻擊停靠在船塢中檢修的加利福尼亞號戰列艦，並很快就將其擊沉。

日軍攻擊機群離去之後，珍珠港內到處都是熊熊火焰和黑色煙霧，死亡隨處可見。在歷時一個小時五十分鐘的襲擊中，美軍戰列艦被擊沉四艘、重創一艘、炸傷三艘，巡洋艦、驅逐艦和各類輔助艦被炸沉、重創十艘，一百八十八架飛機被炸毀在機場上。美

軍傷亡人數高達四千四百多人，其中死亡人數就達二千四百零三人。經此一役，美軍太平洋艦隊幾乎全軍覆沒，只有「企業」號航空母艦由於在港外而得以倖免。與此形成鮮明對比的是，日本只損失了二十九架飛機和五艘袖珍潛艇。

美國對日宣戰

獲知日軍偷襲珍珠港成功的消息之後，東條英機於12月8日上午對日本全國發表了廣播講話，號召全體國民竭盡全力打敗西方列強：「為了消滅這些敵人，為了建立穩定的東亞新秩序，全國必須做好長期戰爭的準備。」當天晚些時候，日本全國廣播系統開始播放戰爭宣言：「列祖列宗未竟之功必將繼續完成，罪惡的根源必將迅速被剷除，持久和平必將在東亞牢固建立起來，由此保持我帝國的光榮。」

同一天，美國總統羅斯福向國會兩院發表戰爭咨文時說道：「昨天，1941年12月7日──必須永遠記住這個恥辱的日子──美利堅合眾國受到了日本帝國海軍突然的、蓄意的進攻。」美國國會很快正式批准對日宣戰。當英國首相邱吉爾聽到珍珠港遭襲的消息之後激動萬分，說出來的第一句話居然是「好了，我們總算贏了」，因為他知道，美國參戰將會徹底改變這場世界大戰的戰略格局。隨後他立即和羅斯福通電話，羅斯福對他說：「現在我們已經是風雨同舟了。」邱吉爾難掩興奮之情回答道：「有了美國在我們這一邊，這對我來說，是最高興的事。」

日本在偷襲珍珠港的同時，還襲擊了菲律賓和馬來西亞。在隨後的半年內，日軍迅速占領了香港、馬來西亞、新加坡、印尼、緬甸、菲律賓、新幾內亞、新不列顛島、新愛爾蘭島和所羅門群島等地，越南和泰國也相繼被日本控制。在短短時間裡，日本的領土面積就增加到三百八十六萬平方公里。日本的攻擊行動讓英美兩國的利益受到嚴重損害，迫使這兩個國家攜手共同對付日本。

偷襲珍珠港，從戰術層面來說日本人獲得了巨大的成功，但從戰略層面來看卻是徹頭徹尾的失敗。把美國這個「龐然大物」拉入戰爭，導致日本不得不陷入多個戰場同時作戰的境地，令日本已經捉襟見肘的國力更加難以承受巨額的戰爭消耗，為其日後的覆滅埋下了伏筆。

◆ 美國總統羅斯福簽署對日宣戰聲明

珍珠港遇襲讓美國民眾群情激奮，隨後總統羅斯福在國會做了歷史性演說，決定對日宣戰。

西元**1942**年—西元**1943**年

◎人物：史達林　希特勒　◎地點：蘇聯　◎關鍵詞：蘇聯決定性勝利

史達林格勒戰役

　　《進軍史達林格勒》一書中寫道：「敵我雙方為爭奪每一座房屋、車間、水塔，甚至每一堵牆等，都要展開激烈的戰鬥。其激烈程度是前所未有的。」是的，這場戰役的勝負對兩大陣營至關重要，雙方都得打起足夠的精神來應對。這就是艱苦的史達林格勒戰役。

◆廢墟中的戰鬥

儘管身後的大樓已經被德軍的炮火炸得千瘡百孔，但堅守崗位的蘇軍戰士仍然在廢墟中奮戰。這樣的場面在史達林格勒城內的一座火車站、紅十月工廠和伏爾加河碼頭等，幾乎隨處可見。可以毫不誇張地說，史達林格勒城內的土地已被雙方官兵的鮮血染紅。

轉攻史達林格勒

　　1941年6月，法西斯德國及其附屬國不宣而戰，背信棄義地撕毀了《蘇德互不侵犯條約》，突然入侵蘇聯。大

約在一年的時間裡，蘇聯沿列寧格勒、莫斯科和基輔三個方向都遭到了德軍的大舉進攻。但由於蘇軍進行了頑強的防禦作戰，德軍的進攻基本上被阻隔在列寧格勒、莫斯科和羅斯托夫（Rostov）一線。

1942年4月初，眼看德軍攻占莫斯科已經沒有希望，希特勒不得不開始考慮在自己兵力占優勢的蘇德戰場南線做文章。德軍將在這一年的夏季，集中優勢兵力進攻蘇聯的南翼，推進至高加索（Caucasus）各石油區和頓河（Don River）、庫班河（Kuban River）以及伏爾加河（Volga River）下游地區，奪取史達林格勒（Stalingrad）之後迂迴北上，從東面包抄莫斯科，並進逼烏拉爾（Ural）和西伯利亞。在這一作戰計畫中，史達林格勒成了德軍的進攻重點。史達林勒位於伏爾加河下游西岸、頓河河曲以東，是蘇聯內河航運幹線上的重要港口和南北鐵

路交通的樞紐，也是蘇聯南部的工業重心。在德軍占領基輔之後，史達林格勒就成了蘇聯中央地區通往南部經濟區的交通咽喉，因此其戰略地位非常重要。

擔任主攻史達林格勒任務的，是由德軍B集團軍群調來的第六集團軍，下轄十三個師約二十七萬人、各種火炮三千門、坦克約五百輛、作戰飛機約一千二百架，集團軍司令為保羅斯上將（Friedrich Paulus）。針對德軍在南線的異動，蘇軍最高統帥部於1942年7月12日組建了史達林格勒方面軍，下轄十二個師約十六萬人、各種火炮二千二百門、坦克約四百輛、作戰飛機七百架，司令為鐵木辛哥（Semyon Timoshenko）元帥。史達林格勒方面軍的任務，就是在長達五百二十公里的頓河防線上，對進攻史達林格勒的德軍實施阻擊，防止德軍強渡頓河並沿最短的路線突擊史達林格勒。

1942年7月17日，德軍第六集團軍果然首先對頓河大彎曲部進行攻擊。但在蘇軍第六十二、第六十四集團軍的頑強阻擊下，德軍進展並不順利。德軍最高統帥部不得不將由霍特（Hermann Hoth）上將指揮的第四裝甲集團軍（原第四裝甲集群），從高加索方向緊急調至史達林格勒方向。8月2日，其先頭部隊已逼近科傑利尼科夫斯基（Kotelnikovsky），在西南方向對史達林格勒構成威脅。8月5日到8月10日，由崔可夫（Vasily Chuikov）中將指揮的蘇軍突擊集群與第四裝甲集團軍展開激戰，最終將德軍趕回了周邊防線，迫使其轉入防禦。

1942年8月10日，蘇軍主動退至頓河東

岸構築新的防線。8月19日德軍再度發動進攻，力圖從西面和西南面同時實施突擊以攻占史達林格勒。蘇軍調集後方預備兵力，會同史達林格勒方面軍從北面對德軍側翼進行反突擊，迫使德軍第六集團軍分兵北上進行支援，史達林格勒西面和西南面的壓力得到緩解。這之後，德軍多次向史達林格勒方向增兵，至8月底，圍攻史達林格勒的德軍總數已達八十多個師。

9月12日，德軍從西面和西南面攻至史達林格勒城下，第六十二、第六十四集團軍退入城內與德軍展開激烈的巷戰。蘇德兩軍不斷往城內增兵，每一個街道、每一棟樓房，甚至是每一層樓面、每一個房間都成了雙方爭奪的焦點。僅是對史達林格勒火車站的爭奪，在一週時間內就十三次易手。

9月26日夜，一個名叫雅科夫‧費多托維奇‧巴甫洛夫（Yakov Fedotovich Pavlov）的蘇軍中士，率領一偵察小組堅守史達林格勒市中心的一棟四層樓房長達三畫夜，擊退德軍多次猛攻，使得該建築成為蘇軍防禦體系中一個重要的支撐點。戰爭結束後，這棟建築物被命名為「巴甫洛夫樓」。

另外，史達林格勒的工人們也為戰爭的最後勝利貢獻自己的力量。紅十月冶金廠的工人們在巷戰打響之後仍然堅持生產，即使在德軍坦克距離工廠只有幾百公尺的危急情況下，一部分工人拿起武器阻擊敵人，其他工人則冒著炮火繼續生產。在戰鬥最激烈的9月分，該廠共製造二百輛坦克和一百五十輛牽引機，常常是坦克剛裝配好蘇軍就駕駛衝出廠門，直接投入對德軍的戰鬥。

9月底，德軍再增派二十萬援兵到史達林格勒，蘇軍也調來六個步兵師和一個坦克旅與德軍對壘，雙方的激戰更加慘烈。10月15日，德軍調集重兵對史達林格勒牽引機廠進行猛攻，守衛的蘇軍則予以堅決的反擊。

直至勝利的反攻

為了減輕德軍對史達林格勒市區的壓力，蘇聯頓河方面軍於1942年10月19日在北部轉入進攻，蘇聯第六十四集團軍於10月25日從南面對德軍側翼實施了反突擊。11月11日，德軍對史達林格勒發動最後一次進攻。從這之後，德軍就再也沒有踏入這座城市半步。11月19日清晨，蘇軍在謝拉菲莫維奇（Serafimovich）、克列茨卡亞（Kletskaya）兩地的頓河登陸場，以及史達林格勒以南的薩爾帕群湖進行代號為「天王星」的反攻行動，總計投入西南方面軍、頓河方面軍和史達林格勒方面軍共一百一十‧六萬兵力、各種火炮一‧五五萬門、坦克和裝甲車輛一千四百六十三輛、作戰飛機一千三百五十架。蘇軍的強大攻勢讓德軍難以招架，迅速向西潰退。11月23日，西南方面軍和史達林格勒方面軍在卡拉奇、蘇維埃茨基（Sovetsky）、馬里諾夫卡地區勝利會師，從而對德軍第六集團軍和第四裝甲集團軍一部完成了合圍，包圍圈中總共有德軍二十二個師約三十三萬人。

希特勒得知第六集團軍陷入重圍之後焦急異常，一面命令保羅斯不惜一切代價死守，一面調集各路兵力組成頓河集團軍企圖解救被圍德軍。1942年12月12日，德軍救援

部隊開始執行「冬季風暴」救援行動，不顧一切向第六集團軍靠攏，企圖前進至科傑尼科夫斯基一線，從而突破蘇軍包圍圈。19日救援德軍突破蘇軍重重防線，抵達梅什科瓦河（Myshkova River），距離第六集團軍只有四十公里。這時，蘇軍大膽穿插至救援德軍的後方，對其形成合圍態勢。救援德軍為求自保，不得不向南撤退，同時電告保羅斯自行突圍。29日蘇軍收復科傑尼科夫斯基，徹底粉碎了德軍的解圍計畫，第六集團軍等德軍部隊已成甕中之鱉。與此同時，蘇聯空軍已奪取戰區上空的制空權，被圍德軍賴以生存的空中補給被徹底切斷。寒冬中，凍死餓死的德軍不計其數，包圍圈也在不斷縮小。

◆ 史達林格勒郊外的疲憊德國士兵和裝甲車

1943年1月8日，蘇軍向被圍德軍發出最後通牒，敦促其立即投降，但保羅斯遵照希特勒的命令拒絕投降。10日凌晨，蘇軍發起大規模攻勢，在六天之內再次將包圍圈縮小了一半。24日，眼看形勢已去，絕望的保羅斯向希特勒發出請求准許向蘇軍投降的電報，以挽救餘下官兵的生命。希特勒接到保羅斯的電報後怒不可遏，立即回覆道：「不許投降！死守陣地，戰至最後一兵一卒一槍一彈！」同時，希特勒提升保羅斯為德國元帥，其他一百一十七名軍官各升一級。並在晉升電報中強調，在德國的歷史上還沒有任何一位德國元帥向敵人投降的先例，暗示保羅斯在必要時刻選擇自殺。

希特勒的這次加官晉爵並沒有產生任何效果，被圍德軍的防線愈來愈小，至1943年1月27日，德軍幾乎停止抵抗，蘇軍開始了消滅殘敵的戰鬥。2月2日，被圍德軍全部被殲滅，生俘九・一萬人，其中包括二十四名將軍。保羅斯在史達林格勒中心百貨公司的地下室內被蘇軍俘獲，他並沒有如希特勒所希望的那樣選擇自殺。2月3日，希特勒宣布全國為在史達林格勒陣亡的幾十萬官兵致哀四天，最後還不忘挖苦保羅斯，「他還是沒有能夠跨進永垂不朽的門檻」。

德軍在這次會戰中被打死、打傷、被俘和失蹤的官兵約一百五十萬，占蘇德戰場總兵力的四分之一。從此以後，蘇軍開始了全面反攻，直至最終攻克柏林。史達林格勒保衛戰的勝利不僅是蘇德戰爭的轉捩點，也是第二次世界大戰的重要轉捩點之一。

西元**1942**年6月

✿人物：山本五十六　尼米茲　　✿地點：中途島　　✿關鍵詞：美國決定性勝利

中途島海戰

　　美國少將斯普魯恩斯曾說：「中途島之戰的勝利，主要在於得到了一流的情報，其次還在於尼米茲將軍的判斷和安排。」中途島海戰是一場極具戲劇性的戰役，是美國海軍以少勝多的著名戰例。在這次海軍史上成敗瞬息萬變的戰役中，情報資訊和戰略要術的重要性，同樣不可忽視。

▌美日戰爭開始

　　日本自從1941年12月發動了太平洋戰爭後，不得不與美國正面為敵。在之後的幾個月裡，日本趁著重創美國之際加緊擴張步伐，相繼占領了東自威克島（Wake Island）、馬紹爾群島（Marshall Islands），西至馬來半島（Malayan Peninsula）、安達曼（Andaman）和尼科巴（Nicobar）各島，南至俾斯麥群島（Bismarck Archipelago）地區的廣大區域，幾乎完全控制了整個西太平洋。但在這些勝利的背後，日本海軍聯合艦隊司令山本五十六總是憂心忡忡，因為他知道樹立美國這樣的強敵是很危險的。

　　在偷襲珍珠港成功之後，山本五十六曾冷靜而清醒地指出：我們只是喚醒了一個巨人，必須在巨人尚

◆美國海軍將領尼米茲

美國海軍著名將領、五星上將，最高職務曾任美國海軍作戰部部長。二戰期間，在珍珠港事變後，尼米茲被派往太平洋戰場擔任美軍太平洋艦隊總司令。許多經典戰役如中途島大海戰、萊特灣大海戰等，他均有經手。

未起身之前完成襲擊任務，徹底擊毀美太平洋艦隊。因此，山本五十六仔細研究了接下來的作戰計畫——認為對付美國，必須速戰速決，在它沒來得及準備之前，給予致命一擊。

1942年5月5日，日軍大本營海軍部發布第十八號命令，決定在6月上旬由日本聯合艦隊協同陸軍發動對中途島（Midway Islands）和阿留申群島（Aleutian Islands）西部要地的攻擊，並最終占領這些地區，同時伺機全殲美國海軍太平洋艦隊主力。此戰的主攻目標為中途島，它是太平洋中部的一個島嶼，也是美國在太平洋上一座極其重要的海空軍基地。

為了確保此次攻擊能取得成功，日本聯合艦隊司令山本五十六決定投入他所能調集的最大兵力：計畫出動艦艇兩百多艘，其中戰列艦十一艘、航空母艦八艘、巡洋艦二十三艘、驅逐艦六十五艘、潛艇二十一艘，以及大約七百架飛機。這支龐大的艦隊被分為六個戰術編隊，其中：山本五十六親自率領第一艦隊在中途島西北六百海里處坐鎮指揮，包括旗艦大和號在內的戰列艦七艘、輕巡洋艦三艘、輕型航空母艦一艘；第一機動編隊由南雲忠一中將指揮，包括赤城號、加賀號、飛龍號和蒼龍號航空母艦，搭載有艦載俯衝轟炸機三十四架、魚雷攻擊機九十三架、戰鬥機一百二十架；中途島進攻編隊由近藤信竹中將指揮，包括戰列艦兩艘、重巡洋艦八艘、輕巡洋艦兩艘、輕型航空母艦一艘、水上飛機母艦兩艘，並編有運輸船十二艘，共搭載陸軍登陸部隊五千八百人；北方

◆ 從美軍約克城號航空母艦上起飛的無畏式艦載俯衝轟炸機

其在中途島海戰中，擊沉了包括赤誠號、加賀號、蒼龍號和飛龍號在內的日本航空母艦，為美軍的勝利立下了汗馬功勞。

進攻部隊由細萱戎四郎中將指揮，擔任攻擊阿留申群島的任務，其中包括以龍驤號和隼鷹號航空母艦為主力的第二機動編隊、阿圖島（Attu Island）和基斯卡島（Kiska Island）進攻部隊（陸軍登陸部隊二千四百人）；攻擊先遣編隊配置五艘潛艇，作戰開始之前在夏威夷和中途島之間海域散開，防止來自珍珠港美國海軍編隊的反擊；岸基第二十四航空隊配置魚雷攻擊機、戰鬥機各七十二架，在南太平洋各島嶼上分散布置，協助聯合艦隊完成中途島作戰任務。

就在日軍進行大規模部隊調動的同時，美軍已透過海空偵察、破譯密碼等管道，幾乎完全摸清了日軍下一階段的作戰意圖。太平洋艦隊司令尼米茲（Chester William Nimitz）上將決定動用所有可以調動的力量

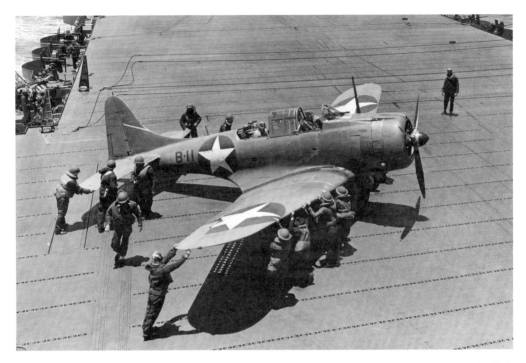

◆中途島海戰中的美國大黃蜂號航空母艦

甲板上正在準備起飛的是SBD-3「無畏」式俯衝轟炸機。

抗擊日軍對中途島的攻擊，並親臨中途島視察，對守島部隊的人數、裝備及防禦工事進行增強。與此同時，尼米茲命令第十六、第十七特混編隊祕密駛向中途島。其實，日軍的實力要遠強於美軍，但由於情報工作不力，日軍的作戰計畫仍然建立在「美軍只能在中途島遭到攻擊之後才能做出反應」的基礎上，完全沒有評估到美軍艦隊進行突然襲擊的可能性。

6月3日，日本聯合艦隊各個攻擊編隊到達指定位置，作戰潛艇也進入伏擊海域，但美軍航母編隊早已通過這些海域。當天上午，由中途島起飛的美軍巡邏機在該島以西

六百海里的地方發現了日軍輸送登陸部隊的船隊，中途島美軍立即派出九架B-17「空中堡壘」轟炸機對其實施轟炸，擊沉運輸船和巡洋艦各一艘。6月4日凌晨，美軍巡邏機在中途島西北約二百海里海域發現了日軍聯合艦隊第一機動編隊的蹤跡，隨即向島上發出緊急戰鬥警報。6時45分，由日軍第一機動編隊航母上起飛的一〇八架作戰飛機（其中魚雷攻擊機、俯衝轟炸機和戰鬥機各三十六架）飛臨中途島上空，美軍戰鬥機立即起飛實施攔截。空戰進行了約三十分鐘，美軍共損失十五架戰鬥機，而日軍飛機僅被擊落六架。由於島上提前做好了防空襲的諸多準備，日軍飛機的轟炸效果不太理想，再加上日軍自身受到由中途島基地起飛飛機的巨大威脅，南雲忠一下令再次出動攻擊機群對中途島進行轟炸。由於這些作戰飛機已經裝配

好了魚雷，準備對可能出現的美軍艦艇編隊實施攻擊，因此南雲忠一下達了一個決定命運的命令——立即給這些作戰飛機改掛炸彈。就在日軍進行雷彈換裝的關鍵時刻，從中途島起飛的美軍轟炸機群出現了。

全方位的勝利

1942年6月4日7時45分，日軍偵察機在中途島以北二百四十海里處發現了美軍多艘艦艇的蹤跡，南雲忠一隨即命令停止雷彈換裝工作，準備攻擊這些美軍艦艇。半個小時之後，日軍偵察機再次發回情報，稱這批美軍艦艇中至少有一艘航空母艦。此時，赤城號和加賀號的大部分魚雷攻擊機都已換上炸彈，而且所有戰鬥機都已起飛升空。於是，南雲忠一決定先收回已在艦隊上空盤旋多時的第一波攻擊機群，然後再收回第二波攻擊機群。至9時18分，這兩批作戰飛機全部成功降落。就在這個時候，美軍特混編隊派出的攻擊機群突然出現在日軍的視野中。美軍頭兩批共四十一架魚雷攻擊機的攻擊效果較差，均沒有造成日軍多大損失，自身卻被擊落三十五架。10時24分，南雲忠一命令攻擊機群開始起飛，準備對美軍航空母艦進行攻擊。就在這個關鍵時刻，美軍五十多架俯衝轟炸機突然從雲層中出現，對日軍航空母艦進行轟炸。由於日軍航空母艦上滿載裝好炸彈準備起飛的飛機，因此在美軍這次的攻擊下損失慘重。第一機動編隊的旗艦赤城號先後被兩枚炸彈命中，當即引起飛行甲板上的大爆炸。大火很快蔓延開來，赤城號頓時失去作戰能力變成了一堆廢鐵，南雲忠一不得

不下令棄艦，6月5日凌晨該艦被日軍使用魚雷炸沉。加賀號更不走運，接連被四枚炸彈命中，艦長被當場炸死，到下午火勢已難以控制，不得不棄艦，該艦於19時25分沉沒。蒼龍號也被三枚炸彈命中，大火迅速燃燒到油庫和彈藥庫並引起大爆炸，於19時13分沉沒。

美軍攻擊機群成功完成攻擊任務之後返回各自的航空母艦，特混艦隊繼續向西航行。12時，在約克城號以北二十海里處擔任護航任務的美軍艦載戰鬥機發現了從飛龍號起飛的十八架俯衝轟炸機和六架戰鬥機，隨即對它們進行攔截。雖然美軍戰鬥機成功將大多數日機擊落，但仍有六架俯衝轟炸機躲過了攔截，對約克城號進行攻擊，投下的炸彈中有三枚先後命中目標。經過緊急搶修，約克城號撲滅了炸彈爆炸後引起的大火，重新恢復了作戰能力。但好景不長，14時26分從飛龍號起飛的十架魚雷機和六架戰鬥機對約克城號再次進行攻擊。約克城號側舷被兩枚魚雷直接命中，大量海水立即湧入造成船身傾斜。15分鐘之後，傾斜愈來愈嚴重的約克城號宣布棄艦，次日被日軍潛艇擊沉。就在日軍飛機對約克城號實施攻擊的同時，美軍偵察機發現了飛龍號，於是企業號航空母艦立即起飛二十四架俯衝轟炸機前往攻擊。下午5時，還在回味攻擊約克城號得手後喜悅的飛龍號遭到了美軍俯衝轟炸機的攻擊，先後被四枚炸彈擊中，並引發沖天大火，次日凌晨被美軍擊沉。

西元1942年10月—11月

🌀**人物：**蒙哥馬利　隆美爾　🌀**地點：**埃及　🌀**關鍵詞：**北非戰爭主動權

阿拉曼反攻

　　阿拉曼戰役是軸心國集團在北非戰場輝煌戰績的終結。此次戰役以後，德義法西斯軍隊開始在北非地區節節潰敗，直至完全被逐出非洲。正像英國首相邱吉爾所說：「此戰之前，我們戰無不敗；此戰之後，我們戰無不勝。」

◆阿拉曼戰場上的蒙哥馬利

經阿拉曼一戰，蒙哥馬利名聲大震，被人們稱為「捕捉『沙漠之狐』隆美爾的獵手」。阿拉曼戰役後，他受封為爵士，獲巴斯騎士勳章，並被提升為陸軍上將。

蒙哥馬利的威力

　　阿拉曼（EI Alamein）是埃及北部的濱海城鎮，距亞歷山卓港約一百公里。它的南面六十公里處是難以通行的蓋塔拉窪地（Qattara Depression），戰略地位十分重要。英軍在阿拉曼的防線始於阿拉曼車站，直到南面的蓋塔拉。這條防線主要由若干個互不相連的工事組成，另外再配以部分半永久性的堡壘。

　　1942年6月21日，重兵守衛下的圖卜魯格（Tobruk）要塞被隆美爾（Erwin Rommel）的非洲軍團攻克，此時對於英國人來說，北非的形勢已經變得岌岌可危。為了阻擋德軍向亞歷山卓港的前進，英軍第八集團軍在阿拉曼開始構築工事防禦德軍的進攻。

　　在隨後的一個半月裡，英軍第八集團軍和德軍非洲軍團在阿拉曼展開激烈的爭奪，雙方陷入僵持狀態。八月十五日，從英國本土調來了兩名新

司令官，一位是接任英軍中東總司令的哈羅
德・亞歷山大（Harold Alexander）爵士，另
一位則是第八集團軍新任司令伯納德・蒙哥
馬利（Bernard Montgomery）。蒙哥馬利
1887年出生於英國的一個貴族家庭，二十一
歲時參軍入伍，從此開始了充滿傳奇色彩的
軍旅生涯。第一次世界大戰中，蒙哥馬利由
於作戰勇敢和善於利用戰術而嶄露頭角。希
特勒發動對西歐的閃電戰時，蒙哥馬利擔任
英國遠征軍第三師師長，正在比利時和法國
北部地方作戰。後來英軍節節敗退，蒙哥馬
利也隨大部隊從法國的敦克爾克撤回英國。
這一年的8月，新任命的第八集團軍司令戈
特的座機，在一次飛行偵察中被地面防空火
力擊中，戈特隨機墜毀身亡。在這種情況
下，蒙哥馬利臨危受命趕往埃及赴任。

　　蒙哥馬利到任後立即改變戰略，不再持
續向德軍突擊，而是堅持固守阿拉曼。1942
年8月31日，隆美爾下令對阿拉曼發動一次
大規模進攻，企圖一舉將其攻克，結束這場
消耗戰。此時正值夏季，是沙漠地區一年中
最熱的時候，非洲軍團的攻勢被英軍第八集
團軍一一化解，無法再向東前進一步。至9
月3日，在付出了慘重的人員和裝備損失
後，隆美爾不得不中止這次進攻，全線轉入
防守。這個月的月底，身心俱疲的隆美爾向
希特勒申請病假，由施登姆（Georg
Stumme）將軍代為指揮非洲軍團。

　　此後，北非德軍的境況愈來愈糟糕，尤
其是通過地中海海上運輸線的運輸已經變得
愈來愈困難。不僅汽油、彈藥嚴重缺乏，有
時連吃上一頓飽飯都是一件很奢侈的事情。

◆阿拉曼戰役中英軍俘虜的義大利戰俘

阿拉曼戰役的勝利，保證了盟軍從中東通往蘇
伊士運河這條供應線的暢通。而在士氣上，對
盟軍的意義更是非同小可。

而駐阿拉曼的英軍第八集團軍的實力卻是愈
來愈強大──第八集團軍兵力總數已達二十
三萬人，幾乎是德意聯軍的三倍。英軍裝甲
部隊已增加到七個旅，坦克總數約一千兩百
輛，其中半數是由美國援助的M-3格蘭特坦
克，以及最新式的M-4謝爾曼中型坦克。而
德意聯軍的坦克數量只有五百四十輛，其中
一半以上是義大利生產的老式或輕型坦克。
空軍方面，英軍已在北非、馬爾他等地集結
了約一千兩百架作戰飛機，遠遠超過德意聯
軍的三百五十架。此外，英軍還在阿拉曼防
線上調集了龐大的炮兵群。

　　與此同時，盟軍開始加緊準備實施「火
炬」登陸作戰行動，以奪取北非大片地區做
為反攻歐洲大陸的跳板。根據盟軍的安排，
美英軍隊六個師的兵力將在1942年11月8日
乘坐六百五十艘運輸船分別在摩洛哥、阿爾

及利亞西部的奧蘭（Oran）、阿爾及爾（Algiers）三地登陸。為了配合「火炬」行動，第八集團軍決定在10月23日對德意軍隊進行正面大反攻，行動代號為「捷足」。

蒙哥馬利式的勝利

1942年10月23日晚21時40分，蒙哥馬利下達了實施「捷足行動」（Operation Lightfoot）的命令。英軍集結在前沿陣地的近一千門大炮同時向敵軍開火。德義軍隊的前沿陣地陷入了一片火海。英軍的炮擊持續了幾十分鐘，炮擊一結束，地面部隊就開始實施強攻。至第二天拂曉，第三十軍的先頭部隊已深深楔入敵軍防線之內，但仍然無法為跟進的裝甲部隊打開向西突擊的通道。特別是在一個名叫腰子嶺的地方，德軍兩個裝甲師完全擋住了英軍前進的路線，還不斷實施反突擊，英軍的形勢不容樂觀。但德軍非洲軍團指揮官施登姆在英軍反攻開始後不久，就因心臟病突發而猝死，使得德軍的處境不妙。

10月24日下午，希特勒急召遠在維也納休養的隆美爾返回北非。25日傍晚，隆美爾乘專機返回北非，重掌非洲軍團的指揮權。此時德義聯軍的處境已萬分危急，其控制的防線變得異常脆弱，英軍只要突破一點，德義軍隊就會全線崩潰。隆美爾將一切可以調動的部隊派至前線，不停地填補漏洞，算是勉強穩住了防線。10月26日雙方繼續激戰。德國空軍在這一天大規模出動，在空中與英國人打得難解難分。在南線戰場，德軍終於發現第十三軍是在佯攻，於是將兩個裝甲師

向北調動。但這批德軍在北調的過程中遭到英國皇家空軍的毀滅性攻擊，損失過半，幾乎喪失戰鬥力。此時，蒙哥馬利開始調整部署，調動重兵準備在腰子嶺方向集中攻擊，為裝甲部隊打開缺口。這次作戰將於11月2日實施，行動代號為「增壓」（Operation Supercharge；即「增壓行動」）。

11月2日清晨，英軍三百門大炮首先對腰子嶺方向的敵軍進行猛烈炮擊，隨後步兵與裝甲部隊一同向敵軍陣地衝去。最終突破了敵軍的防線，大批英軍部隊從這個缺口突

入。當天晚上，自知大勢已去的隆美爾向希特勒發出了一封電報，請求向西撤退到六十五公里外的富卡（Fuka），否則部隊可能會被英軍包圍。第二天，固執的希特勒回覆隆美爾，稱希望北非部隊能「堅守陣地，絕不後退一步」。

但這樣的堅守並沒有維持多長時間，11月4日晚，隆美爾在下屬的強烈建議下冒著被送上軍事法庭的危險，做出了向富卡撤退的決定。在隨後的十五天時間裡，隆美爾率領非洲軍團殘部狂奔一千一百四十多公里，一直撤退到班加西（Benghazi）以西的地區，此時德義軍隊只剩下三‧五萬人，坦克六十輛。至此，英軍獲得了阿拉曼戰役（Battle of El Alamein）的巨大勝利，完全掌握了北非戰場的主動權。

◆ 德軍坦克兵向英軍步兵投降

1942年10月到11月，英國第八集團軍和德國非洲軍團在北非展開激烈戰鬥。最終，英軍統帥蒙哥馬利憑藉自己在火力、兵力和後勤補給上的巨大優勢，戰勝了隆美爾。

西元1943年7月—8月

◎人物：曼施坦因　朱可夫　◎地點：蘇聯　◎關鍵詞：蘇軍大獲全勝

庫爾斯克大會戰

　　德軍在庫爾斯克遭遇慘敗之後，有記者向崔可夫中將詢問德軍失敗的原因，後者用兩句話做了精彩分析：「德軍在戰術上並沒有什麼錯誤，只是他們把希特勒當作統帥，就犯了戰略上的重大錯誤。」

◆與同僚分析進攻計畫的曼施坦因

曼施坦因提出著名的「鐮刀計畫」，而成為希特勒的愛將，後又因在史達林格勒戰役、庫爾斯克大會戰中的失利，而被希特勒解除元帥職務。

突出部反擊

　　蘇軍在史達林格勒保衛戰之後乘勝追擊，於1943年2月15日，收復烏克蘭第二大城市哈爾科夫。此時，蘇聯南部的德軍士氣低落，而且德國在附屬國中的威信一落千丈。為了扭轉不利局面，希特勒撤銷了受到嚴重打擊的B集團軍群的番號，重新組建了南方集團軍群，任命戰功卓著的曼施坦因（Erich von Manstein）元帥為司令。2月19日，曼施坦因指揮南方集團軍群向頓涅茨河（Donets）與第聶伯河（Dnieper River；或稱聶伯河）之間的蘇軍發起反擊，並在一個月後重新奪回了哈爾科夫。蘇軍被迫後撤至庫爾斯克（Kursk）南面的奧博揚（Oboyan）一帶，形成了一個以庫爾斯克為中心的突出部（指在盟軍防線上製造的巨大弧形區域）。在突出部的北面，德軍中央集團軍群控制了奧廖爾附近地區；在突出部的南面，南方集團軍群控制了別爾哥羅德（Belgorod）地區；在突出部的中央是蘇軍中央方面軍和沃羅涅日（Voronezh）方面軍，處於南北兩路德軍夾擊的態勢。

　　考慮到德軍在庫爾斯克突出部的有利局勢，德軍最高統帥部決定從南、北兩個方向對該突出部進行向心突擊。

擔任此次突擊任務的是德軍中央集團軍群和南方集團軍群，共編有五十個精銳德軍師和許多獨立部隊，總兵力達到九十餘萬人、各種火炮約一萬門、坦克等裝甲車輛二千七百輛、飛機二千零五十架。為了確保此次作戰的勝利，德軍投入當時蘇德戰場上百分之七十的裝甲師、百分之六十五以上的作戰飛機。此外，在戰役階段，德軍還投入大量新研製出來的武器，包括虎式重型坦克、豹式重型坦克等，妄圖憑藉這些新式武器一舉擊垮蘇軍。

　　1943年7月4日晚，蘇軍近衛第六集團軍的前沿偵察部隊捕獲了一名德國步兵，從他的口中得知德軍將在次日凌晨發起進攻。指揮庫爾斯克突出部作戰的朱可夫元帥和華西列夫斯基（Aleksandr Vasilevsky）元帥決定先發制人。7月5日凌晨一時，蘇軍對德軍各

◆ 庫爾斯克大會戰

期間蘇軍第六十二集團軍的一個班正在使用一‧四六英寸反坦克炮攻擊德軍坦克。士兵們身上背的是莫辛－納甘步槍，這種槍出現在二十世紀的幾乎所有戰場上。

突擊集團開始實施猛烈炮擊，打亂了德軍原定計畫，迫使其進攻推遲了三個小時。7月6日，蘇軍中央方面軍開始對突入的德軍實施反突擊。蘇聯空軍也提供了地面部隊強大的空中支援，德軍的進攻勢頭受到有效遏制。至7月11日，德軍在付出極大傷亡之後，僅僅突入蘇軍陣地十公里至十二公里。

激烈的交戰

　　面對僵持的戰局，曼施坦因決定動用德軍最精銳的裝甲部隊，對南線蘇軍發動新的攻勢。隨後，德軍裝甲部隊在普羅霍羅夫卡

227

（Prokhorovka）地區遭遇蘇軍近衛第五坦克集團軍和近衛第五集團軍一部，雙方共投入一千五百餘輛坦克，成為二戰中規模最大的一次坦克會戰。這一天，蘇軍出動約八百五十輛坦克，德軍則以約六百五十輛坦克迎擊，雙方在十五平方公里的戰場上狹路相逢，展開一場坦克「肉搏戰」。雖然德軍有虎式坦克衝鋒在前，但由於它的行駛速度不過二十公里（小時），導致大部分德軍坦克都擁擠在一起無法展開。蘇軍則利用T-34坦克的靈活性大膽實施穿插戰術，開足馬力衝入德軍坦克群中進行近戰。此戰德軍裝甲部隊遭受前所未有的重創。此戰之後，德軍幾乎全線轉入防禦，僅在普羅霍羅夫卡以南地區繼續保持攻勢。

同一天，蘇軍西方面軍第十一集團軍和布良斯克方面軍對防守奧廖爾的德軍第二裝甲集團軍和第九集團軍發動突然反擊。7月15日，蘇軍中央方面軍右翼也對奧廖爾德軍南翼進行突擊。德軍急忙從戰線其他地段抽調出部分兵力增援奧廖爾的德軍。為了加強攻勢，蘇軍決定將戰役預備隊投入戰鬥。7月16日，衝入蘇軍陣地的德軍開始向出發陣地撤退，蘇軍立即展開追擊。

8月5日，布良斯克方面軍在西方面軍和中央方面軍兩翼配合之下，收復了被德軍占據兩年之久的奧廖爾。同一天，南線蘇軍收復了別爾哥羅德。這天晚上，為向在庫爾斯克會戰中表現出色的蘇軍官兵表示祝賀與敬意，史達林提議，在莫斯科午夜零點時分一百二十門大炮齊鳴十二響，這是衛國戰爭爆發以來蘇聯第一次鳴放禮炮慶祝戰鬥勝利。

8月11日，蘇軍沃羅涅日方面軍推進至博羅姆利亞（Boromlya）、阿赫特爾卡（Okhtyrka）、科捷利瓦（Kotelva）一線，坦克第一集團軍則切斷了哈爾科夫－波爾塔瓦鐵路，並從西面攻至哈爾科夫城下。同日，蘇軍草原方面軍也逼近了哈爾科夫周邊防禦陣地。德軍最高統帥部立即從頓巴斯（Donbass）調來戰役預備隊投入哈爾科夫的防禦作戰，企圖由博戈杜霍夫（Bogodukhov）以南地區及阿赫特爾卡地區進行反突擊。但在蘇軍強大的攻勢下均未奏效。8月22日下午，處處碰壁的德軍被迫從哈爾科夫後撤。第二天中午時分，蘇軍部隊開進哈爾科夫，再次奪回了這座城市。

至此，庫爾斯克大會戰以蘇軍的輝煌勝利而結束，為奪回烏克蘭全部領土並前進至第聶伯河創造了有利條件。德軍在這次戰役中總共損失三十個師五十餘萬人（其中七個裝甲師）、坦克和裝甲車輛一千五百輛，完全喪失蘇德戰場上的戰略主動權，再也無力發動進攻作戰。庫爾斯克大會戰的勝利，也為隨後美英盟軍在義大利的登陸作戰創造了十分有利的條件。

全線大反攻

庫爾斯克大會戰之後，蘇軍繼續全線反擊。1943年9月，蘇軍收復新羅西斯克（Novorossiysk）和塔曼半島（Taman Peninsula），徹底肅清了高加索地區的德軍。同月，蘇聯重要的工業區頓巴斯被奪回，蘇軍從陸路上封鎖了盤踞在克里米亞半島（Grimea）上的德軍。9月25日，蘇軍收

復斯摩棱斯克。10月25日，蘇軍收復第聶伯羅彼得羅夫斯克（Dnipropetrovsk，即聶伯域），進抵第聶伯河河口附近，並於11月6日收復烏克蘭首府基輔（Kiev）。

在整個1943年的戰鬥中，德軍總共損失四百多萬名官兵，其中被打死的就有一百八十萬軍。這一年，蘇軍在中部戰線推進五百多公里，在南部前進一千三百多公里，收復將近一百萬平方公里的領土。1943年也是蘇聯國防力量全面恢復的一年，在這一年新建立七十八個師，生產三・五萬架作戰飛機、二・四萬輛坦克和裝甲車輛，為蘇軍的全線大反攻提供了堅實的基礎。

◆ 虎式坦克

1944年7月，一名美軍士兵正在檢查一輛被德軍遺棄在法國的虎式坦克。在此前六個小時的戰鬥中，這輛虎式坦克在身中四十七發炮彈的情況下，摧毀美軍十七輛M4坦克。

西元1944年6月

⊙人物：艾森豪　⊙地點：法國　⊙關鍵詞：開闢第二戰場

諾曼第登陸

　　在1943年底的德黑蘭會議上，羅斯福、邱吉爾和史達林最終確定於1944年5月，在法國大西洋沿岸實施大規模戰略性登陸戰役，以開闢歐洲第二戰場的行動計畫，其代號為「霸王行動」，最高統帥由艾森豪擔當，地點訂在了諾曼第。

◆艾森豪和盟軍將領們在倫敦司令部商討諾曼第登陸作戰計畫

艾森豪在被任命為盟軍最高司令後，於1944年1月中旬抵達倫敦，組建了盟國遠征軍最高司令部。

開闢第二戰場

　　1943年11月，代號為「尤里卡」（Eureka）的德黑蘭會議（Tehran Conference）正式拉開序幕。美、英、蘇三國首腦確定了「霸王行動」的計畫，制定了開闢歐洲第二戰場的時間表，以及盟軍登陸的地點——諾曼第（Norman-

dy）。為了投入更多的兵力進行攻擊，盟軍
還將原定於1944年5月實施的登陸作戰延遲
到6月初。為實施這一大規模的戰役，盟軍
共集結多達二百八十八萬人的部隊。

　　盟軍計畫首先在諾曼第登陸場的右翼空
降兩個美軍傘兵師，切斷德軍從瑟堡
（Cherbourg）出發的增援，並協同登陸部隊
奪取猶他灘頭（Utah Beach）。同時在登陸
場的左翼空降一個英軍傘兵師，奪取康恩運
河的渡河點。然後，首批登陸部隊共八個加
強營分別在五個灘頭登陸，迅速建立登陸
場。在鞏固和擴大登陸場後，後續登陸部隊
上岸，其右翼先攻占瑟堡，左翼向康恩運河
至聖洛（Saint-Lô）一線發展，掩護右翼部
隊的進攻。接下來登陸部隊將攻占卡昂
（Caen；康城）、貝耶（Bayeux）、伊濟
尼、卡朗坦（Carentain）、布列塔尼
（Brittany）等地，最終直取巴黎。為了掩蓋
真正的登陸地點，盟軍實施了大量的欺敵行
動，例如在英國東南部地區製造部隊和船隻
集結的假象、運用雙重間諜向德軍提供假情
報等。這些欺敵行動讓德軍最高統帥部將西
線大部分的德軍配屬在加萊（Calais）方
向，而對諾曼第方向完全放鬆了警惕。

大西洋壁壘

　　此時，德軍在東線戰場上部署了一百七
十九個師的兵力，約占德軍總兵力的百分之
六十五，而在西線的法國、比利時、荷蘭只
有五十八個師約七十四萬人（由倫德施泰特
〔Gred von Rundstedt〕元帥指揮），包括三
十三個海防師、十五個步兵師、八個裝甲

◆諾曼第登陸的指揮者艾森豪上將

師、兩個傘兵師。西線德軍被編為兩個集團
軍群：B集團軍群駐守在法國北部，共三十
九個師，是西線德軍的主力，由從北非戰場
鎩羽而歸的隆美爾元帥指揮；駐守加萊的是
該集團軍群下轄的第十五集團軍，集結了二
十三個師的重兵。G集團軍群駐守在法國盧
瓦爾河以西地區，共十九個師，由布拉斯科
維茨（Johannes Blaskowitz）上將指揮。此
外，西線戰場還有兩個做為戰略預備隊的裝
甲師，由希特勒親自指揮。

　　為了防備盟軍從英國本土發動對歐洲大
陸的反攻，早在1942年7月20日希特勒就下
令開始修建，從挪威北部至西班牙海岸的由
一·五萬個堅固支撐點構成的防線，即所謂
的「大西洋壁壘」。希特勒要求防線在1943
年5月1日之前完工，但實際上直到1944年5

◆登陸之後向德軍陣地進行炮擊的盟軍炮兵

月盟軍發動進攻前夕，大部分地區的防禦支撐點都還沒有完工。倒是隆美爾就任B集團軍群司令後，督促完善了部分沿海地區的防禦體系，在深海中布設水雷，淺海中設置斜插入海的木樁（被盟軍稱作「隆美爾蘆筍」），海灘上修築了鋸齒狀的混凝土角錐、坦克陷阱。其間還布設了大量地雷。此外，德軍還在能俯視海灘的制高點構築隱蔽火力點，在海灘後面的開闊地區布設大量防機降的木樁。這些防禦工事使盟軍在此後的登陸中，遭受了不小的損失。

跨海大反攻

　　1944年6月1日，盟軍登陸部隊開始在英國南部十五個港口上船。原定登陸日期為6月5日，但由於登陸海域氣象條件十分惡劣而被推遲二十四小時。6月5日午夜時分，盟軍轟炸機群開始對法國海岸沿線的德軍實施大規模空中攻擊。與此同時，盟軍空降部隊開始在登陸灘頭兩側距海岸十公里至十五公里的縱深地帶實施空降，擾亂守軍的部署並阻止其可能進行的反突擊。6月6日0時16分，英軍第六空降師被空投至登陸場的左翼地區，順利奪取佩加索斯橋（Pegasus Bridge），防止德軍裝甲部隊經由此處向海岸方向實施增援直到登陸先頭部隊的到來。但美軍第八十二、第一百零一空降師就遠沒有英國人那麼幸運，他們乘坐的運輸機和滑翔機由於偏離航線而無法在預定區域空降，因此許多士兵著陸之後都失去建制，陷入獨

力作戰的不利境地，傷亡慘重。

5時30分，盟軍海軍艦艇開始實施炮火準備。一個小時後，盟軍部隊開始從五個灘頭陣地實施登陸作戰。劍海灘（Sword Beach）是一段低矮的沙質陡壁下長約三公里的海灘，緊鄰奧恩河（Orne River）口的韋斯特朗港，也是五個登陸灘頭中最東邊的一個，法國北部的航運中心卡昂位於該海灘南邊的十五公里處。負責劍海灘登陸的是英軍第三步兵師及第二十七裝甲旅，他們在搶灘成功之後很快就突破德軍防禦陣地，並於當日午後與先前空降內陸的傘兵部隊會合。當天在劍海灘登陸的二・九萬名英軍中，僅有六百三十人傷亡。

朱諾海灘（Juno Beach）正面為沙丘地帶，寬約十公里，德國守軍部署在沙丘後方的村落中，對盟軍登陸部隊構成巨大威脅。朱諾海灘的登陸部隊是加拿大第三步兵師及第二裝甲旅。他們在登陸開始時就遭受重創，但還是登陸成功。此戰加拿大部隊官兵共有二・一四萬人，傷亡人數約一千兩百人。

金海灘（Gold Beach）是整個登陸行動的中心點，位於貝桑於潘港（Port-en-Bossin-Huppain）和拉里維埃（LaRivière）之間，此處海灘海岸的坡度較緩，對於英軍第五十步兵師及第八裝甲旅的登陸十分有利。德軍在海岸不遠處設置四門六・一英寸重炮，在英軍登陸過程中造成極大的麻煩。僵持一段時間之後，英國皇家海軍艦艇的炮火將這些重炮摧毀，掃清了英軍前進道路上的障礙。臨近傍晚的時候，已有二・五萬名英軍順利登岸，期間只有四百一十三名官兵傷亡。

在盟軍登陸之前，隆美爾將戰功赫赫的第三五二步兵師調至奧馬哈海灘（Omaha Beach），成為五個灘頭中德軍防守最嚴密的一個灘頭。奧馬哈海灘位於卡朗坦河口以東，正面寬十公里，德軍第三五二步兵師駐守在高三十公尺的灘頭峭壁之上，地勢十分險要。負責在這裡搶灘登陸的，是美軍第一步兵師及第二十九步兵師。在這裡，美軍遇到德軍的猛烈攻擊，傷亡率高達百分之五十以上，奧馬哈海灘附近的海水被鮮血染紅。中午的時候，成功登陸上岸的美軍在海軍艦艇炮火的支援下，終於突破守軍防線，建立登陸陣地。當天美軍登陸人數為三・四萬人，而傷亡人數達到二千四百人。

猶他海灘位於卡倫坦灣（Carentan）西側，由一片低矮沙丘組成。美軍在三個小時內就越過灘頭陣地，控制沿海公路，並與此前空降於敵後的空降部隊勝利會合。猶他海灘登陸是諾曼第登陸戰役中傷亡人數最少的搶灘登陸作戰，二・三萬名美軍官兵中只有一百九十七名傷亡。

在1944年6月6日的登陸作戰中，德軍幾乎沒有組織起任何像樣的反擊。6月12日，盟軍各登陸地點成功地連接成登陸場，大批盟軍部隊源源不斷地從英國本土運來。6月21日，美軍部隊攻占瑟堡，為盟軍開闢海上運輸通道。至7月24日，諾曼第登陸戰役勝利結束，盟軍已在法國沿海地區構築了一個正面寬一百五十公里、縱深十三公里至三十五公里的登陸場，為隨後展開的大規模戰略反攻奠定了堅實基礎，並加速納粹德國的潰敗。

西元**1945**年**2**月

🌀人物：邱吉爾　史達林　羅斯福　🌀地點：蘇聯　🌀關鍵詞：如何處置戰敗國　聯合國

雅爾達會議

　　1945年2月，在蘇聯克里米亞半島舉行的雅爾達會議（Yalta Conference；亦稱克里米亞會議）上，美、蘇、英三國首腦在協調對德作戰、戰後處置德國、波蘭邊界劃分、蘇聯對日作戰、建立聯合國等重大問題上達成共識，人類歷史由此翻開新的一頁。

◆雅爾達會議期間的三巨頭

這張照片恰如其分地說明了三個大國之間的微妙關係：拿著雪茄的邱吉爾（左）冷靜地看著羅斯福（中），史達林（右）也興致勃勃地斜身聽著兩人的話題，而事實上蘇聯的最高領導人根本聽不懂兩人使用的英語。

齊聚雅爾達

　　第二次世界大戰進行到1945年1月底，希特勒的軍隊除了在匈牙利和義大利北部有一些脆弱的據點之外，實際上已經全部被美、蘇、英三國軍隊趕回其國境內。對美、蘇、英三國來說，德國失敗已成定局，戰後歐洲乃至世界如何重組的問題，開始被提上議事日程。其中包括：如何處置戰敗後的德國，在最後對日作戰中三國如何進行協作，以及戰後的世界應該如何進行和平而有效的管理等。此時，蘇聯已在波蘭問題上與美英兩國產生巨大衝突，迫切需要召開一次類似德黑蘭會議的三國首腦會議，對這些問題與衝突進行溝通和解決——三國最終確定於1945年2月4日至11日，在蘇聯的雅爾達（Yalta）舉行首腦會議，會議代號為「阿爾戈」（Argonauts）。

1945年2月2日早晨，羅斯福乘坐的「昆西」號重巡洋艦橫渡大西洋抵達馬爾他（Malta），與先期到達的邱吉爾一行會合。當天晚上，美英兩國代表團一行七百多人搭乘二十五架軍用運輸機從馬爾他起飛前往雅爾達。第二天中午，兩國代表團的飛機降落在雅爾達附近的薩基（Saky）機場，前來迎接的是蘇聯外交部部長莫洛托夫（Vyacheslav Molotov）。羅斯福被安排在末代沙皇的避暑行宮里瓦幾亞宮（Livadia Palace）下榻，為了照顧行動不便的他，三國全體參加的大會都被安排在這裡舉行。

最後的戰爭

在為期八天的會議裡，全體會議、領導人的私下會晤、參謀長或外長的分組會、午宴和晚宴穿插進行，三國首腦和隨行人員對許多問題展開了激烈而又不失友好的討論。在這種良好的會議氛圍下，一向沉穩的羅斯福有一次竟口無遮攔得罪了史達林，差點引發一次嚴重的外交事件。

在一次午餐會上，興致極高的羅斯福用詼諧的口氣向史達林「坦白」說，他和邱吉爾常在密電中稱呼史達林為「約大叔」。羅斯福說出這番話之後，現場立即陷入尷尬氣氛中，史達林則憤怒地問道：「我們什麼時候可以離席？」幸好此時美國國防動員局局長貝爾納斯巧妙應對，才挽救了尷尬的局面，他笑著對史達林說道：「談到山姆大叔，你畢竟是不介意的，那麼約大叔又有什麼不好呢？」史達林聽了他的話立即平靜下來，還表示羅斯福的這個玩笑開得有創意。

三國首腦首先討論了最終擊敗德國的計畫，以及戰後對德處置的問題。經過激烈討論，三方最終商定由蘇軍占領德國東部、美軍占領西南部、英軍占領西北部。而在德國首都柏林的分別占領問題上，三方同意由蘇軍管理該城的東北部，美英軍隊則將其西南部納入自己的控制之下。此外，根據邱吉爾的建議，三國同意將美英軍隊控制下的德國的某一個地區劃由法軍占領，並邀請法國戴高樂（Charles de Gaulle）政府參加盟國對德管制委員會。會議還規定，戰後德國必須解除武裝、拆除一切軍事設施、取締納粹黨、懲辦戰犯等。

在德國戰爭賠款問題上，史達林強烈主張以實物的形式要求德國拿出戰爭賠款，並根據「誰對戰爭勝利貢獻大」和「誰在戰爭中遭受的損失多」為原則來進行分配。蘇聯的建議是德國戰爭賠款總額為二百億美元，其中一半應劃歸蘇聯。鑑於第一次世界大戰後德國戰爭賠款的償付能力問題，邱吉爾認為賠款數額和分配方案，應該在計算出此時德國實際償付能力之後再確定。羅斯福則表示美國除了沒收德國在美的所有財產之外，不會要求德國的任何賠款。

在這個問題上，三國直到會議結束都沒有形成統一的決議，只是決定在莫斯科成立一個德國損害賠償委員會，專門對德國戰爭賠款的數額與分配方法進行研究。

波蘭問題是雅爾達會議上另一個爭論的焦點。在確定波蘭邊界的問題上，與會三方爆發了激烈的爭論。大家都按照自身的利益來發表意見，最終確定波蘭東部邊境按照寇

◆ 在里瓦幾亞宮召開的雅爾達會議

照片中有羅斯福、史達林、背對的邱吉爾，還有其他與會人員。

松線（Curzon Line；1920年由英國外交大臣寇松提出的蘇俄與波蘭的停火線）來劃定，但在若干區域蘇聯會給予波蘭五公里至八公里的溢出部分。波蘭將在北部和西部從德國獲得領土補償，其範圍應徵詢波蘭統一政府的意見，並在此次會議結束後確定。對於未來波蘭政府的組成，蘇聯再次和美英發生激烈的爭論。此時蘇聯支持的波蘭臨時政府已開始在全國範圍內行使權力。而戰爭爆發以來一直流亡在英國倫敦，並受到英國支持的波蘭前政府，則希望能在未來的波蘭事務中發揮更大的作用。儘管英國希望能在波蘭問題上發揮更大的主動性，但由於波蘭是由蘇軍解放的，因此最終不得不接受波蘭臨時政

府成立的現實。

促成蘇聯對日作戰是羅斯福雅爾達之行的重要目的之一。此時美軍在太平洋戰場上與日軍打得異常激烈，一連串島嶼爭奪戰已讓美軍損失慘重。根據美國軍事當局的估計，在德國投降之後還需要約十八個月才能打敗日本。麥克阿瑟（Douglas MacArthur）指揮的美軍，在雅爾達會議的第二天才攻入菲律賓首都馬尼拉，被寄予厚望的第一顆原子彈，則還要再等五個月才能最終製成。如果蘇聯繼續保持中立，日本就會將駐紮在中國東北的關東軍調回本土，加入抗擊美軍登陸的行動中，到時美軍的傷亡數字將是非常巨大的。

急於要求蘇聯做出對日作戰承諾的美國，最終「大方」地將中國部分地區的主權利益贈予蘇聯，其中包括：維持蒙古現狀，戰後如果蒙古公民投票決定獨立，中國政府

應承認其獨立，並以現有邊界為國界；大連商港國際化，指定碼頭及倉庫租給蘇聯，保證蘇聯在該港的優越權益；中蘇共同使用旅順口為海軍基地，其防護委託蘇聯執行；通往大連的中東鐵路和南滿鐵路，由蘇中合辦的公司共同經營等。

最終，蘇聯在如此優厚條件的誘惑下，同意「在德國投降及歐洲戰爭結束後兩個月或三個月內」，參加同盟國對日本的作戰行動。在沒有中國政府代表參加，並徵得中國政府同意的情況下，美蘇兩國就將中國的主權做為籌碼進行交易。羅斯福要史達林放心，他將在會議結束後親自向被蒙在鼓裡的蔣介石進行解釋，並最終說服他接受在雅爾達會議上達成的有關中國的決議。這件事充分暴露了大國的強權政治，為日後國際爭端的產生埋下了種子。

聯合國的誕生

在雅爾達會議上，三國代表還討論了建立聯合國組織以解決國際爭端的議題。聯合國組織這一概念，首先於1944年8月在美國首都華盛頓附近的敦巴頓橡樹園（Dumbarton Oaks）舉行的美、英、蘇三國會議上被提出，該組織將由大會、安全理事會、託管理事會、國際法院和祕書處等組成，協調和處理國與國之間的糾紛與爭端。

在雅爾達會議上，三國代表著重討論解決敦巴頓橡樹園會議（Dumbarton Oaks Conference）上遺留下來的關於聯合國的若干問題，其中包括由安理會確定接納和開除會員國、停止和恢復會員國權利、選舉祕書

長等。會議還決定，聯合國安全理事會的五個常任理事國是蘇聯、美國、英國、中國和法國。6月26日，五十一個國家的代表根據雅爾達會議上形成的決議，在《聯合國憲章》（United Nations Charter）上簽字。同年10月24日，《聯合國憲章》生效，聯合國就此成立。次年1月10日，上述五十一個國家的代表在倫敦舉行第一屆聯合國大會，自此聯合國開始正式工作。在隨後的六十多年時間裡，聯合國為全世界的和平與發展做出了不可磨滅的貢獻，這是雅爾達會議所取得的又一重大成果。

1945年2月12日，美、蘇、英三國首腦在《英、美、蘇三國克里米亞（雅爾達）會議公報》上簽字，標誌著雅爾達會議勝利結束，人類歷史即將翻開新的一頁。

◆ 1945年，在美國舊金山召開聯合國成立大會

西元1945年5月

◎人物：希特勒　朱可夫　◎地點：德國　◎關鍵詞：德國投降

日耳曼戰車投降

　　1945年5月7日，德國電臺宣布德國無條件投降。5月8日，在柏林城郊的卡爾斯霍爾特蘇軍司令部，蘇、美、英、法四國代表出席德國無條件投降儀式，德國武裝部隊最高統帥部長官凱特爾元帥等三名德軍高級將領，在投降書上代表德國簽字。至此，納粹德國宣告正式投降，第二次世界大戰歐洲戰場的戰鬥也宣告結束。

◆德國鐵道炮

1945年4月10日，美軍第七軍士兵衝入德國維爾茨堡，在被炸得面目全非的德軍基地裡驚喜地發現一門德國10.79英寸鐵道炮。士兵們紛紛站在炮管上擺姿勢照相，巨大的炮管上站了足足二十二名美國大兵。

最後一擊

　　1945年4月中旬，德軍在東西兩條戰線上都已經陷入最後的掙扎，東面蘇軍距納粹德國的巢穴柏林只有短短的六十公里，西面的美英軍隊距離柏林也只有一百公里。即將走向末日的納粹德國仍將德軍主力集中用來對付蘇軍，並與美英兩國進行祕密接觸，妄圖在阻擋住蘇軍進攻的同時，只向美英軍隊投降。於是，德軍最高統帥部在柏林附

近區域集中部署了「維斯瓦」集團軍群和中央集團軍群的龐大兵力，包括四十八個步兵師、九個摩托化師和六個裝甲師約八十萬人，一・〇四萬門各類火炮，一千五百輛坦克和裝甲車及三千三百架作戰飛機。此外，還在柏林市內組建兩百多個國民突擊隊，守軍總兵力超過兩百萬人。在柏林周邊的奧得河－尼斯河線（Oder-Neisse Line）精心構築了縱深達二十公里至四十公里的三道防禦陣地，在市內則修築大量街壘地堡，甚至在大部分臨街房屋的窗戶上都建立射擊點，使得整個柏林變成一個巨大的陣地。

針對納粹德國的部署，蘇軍最高統帥部大本營決定攻占柏林，迫使德國無條件投降。為此蘇軍投入最精銳的部隊，包括白俄羅斯第一、第二方面軍和烏克蘭第一方面軍，並配以波羅的海艦隊、第聶伯河區艦隊、遠程航空兵第十八集團軍、國土防空軍及波蘭第一、第二集團軍，總計二百五十萬人，各類火炮四・二萬門，坦克和裝甲車六千二百五十輛，作戰飛機七千五百架。按照行動計畫，蘇軍將兵分三路進攻柏林：朱可夫元帥指揮的白俄羅斯第一方面軍突破奧得河東西兩岸防線和附近若干地段，從東面執行主攻柏林的任務；科涅夫（Ivan Konev）元帥指揮的烏克蘭第一方面軍前出至尼斯河東岸的南部直到蘇臺德山麓，從南面實施攻擊；羅科索夫斯基（Konstantin Rokoss-ovsky）元帥指揮的白俄羅斯第二方面軍，則前進到奧得河下游，從北面展開攻勢。為了與美英軍隊爭分奪秒地搶進度，蘇軍最高統帥部要求柏林戰役應盡早結束，力爭在十二

◆ 盟軍組織「希特勒青年團」成員參觀納粹集中營

個至十五個晝夜內結束戰鬥。

慘烈攻堅戰

1945年4月16日凌晨5時，朱可夫元帥一聲令下，白俄羅斯第一方面軍首先對柏林德軍發動進攻。蘇軍的各類火炮對德軍前沿陣地進行約二十分鐘的火力攻擊，空軍轟炸機機群也對德軍進行狂轟濫炸。隨後，蘇軍在前沿布置的一百四十多架高空探照燈同時亮起，照得對面德軍睜不開眼。蘇軍步兵和坦克乘機發起衝擊，很快就突破德軍的第一道防線。與此同時，烏克蘭第一方面軍強渡尼斯河，也順利攻下德軍第一道防禦陣地。

當白俄羅斯第一方面軍先頭部隊推進到第二道防禦地帶樞紐的澤洛夫高地時，已經回過神來的德軍開始進行殊死抵抗。德軍憑藉有利地形，頑強地扼守每一條戰壕、每一個傘兵坑，給蘇軍帶來較大傷亡。朱可夫不斷增加突擊力量，並將兩個坦克集團軍投入戰鬥，但隨後的戰鬥進展仍然不是很理想。4月17日晨，朱可夫集中白俄羅斯第一方面

軍所有火炮再次向德軍進行猛烈炮擊。這之後，數千輛蘇軍坦克對德軍陣地發起總攻。一天之後，德軍終於擋不住了，開始向柏林市區方向退卻。與此同時，烏克蘭第一方面軍完全突破尼斯河防禦地帶，白俄羅斯第二方面軍於次日成功強渡東奧得河。至此，蘇軍已從東、南、北三個方向對柏林完成合圍。

4月20日清晨，白俄羅斯第一方面軍先頭部隊第三集團軍攻至柏林近郊，並於當日下午1時50分首次對柏林城內實施炮擊，揭開柏林攻堅戰的序幕。這一天，希特勒召集最後一次納粹高層會議，討論如何與蘇軍作最後戰鬥的問題。會後，戈林（Hermann Wilhelm Göring）和希姆萊（Heinrich Himmler）倉皇逃出柏林，前往德國南部地區。次日，蘇軍第三集團軍、近衛坦克第二集團軍和第四十七集團軍所屬部隊突入柏林郊區，與德軍展開激烈交戰。

4月22日，希特勒決定要留在柏林直到最後。戈林獲知希特勒的決定之後，立即請求應該由他以繼承人的身分來繼續行使元首的權力，但得到的答覆卻是被撤銷一切職務。4月24日，白俄羅斯第一方面軍左翼部隊與烏克蘭第一方面軍在柏林東南會合，切斷德軍第九集團軍與柏林的聯繫，並合圍該集團軍。4月25日，白俄羅斯第一方面軍從柏林北面迂迴，與烏克蘭第一方面軍第四坦克集團軍在柏林以西會合，從而完成對柏林的合圍，納粹德國首都此時幾乎徹底斷絕了與外界的聯繫。

攻克柏林的最後戰鬥於4月26日打響，蘇聯空軍在這一天出動數千架次轟炸機，向柏林投下成千上萬噸炸彈，蘇軍炮兵部隊幾萬門火炮也對柏林市區實施高密度的集中射擊。火力準備完成之後，擔任最後攻堅任務的蘇軍地面部隊對柏林市區發起衝鋒。每個街區、每條街道、每幢房屋，甚至是地鐵隧道、排水管道都成為蘇德雙方爭奪的焦點，戰鬥進行得異常慘烈，蘇軍每前進一步都會付出重大的傷亡。

4月28日，蘇軍第三集團軍和近衛第八集團軍逼近蒂爾加藤（Tiergarten）區，這裡有德國政府辦公機構、國會大廈、最高統帥部等納粹德國重要機關，是柏林德軍的指揮中樞。下午時分，近衛第八集團軍占領德軍的通信指揮中心，完全切斷柏林守軍與外界的通信聯繫。這一天深夜，第三集團軍步兵第七十九軍對國會大廈發起最後的強攻。守衛大廈的德軍負隅頑抗，給蘇軍造成極大的傷亡，這幢大廈的每一條走廊、每一個房間幾乎都經歷了雙方的激烈爭奪。

帝國的末日

1945年4月29日凌晨1時，希特勒在蘇軍愈來愈近的隆隆炮聲中與愛娃（Eva Braun）舉行了婚禮。這之後，希特勒口述了自己的遺囑，出人意料地指定時任德軍北部最高司令官的鄧尼茨（Karl Dönitz）元帥在他死後繼任德國總理和武裝部隊最高統帥，同時決定自殺以免活著落在蘇聯人手裡。這一天，墨索里尼被游擊隊處死並遊街鞭屍的消息傳來，希特勒知道留給自己的時間已經所剩無幾。第二天，希特勒吃過午飯後，與此時還在身邊的所有人一一握手道別。下午3時

許，希特勒開槍自殺，結束了罪惡的一生，新婚妻子愛娃也服毒自殺。

當天晚間21時50分，蘇軍終於攻占國會大廈，蘇軍英雄葉戈羅夫（M.A.Yegorov）中士和坎塔里亞（Meliton Kantaria）下士，將勝利的紅旗插上這幢已經千瘡百孔的大樓頂端。之後不久，殘餘德軍透過廣播向蘇軍喊話，請求臨時停火進行談判。

5月1日凌晨3時55分，德國陸軍總參謀長克萊勃斯（Hans Krebs）打著白旗從德國政府辦公機構的地下掩體裡鑽了出來，前往蘇軍近衛第八集團軍的前線指揮所進行談判。克萊勃斯首先通報了希特勒的死訊，然後希望蘇軍能先停止在柏林的軍事行動，等到德國組成新政府後再進行談判。德國的請求立即被發往莫斯科，史達林很快就回覆道：「德軍只能無條件投降，不進行任何談判，不同克萊勃斯談，也不同任何其他法西斯分子談。」9時45分，朱可夫元帥向柏林德軍發出最後通牒：德軍必須無條件投降，否則蘇軍將在10時40分對德軍做最後的進攻，消滅所有負隅頑抗的敵人。

在蘇軍的強大軍事壓力之下，柏林德軍最後不得不答應無條件投降。5月2日7時，德軍柏林城防司令官魏德林（Helmuth Weidling）上將前往崔可夫的前沿指揮所簽署投降書。至下午15時，柏林德軍完全停止抵抗，至此終於宣告蘇軍成功攻克納粹德國的心臟──柏林。

此役，蘇軍共擊潰德軍七十個步兵師、二十三個坦克師和摩托化師，俘虜德軍三十八萬人，繳獲坦克和裝甲車一千五百餘輛。

蘇軍的傷亡同樣慘重，共損失三十‧四萬人、坦克和裝甲車二千一百五十六輛、火炮一千二百二十餘門、飛機五百二十七架。

◆《攻克柏林的勝利旗幟》

這張著名照片由蘇聯攝影家哈爾傑拍攝。照片中，面對燃燒著的柏林，一名蘇聯紅軍將蘇聯國旗插在國會大廈的最高處，標誌著第三帝國的滅亡。

西元1945年8月

☉人物：羅斯福　裕仁天皇　　☉地點：日本　　☉關鍵詞：日本投降　二戰結束

日本上空升起蘑菇雲

　　1945年7月27日，即在《波茨坦公告》發布後的第二天，日本政府做出「不予理會聲明」，決意與盟軍對抗到底。在這種情況下，美國總統杜魯門下令對日實施原子彈打擊，因為「唯一能說服天皇及其軍事顧問們的辦法，就是證明我們有能力摧毀他們的帝國」。

◆保羅・蒂貝茨及其戰友在B-29轟炸機前合影

他們抱著必死決心地接下向廣島投擲原子彈的任務，出發當天，每個人都隨身攜帶氰化物毒藥，萬一被俘即吞藥自殺。

原子核惡魔

　　納粹德國投降以後，日本成為美英兩國最後一個軸心對手。針對這一問題，1945年7月26日，美、英、蘇三國最終在打敗日本問題上達成一致，簽署了《波茨坦公告》（Potsdam Declaration；亦稱波茨坦宣言）。而在此之前，美國成功試爆了人類歷史上第一顆原子彈，其產生的破壞力讓世界為之震驚。原子彈的成功誕生，讓時任美國總統的杜魯門（Harry S. Truman）有了十足的底氣——即使蘇聯不向日本出兵，美國也可以用原子彈促使日本投降。正如杜魯門所說，原子彈是當時可以快速摧毀日本的唯一武器。

　　原子彈的研製最早起源於原子核子物理學的研究，其奠基人是英國科學家拉塞福（Ernest Rutherford）。他在十九世紀末至二十世紀初發表多篇有關原子核子物理學的論

文，但當時的拉塞福無法預料到他的這些研究成果會在日後成為殺傷力巨大的原子彈研製的奠基理論。進入二十世紀二、三〇年代，義大利的費米（Enrico Fermi）、奧地利的梅特勒（Erhard Mettler）、法國的居禮夫婦（Pierre and Marie Curie）、英國的查德威克（James Chadwick）等人相繼獲得重大突破，使原子核子物理研究進入應用實驗階段。1939年初，德國科學家哈恩（Otto Hahn）和斯特拉斯曼（Fritz Strassmann）發表有關鈾原子核裂變現象的論文。在隨後的幾個星期裡，許多國家的科學家都驗證了這一巨大發現，並進一步提出有可能創造這種裂變反應持續進行的條件。這一重大科學發現，本應為人類開發出一種高效的新能源，但卻首先被用於軍事目的。同年，納粹德國率先建立歸屬於德國陸軍的研製原子彈的機構，其代號為「U工程」。

曼哈頓工程

1939年9月1日，德軍對波蘭發動閃電戰，第二次世界大戰由此拉開帷幕。隨著納粹德國不斷擴張，歐洲大

◆ 高聳天際的蘑菇雲

1945年8月6日8點16分，名為「小男孩」的原子彈在距離地面六百公尺的高空爆炸。在千分之一秒的瞬間，廣島上空出現一個溫度高達幾千萬度的巨大火球。

陸的一些第一流的核子物理學家因不滿希特勒的獨裁統治而紛紛移居美國。此時，德國在核子物理方面的研究已居於世界領先地位，這些客居美國的歐洲核子物理學家對此深感憂慮，擔心德國會先研製出原子彈，並投入到戰爭中，到那時人類將會遭受滅頂之災。10月，西拉德（Leó Szilárd）等多位核子物理學家聯名寫信給著名物理學家愛因斯坦，希望能由他出面致信美國總統羅斯福，向其闡明研製原子彈的重大意義，以及美國應搶在德國之前研製成功原子彈的緊迫性。愛因斯坦隨即向羅斯福寫信，提請他注意德國在核子物理研究方面的動向，希望美國能首先研製出原子彈，以避免戰爭的擴大化等。羅斯福很快就覆信同意愛因斯坦的建議，同時下令成立研究原子武器的專門委員會。

1941年12月6日，羅斯福批准一項研製原子彈的計畫，即「曼哈頓計畫」（Manhattan Project），但當時下撥的科研經費只有六千萬美元。十分巧合的是，就在「曼哈頓計畫」開始實施的第一天，日本聯合艦隊就發動對珍珠港美國海軍基地的突襲，導致美軍損失巨大。數年之後，「曼哈頓計畫」研製出來的原子彈被投向日本本土，從而結束第二次世界大戰。

1942年6月，已經參戰的美國決定投入更多的人力、物力到原子彈的研製工作中去。美國陸軍開始在田納西州的橡樹嶺（Oak Ridge；負責電力和熱力生產）、華盛頓州的漢福德（Hanford；負責鈽的生產）、新墨西哥州的洛斯‧阿拉莫斯（Los Ala-

mos）等地，祕密籌建龐大的原子彈研究和實驗基地，這些祕密機構被稱作「曼哈頓計畫管理區」。「曼哈頓計畫」由陸軍部的格羅夫斯（Leslie Richard Groves）少將領導，原子彈的設計與製造工作則由奧本海默（Julius Robert Oppenheimer；後來被稱作「原子彈之父」）全權負責。曼哈頓計畫總部直屬總統，對國會議員甚至對當時的副總統杜魯門都嚴格保密。從1943年到1945年7月，美國總共為原子彈的研製投入十萬名科技人員和工人，耗資更是高達二十五億美元。

就在美國緊鑼密鼓研製原子彈的同時，納粹德國這邊的研製速度卻出人意料地慢了下來。原因是希特勒在很短時間內占領整個西歐大陸之後，認為很快就能結束戰爭，因而就沒有花大力氣去研製尚無十足把握的原子彈。1943年2月27日深夜，挪威抵抗組織成員祕密潛入挪威韋莫克（Vemork）重水工廠（納粹德國唯一一家生產重水的工廠），使用爆炸裝置成功將該工廠中的一‧五噸重水及部分設備炸毀，導致德國原子彈研製工作一度陷入停頓。1944年2月，盟軍轟炸機在廷湖（Lake Tinn）上炸沉一艘從韋莫克重水工廠駛往德國本土的運輸船，上面載有德國千辛萬苦提煉出來的唯一一批重水。至此，德國製造原子彈的計畫徹底破產。

▌升騰的蘑菇雲

1945年7月16日清晨5時30分，美國第一顆原子彈在新墨西哥州的阿拉莫戈多（Alamogordo）沙漠爆炸成功。此時，美國手中還有兩顆原子彈，將它們投向哪座日本

城市成為一個棘手的問題。美國陸軍部部長史汀生（Henry Lewis Stimson）按照日本軍需生產中心的標準，根據重要程度篩選出四座目標城市，它們分別是廣島、小倉、長崎和新瀉。隨後，杜魯門召集馬歇爾、史汀生等軍隊高級將領進行研究，最終確定將廣島列為第一顆原子彈的攻擊目標。7月27日至8月1日，美國飛機在日本各大城市上空散發了一百五十萬張傳單和三百萬張《波茨坦公告》，傳單警告日本市民他們所在的城市即將遭到盟軍的猛烈轟炸。

1945年8月6日凌晨，美國空軍第二十航空隊第五〇九混合大隊的蒂貝茨（Paul Warfield Tibbets）上校，駕駛一架B-29「超級堡壘」（艾諾拉・蓋號〔Enola Gay〕）轟炸機，攜帶一顆名為「小男孩」的原子彈，自太平洋上的提尼安島起飛，前往廣島執行原子彈投放任務。8時許，蒂貝茨飛臨廣島上空，簡單觀測了一下天氣狀況後投下「小男孩」。這顆原子彈在降落傘的牽引下緩緩下降，在距離地面六百公尺的地方被引爆。剎那間，爆炸點形成一個直徑一百多公尺的巨大火球，並伴隨著震耳欲聾的爆炸聲。隨後，這個巨大的火球升騰為一團巨大

的蘑菇雲，整個廣島被淹沒在恐怖的黑色煙塵之中。爆炸當天，這顆爆炸當量為二萬噸TNT炸藥的超級炸彈，在片刻間殺死了約八萬人。8月9日上午11時30分，美國又在長崎投下名為「胖子」的原子彈，由於長崎多山，損失相對減少，但也有七萬人當即死亡，一・四萬人受輻射。

1945年8月15日，日本天皇裕仁向全國頒布停戰詔書，宣布日本無條件投降。9月2日上午9時，在日本東京灣的美軍「密蘇里」號戰列艦上，盟國和日本代表在《日本投降書》上簽字。至此，第二次世界大戰正式宣告結束。

◆「密蘇里」號戰列艦上的投降簽字儀式

麥克阿瑟將軍站在麥克風後，與盟軍官兵一同注視著梅津美治郎在投降書上簽字。之後，麥克阿瑟代表同盟國簽字。

第四章

世界新格局

大規模的戰爭是一個時代的結束，但也是另一個時代的開始。

經歷過兩次大戰後，世界翻天覆地——東歐劇變、蘇聯解體……冷戰以蘇聯的覆亡宣告終結，美國因此成了世界上的超級大國。但在經濟迅速發展的局面下，美國的優勢並不明顯——中國、俄羅斯、日本、巴西及印度等後起之秀，在世界的矚目中，逐漸成長起來。

兩次大戰後的世界，變化莫測；世界新的格局，蓬勃發展。

西元1947年3月

◎人物：杜魯門 　◎地點：美國 　◎關鍵詞：美蘇冷戰開始

杜魯門主義

　　杜魯門主義是美國總統杜魯門任期內形成的美國對外政策，其核心是認為美國必須在全世界範圍內承擔起圍堵共產主義運動的重任，化解任何可能威脅美國安全的危機，且為此不惜干涉他國內政。

◆ 掀起美蘇對戰的美國總統杜魯門

杜魯門主義的起源

　　1945年4月12日，羅斯福總統在任內逝世後，他的副手杜魯門繼任美國總統。和羅斯福總統積極宣導與蘇聯合作不同的是，杜魯門逐漸走向了與蘇聯決裂、對抗的道路。二戰結束後，原來威脅著整個世界的德日義法西斯都已經土崩瓦解，以美英為首的西方世界與蘇聯合作的基礎已經不復存在。其次，美蘇在具體問題上的衝突和鬥爭也與日俱增。杜魯門繼任後，美蘇圍繞戰後德國的處置和波蘭等問題衝突不斷，美國國內對蘇強硬的呼聲日益高漲。在這個時候，史達林又發表演說，認為二戰雖然已經結束，但是資本主義爭奪世界市場的鬥爭必將引發新的世界大戰，所以蘇聯接下來必須以發展重工業為首要任務，擺出了一副又要投入戰爭的架式。這在美國國內引起了不小的恐慌，當時的美國副國務卿艾奇遜（Dean Gooderham Acheson）認為史達林此舉否認了美蘇和平共處的可能。

　　1946年2月22日，美國駐蘇聯使館代辦喬治·肯南（George Frost Kennan）向國內發出了著名的「長電報」（Long Telegram），全面分析了蘇聯的情況，並提出遏制蘇聯的政策。電報引起了杜魯門和美國國會的高度重視。

已經下定決心在美蘇關係上放棄合作的美國決策層，認為肯南的遏制理論是對抗蘇聯的有效手段，這一理論也奠定了戰後美國外交政策的思想基礎。

1946年3月5日，在美訪問的英國前首相邱吉爾在杜魯門的陪同下來到密蘇里州的富爾頓（Fullerton），在威斯敏斯特學院發表了題為《和平砥柱》的演講。邱吉爾在演講中宣稱「從波羅的海的斯德丁（Stettin；今為斯賽斯〔Szczecin〕）到亞得里亞海邊的第里雅斯特（Trieste），一幅橫貫歐洲大陸的鐵幕已經降落下來」。鐵幕後的東歐和中歐各國都是蘇聯的勢力範圍，而共產黨的「第五縱隊」則遍布世界各國，到處構成對「基督教文明日益嚴重的挑釁和威脅」。面對蘇聯的擴張，不能再奉行綏靖政策，西方國家尤其是英美應當團結起來，共同制止蘇聯的侵略。邱吉爾的「鐵幕」演說在全世界引起轟動。史達林認為這是「號召向蘇聯開戰」的危險舉動。可以說邱吉爾的「鐵幕」演說，是杜魯門借他人之口發表的冷戰宣言，美國政府借邱吉爾這位「反布爾什維克（Bolsheviks）老兵」之口，說出了自己不便言明的主張。這一演說一般被認為是美英對蘇聯發動冷戰的訊號。

提出杜魯門主義

在邱吉爾的鐵幕演說為杜魯門主義的出臺拉開序幕後，為了統一美國政府在對蘇問題上的立場，杜

魯門迫使堅持羅斯福總統和平緩進政策、反對與蘇聯公開決裂的「自由主義者」領袖商務部部長華萊士（Henry Agard Wallace）辭職，又爭取到以共和黨參議員塔虎脫（Robert A. Taft）為領袖的「保守主義者」的支持，使美國政府內部就與蘇聯決裂這一問題達成一致。

1946年9月24日，杜魯門的特別顧問克拉克・柯利佛德草擬了一份關於美蘇關係的報告，這個報告是絕密的，僅在美國最高決策層內部傳閱。報告認為美國必須擁有強大到足以抑制蘇聯的軍事力量，使蘇聯的勢力範圍限於目前所控制的地區，認為「一切目前尚不處於蘇聯勢力範圍內的國家，在他們反抗蘇聯的鬥爭中，都應得到美國慷慨的援

◆ 美國總統杜魯門和副總統巴克利在華盛頓火車站接受人們歡迎

◆1947年3月，杜魯門總統在一次國會會議上宣布對外政策

助和政治上的支持」。這個報告沿著肯南的思路，系統闡述了美國在全世界範圍內遏制蘇聯的戰略構想。形勢發展到這一地步，杜魯門主義的出臺只是時間問題了。

很快地，希臘和土耳其的危機就為杜魯門主義的出臺創造了機會。當時，共產主義運動在希臘和土耳其風起雲湧。雖然遭到英國的不斷鎮壓，但是兩國的革命運動一直在蓬勃發展，對兩國政府的援助成為英國無法承受的負擔。1947年初，英國陷入嚴重的經濟困境，已無力承擔援助希臘政府鎮壓革命運動的種種開支，而希臘的革命力量卻得到了南斯拉夫和蘇聯的支持。為了避免這兩個具有重要戰略地位的國家落入蘇聯手中，

1947年2月21日，英國緊急照會美國國務院，坦承自己所面臨的困難，希望美國能接手這個爛攤子。得到這一消息後，杜魯門決定美國必須挑起這副重擔，因為「歷史的轉折關頭已經來到，美國現在必須挺身而出，取代沒落中的英國成為自由世界的領袖」。同時杜魯門也想抓住這一天賜良機，趁機公開美國的冷戰政策。

1947年3月12日，杜魯門在國會兩院聯席會議上宣讀了要求國會批准援助希臘和土耳其的咨文，大肆渲染希臘和土耳其受到「共產主義的嚴重威脅」，並斷言如果喪失希臘，土耳其就會成為共產主義海洋中的前哨陣地。同樣，如果土耳其屈服於蘇聯，希臘的地位就會極端危險，最終會給歐洲乃至全世界造成災難性的後果。據此，杜魯門要求國會立即採取行動，在1948年6月30日前

撥款四億美元援助希臘和土耳其政府，以便美國在該地區建立「抵抗蘇聯侵略的屏障」和美國的前哨陣地。為了讓國會接受這一要求，杜魯門接受了范登堡（Hoyt Sanford Vandenberg）關於必須使美國感覺到局勢可怕的見解，於是親自前往國會山莊提出自己的主張，即「杜魯門主義」。他在國會說：「我認為美國的政策必須支持自由國家的人民，他們正在反抗企圖征服它們的武裝少數派和外界壓力。」美國國會兩院對此迅速做出反應，於1947年5月15日通過了援助希臘和土耳其反對共產主義的法案。

杜魯門主義出籠後，美國立即開始插手希臘內戰。截至1949年年中，希臘獲得了六‧四八億美元的援助，其中五‧二九億美元用於軍事需要，以鎮壓希臘人民的反抗。由美國出錢出槍，重新訓練了百分之六十六的希臘陸軍，武裝了二十萬名士兵、五萬名憲兵、一‧一萬名水兵和八千名空軍駕駛員。1947年11月，美希聯合總參謀部成立，美軍將領詹姆士‧范佛里特（James Alward Van Fleet；舊譯符立德）成了希臘軍隊實際的總司令。至1949年底，裝備簡陋的希臘民主軍寡不敵眾，只好放下武器，希臘人民革命的烈火被撲滅了。

與此同時，美國還控制了土耳其。1947年7月12日，美國和土耳其簽訂關於美國援助土耳其一億美元的協定，美國軍事代表團抵達伊斯坦堡（Istanbul），改組了土耳其軍隊，為美軍在土耳其獲取了海軍和空軍基地。1948年，美土兩國簽訂經濟合作協定，1949年又簽訂文化合作協定。有大批美軍坐

鎮的土耳其的國內局勢迅速安定下來，土耳其政府也度過了難關。

從美國在希臘和土耳其的所作所為來看，杜魯門主義可以說達到了圍堵共產主義的目的。從長遠來看，杜魯門主義也標誌著美蘇戰時同盟的公開破裂，和曠日持久的美蘇冷戰的全面展開，一場世界大戰剛剛結束，另一場不見硝煙的東西方大較量已上演。

◆ 1951年1月8日，杜魯門總統在美國國會發表國情咨文，宣布擴軍備戰的國策

杜魯門要求國會「延長並修正兵役法」，將現役兵力增加到三百五十萬人，並加緊軍用戰機、坦克等武器的生產。

西元1947年—西元1951年

◎人物：馬歇爾　◎地點：歐洲　◎關鍵詞：歐洲復興計畫

馬歇爾計畫

　　馬歇爾計畫是由美國國務卿喬治·馬歇爾所提出，是杜魯門主義邏輯上的延伸。杜魯門宣稱美國要承擔在全世界範圍內遏制共產主義的使命，而當時與共產主義陣營對抗的最前沿就是歐洲，特別是西歐。馬歇爾計畫正是美國為了扶植戰後凋敝的西歐而提出的。

戰後的歐洲

　　二戰結束後，西歐國家面臨的迫切問題並不是蘇聯的入侵，而是國內經濟狀況的極端惡化。1946年，西歐的工業產量不足戰前的百分之七十，農業產量則僅有戰前的約百分之六十。1946年底，西歐遇上罕見的嚴寒天氣，暴風雪過後接著洪水氾濫。由於天災人禍，英國一半以上的工礦企業癱瘓，農業產量甚至低於十九世紀的水準。1947年1月20日，英國政府公開承認：「不列顛處於極其危險的境地。」昔日的大帝國尚且淪落到這等田地，其他國家的情況也就可想而知了。

　　在經濟衰退之外，戰後西歐各國的政治局勢激烈動盪，國民對政府的不滿有增無減。法國、英國、義大利等國

◆ 美國國務卿馬歇爾與新內閣成員合影

的工人運動發展迅速，各國共產黨力量普遍增強。1947年4月，法國雷諾汽車廠的工人首先罷工，隨後迅速發展為全國性大罷工，法國的工業生產和鐵路運輸一時陷入癱瘓。與此同時，英國、義大利、比利時等國的工人運動也風起雲湧。經過反法西斯鬥爭鍛鍊的法國共產黨，這時候已經成為法國最有影響力的政黨，控制著擁有五百萬會員的工會，而擁有二百五十萬名黨員的義大利共產黨也在群眾中享有很高的威望。左翼勢力的大發展引起西歐各國政府的極大恐慌，他們紛紛向大洋彼岸的美國求助。這種情況也使自詡為世界反共領袖的美國坐立不安，美國國務卿馬歇爾（George Catlett Marshall, Jr.）警告說：「要是美國不對歐洲進行資助，走向暴政統治很可能是不可避免的。」

馬歇爾計畫出籠

美國援助西歐首先當然是基於其戰後的全球戰略考慮，即以西歐做為對抗以蘇聯為首的共產主義運動的前沿陣地，同時也是由其自身的經濟需求決定的。二戰中，做為唯一本土未淪為戰場的主要參戰國，美國的戰時經濟發展到了極盛。戰爭一結束，雖然軍事工業大量轉入民用生產，但是美國工業的龐大生產量遠不是美國國內市場可以滿足的，要想長期繁榮，必須擴大國外市場，而這其中又以西歐最為重要，所以西歐經濟復甦對當時的美國至關重要。另外，援助也意味著美國資本和商品進入西歐的大門被打開了，這是美國占領西歐市場的絕佳時機。

1947年4月26日，美國國務卿馬歇爾從

◆ 被譽為「美國陸軍史上最偉大的參謀軍官」的喬治・馬歇爾五星上將

莫斯科外長會議回國後，要求美國政府立即採取行動，對西歐進行援助。6月5日，馬歇爾在哈佛大學畢業典禮上發表演說，提出援助歐洲經濟復興、奪取全球戰略重點歐洲的方案。他首先號召西歐國家自行制訂復興計畫，「這是歐洲人的事情……我國的作用應該是在他們擬訂歐洲計畫時予以友好協助，並在今後加以支持……這項計畫應該是得到歐洲相當多國家同意的共同計畫……」馬歇爾又說：「我們的政策不是要反對任何國家或任何主義，而是要反對飢餓、貧窮、絕望和混亂。」這暗示當時極端困難的二戰罪魁德國也在援助之列。這篇演說發表後，馬歇爾計畫在美國和世界各國的報紙和廣播中立刻成為熱門話題。一週後，馬歇爾又表示這一計畫也包括蘇聯和東歐。

馬歇爾的演說在歐洲引起強烈迴響，連

◆1949年2月，運抵英國倫敦皇家維多利亞碼頭的食糖，這是馬歇爾計畫的一部分

蘇聯也對馬歇爾計畫（The Marshall Plan；也就是歐洲復興計畫〔European Recovery Program〕）表現出了不小的興趣。1947年6月底，英、法、蘇三國外長在巴黎舉行會談，商討回應馬歇爾計畫的問題。由於認為英法提出的歐洲統一計畫有干涉別國內政之嫌，蘇聯外長莫洛托夫很快就退出會談。會談破裂後，蘇聯及東歐各國被排除在馬歇爾計畫之外。7月12日，英國、法國、奧地利、義大利、比利時、丹麥、希臘、冰島、愛爾蘭、盧森堡、荷蘭、挪威、葡萄牙、瑞典、瑞士、土耳其等十六國在巴黎召開歐洲經濟會議，這次會議決定成立歐洲經濟合作委員會。9月22日，歐洲經濟合作委員會擬定的總報告獲得各國一致同意，要求美國在四年內提供援助和貸款二百二十四億美元。12月9日，杜魯門向國會遞交了「美國支持歐洲復興計畫」的咨文。1948年4月3日，杜魯門簽署了國會通過的《1948年對外援助法》，以立法的形式保障馬歇爾計畫的實施。美國還設立了負責實施馬歇爾計畫的經濟合作署，保羅・霍夫曼（Paul G. Hoffman）被任命為署長。

馬歇爾計畫期限為五年，自1948年4月3日至1952年6月底，美國共向西歐提供了一百三十一・五億美元援助，其中以糧食和消費品為主，百分之九十是贈予，百分之十是貸款。西歐各國中英國獲益最多，得到的援助高達三十二億美元；法國次之，為二十七億美元；義大利十五億美元；西德十三・九億美元；冰島最少，只有二千九百萬美元。1951年底，由於介入朝鮮戰爭，美國軍費開

支大幅增加，再加上一直對馬歇爾計畫持反對態度的共和黨在1950年的國會選舉中取勝後，對繼續實施這一計畫反應冷淡，馬歇爾計畫不得不於1951年底宣告結束，而代之以共同安全計畫。

馬歇爾計畫的影響

　　根據後來的統計資料顯示，馬歇爾計畫實施期間，是西歐歷史上經濟發展速度最快的時期。馬歇爾計畫之後的1952年，西歐的工業產量比戰前成長了百分之三十五，農業產量則成長了百分之十，戰爭結束之初的凋敝景象已經不復存在，西歐各國迎來了長達二十年的黃金發展期。並促進了西歐國家的聯合和歐洲共同體的建立。美國為了抗衡蘇聯，從全球戰略考慮，希望看到一個美國控制下的經濟上發展、軍事上強大、政治上穩定的統一的歐洲。因此，美國在提出馬歇爾計畫時，就鼓勵和贊同西歐的聯合。1948年接受計畫的十六個國家建立了歐洲經濟合作委員會，後來改組為歐洲經濟合作組織，1954年又成立了促進貿易和支付自由化的歐洲支付同盟，在一定程度上打破了西歐各國之間的貿易壁壘，使西歐各國經濟上的聯繫日益緊密。這些都為二十世紀五〇年代末西歐共同體的成立，奠定了基礎。

　　做為馬歇爾計畫的實施者，美國也從中獲得了巨大利益。首先，在政治和戰略上，復興的西歐處在與以蘇聯為首的共產主義陣營對抗的前線，為美國分擔了相當大的壓力，特別在美國陷入朝鮮戰爭難以自拔的局面下，這一作用尤其明顯。在經濟上，美國

◆ 馬歇爾將軍陪同羅斯福總統為威爾伯將軍授勳背後繫綬帶者是巴頓將軍。

資本與商品大量湧入西歐，緩解了美國國內生產過剩的問題，在一定程度上擴大了美國的市場。但西歐復甦之後並沒有淪為美國經濟上的附庸，而是走上了獨立發展的道路，如今成為可以和美國分庭抗禮的勢力，這顯然是美國沒有預料到的，而這也成為美國國內反對馬歇爾計畫者竭力攻擊的一點。

延伸閱讀

莫洛托夫計畫

　　在1947年6月底的英、法、蘇三國外長會談破裂之後，蘇聯及東歐各國參與馬歇爾計畫的路被堵死了。然而戰後的蘇聯和東歐地區也面臨著非常嚴峻的經濟形勢，為了加強與東歐的經濟聯繫，蘇聯與保加利亞、捷克斯洛伐克、匈牙利、波蘭、羅馬尼亞先後簽訂了貿易協定，以此來反制馬歇爾計畫，這就是莫洛托夫計畫。

西元1950年—西元1953年

◎人物：麥克阿瑟　金日成　　◎地點：朝鮮半島　　◎關鍵詞：抗美援朝

朝鮮半島的恩怨

　　半個多世紀之前，社會主義陣營與資本主義陣營在朝鮮半島進行了一場殘酷的較量。這場席捲十多個國家，導致數百萬人死亡的戰爭，如今雖幾乎被人遺忘，但朝鮮半島分裂成兩個國家與半島緊張的局勢，卻能時時引起世界的矚目。今天讓我們撥開歷史的迷霧，走進那場在世界歷史上留下濃重一筆的戰事，聆聽那隆隆的炮火聲……

◆ 麥克阿瑟返美後在國會發表演講

其主張繼續擴大朝鮮戰爭，對中國實行經濟封鎖。

半島上的兩個政權

　　第二次世界大戰後期，同盟國開始討論戰後各自殖民地的去留問題，以期建立新的世界格局。1945年8月，美國提出以北緯38度線（即三八線）為界，由美國和蘇聯分別占領朝鮮半島南部和北部，蘇聯表示同意。

　　1945年12月29日，美國公布《莫斯科協定》，這是由美、英、蘇三國外長會議簽署的，旨在保證對朝鮮半島進行託管和建立朝鮮半島臨時民主政府的協定。但美蘇兩國不斷地各自經營，使託管委員會形同虛設，半島統一選舉遙遙無期。

　　1948年5月10日，南朝鮮率先舉行了單獨選舉，李承晚當選南朝鮮總統。8月15日，大韓民國政府正式宣告成立。北方的單獨選舉中，金日成當選為北朝鮮最高領導人。1948年9月9日，他宣布了

朝鮮民主主義人民共和國的成立。至此，朝鮮出現了兩個意識形態上完全敵對的政權。朝鮮整個民族邁向了分裂，走向了對抗的道路。

◆ 麥克阿瑟在三八線附近偵察朝鮮人民軍的軍事動向

戰鬥的各方

從戰前的準備來看，北朝鮮明顯要比南朝鮮準備充分。北朝鮮經過精心準備，建立了一個規模龐大的軍隊——有蘇聯提供的以T-34坦克為代表的大量現代化武器裝備。相比之下，南朝鮮軍隊武器匱乏，沒有重炮、坦克以及空軍裝備。1950年6月25日，朝鮮戰爭爆發。北朝鮮方面稱，李承晚在美國操縱下突然向三八線以北地區進行全面的武裝侵犯。但南朝鮮軍隊根本沒有招架之力，僅僅三天之後漢城（今首爾）便失守了。

6月26日，美國總統杜魯門命令駐日本的美國遠東空軍協助南朝鮮作戰。27日再度命令美國第七艦隊駛入臺灣海峽「巡邏」，阻止中國人民解放軍渡海奪回臺灣。7月7日，在美國的操縱下，聯合國安理會通過決議，要求聯合國會員國派出軍隊組成「聯合國軍」，以幫助南朝鮮抵抗北朝鮮軍隊的進攻。聯合國軍以美軍為主導，其他十五個國家也派小部分軍隊參戰，由美國遠東駐軍司令麥克阿瑟上將統一指揮。與此同時，中國開始在東北集結軍隊。中共中央書記處的一次會議決定，一旦入朝作戰，將使用「志願軍」的稱呼。

◆戰爭的殘酷

照片中參加朝鮮戰爭的美國士兵面對自己的戰友相繼離去，卻無能為力，只能痛哭流涕地相互安慰。

　　戰爭初期，北朝鮮軍隊節節勝利，到8月初，戰火燃燒到了朝鮮半島南部百分之九十的地區，南朝鮮軍隊和美軍被一直逼退到釜山。9月，麥克阿瑟親自指揮的聯合國軍在朝鮮半島中部的仁川登陸，將北朝鮮軍隊一分為二，戰局發生逆轉。這時，中國發出警告，稱如果美軍跨過三八線，中國就會出兵。但是，這番警告被杜魯門視為中國對聯合國的「外交訛詐」，而沒有被重視。10月，美軍和南朝鮮軍隊開始反攻並越過三八線作戰。

　　中國雖然做出強硬聲明，高層領導人內部意見卻不一致。由於美軍轟炸了中國丹東的文物市場，中國領土安全受到嚴重威脅；同時美軍進入臺灣海峽，迫使中國中止奪回臺灣的渡海戰役。這些都讓中國倍感來自美國的威脅。中國最終決定出兵朝鮮半島。1950年10月19日，中國人民志願軍在彭德懷司令員兼政委的指揮下開始渡過鴨綠江入朝作戰。

　　中國軍隊入朝後，馬上發起第一次戰役，迅速扭轉戰局。中國軍隊的進攻讓聯合國軍始料未及，戰鬥失利後的聯合國軍全線撤退至清川江以南。中國軍隊則頻頻告捷。

雖然遭受到面對中國戰事的第一次慘敗，麥克阿瑟依然堅持認為中國的出兵只是象徵性的。11月24日，麥克阿瑟發動了對清川江以北中國軍隊的進攻，並宣稱要讓美軍士兵「回家過耶誕節」。中國人民志願軍採取誘敵深入的戰術，於11月25日發動第二次戰役，以圖合圍全殲美軍。美軍和南朝鮮軍隊被迫全線突圍，南撤至三八線，並於12月5日棄守平壤。12月31日中朝軍隊發起第三次戰役，推進至三八線以南約八十公里處，漢城（首爾）也被中國人民志願軍第五十軍與朝鮮人民軍第一軍團攻占。

而此時的杜魯門政府，與聯合國軍前方指揮官麥克阿瑟將軍意見不一致。杜魯門希望避免與中國或蘇聯產生直接衝突，不想引發第三次世界大戰。麥克阿瑟則以軍事上的勝利為優先，多次提出過針對中國大陸的攻擊計畫，如大規模轟炸東北、動用原子彈轟炸東南沿海大城市等。這些計畫明顯有悖於當時華盛頓政府外交政策的言論，最終激怒了杜魯門。麥克阿瑟被免職，其最高司令官的職務由馬修・李奇威（Matthew Bunker Ridgway）將軍接任。

朝鮮停戰協定

美國在1951年1月13日提出停戰建議，但是在順利的戰爭形勢面前，中國領導人認為中國有能力將美國軍隊逐出朝鮮半島。事實上，中國軍隊在第三次戰役結束時，由於缺乏軍需用品，戰爭行動已經大受影響。

聯合國軍對中朝軍隊裝備有絕對優勢，在美國空軍的威脅下，中國志願軍的後勤保障補給異常艱難。志願軍的士兵只能背負五天的糧食，到了第七天就彈盡糧絕，不得不停止進攻。聯合國軍則趁這時發動「屠夫作戰」與「撕裂作戰」，志願軍在聯合國軍的炮火下挨打，損失慘重。1月25日發起的第四次戰役過於倉促，中國人民志願軍不得不放棄仁川和漢城，被迫全線後退一百多公里，撤回到三八線以北。

4月，朝鮮戰場形勢倒向聯合國軍。4月22日，中國人民志願軍發動第五次戰役，至29日「禮拜攻勢」結束，聯合國軍開始發動「第二次春季攻勢」，聯合國軍第二次跨過三八線，志願軍被迫全線後撤約四十公里，勉強阻止住聯合國軍的進攻。志願軍遭受到入朝以來最大的一次損失。此後，雙方轉入對峙狀態。

7月10日，雙方終於同意停火、談判。談判過程中美國一直對中方施加軍事壓力。為獲得停戰談判的有利條件，美軍先後發動了「夏季攻勢」和「秋季攻勢」，在沒有達到目的的情況下，又實行大規模的空中轟炸。上甘嶺戰役之後，美軍沒有能力再發動營以上規模的進攻，美軍已意識到最後仍要靠談判才能結束戰爭。但由於雙方的條件過於懸殊，停戰談判整整談了兩年。

1952年11月，艾森豪當選美國總統，其競選口號之一就是要結束朝鮮戰爭。1953年3月5日，史達林逝世，蘇聯方面首次呼籲和平解決戰爭，隨後中朝方先提出恢復和談。4月26日，重開後的和談進展很快，短短三個月，7月27日，雙方簽署了《朝鮮停戰協定》。

西元1949年—西元1991年

👤**人物**：北約與華約　　🌍**地點**：比利時和蘇聯　　🔑**關鍵詞**：兩大組織的對抗

北約、華約的針尖與麥芒

　　北大西洋公約組織（簡稱北約）和華沙公約組織（簡稱華約），是冷戰中美蘇雙方為了對抗，而分別聯合自己的盟國成立的政治、軍事聯盟，是美蘇兩個超級大國實現其冷戰戰略的平臺。

北大西洋公約組織的建立

　　美國在二戰後一直非常重視歐洲，不僅因為歐洲是資本主義的發源地，曾經是世界經濟中心，更因為這裡在二戰之後成為東西方對峙的前沿陣地，是美蘇冷戰的主戰場。在美國看來，這裡的安全關係著整個西方世界的安危。所以美國實施了馬歇爾計畫，在經濟上援助西歐。與此同時，擁有豐富政治軍事資源的西歐，對於美國有著特別重要的意義。基於此，美國把目光投向了西歐的共同安全防務問題，積極推動西歐的聯合，試圖建立以美國為首的軍事政治集團，從而實現控制西歐、遏制蘇聯的目的——建立北大西洋公約組織（North Atlantic Treaty Organisation, NATO），就是美國為實現這一目的而採取的最重要的措施。

　　為了構建西歐共同安全防務網，美國首先以反共和復興歐洲為口號，積極推動西歐聯合的發展。在美國的支持之下，1948年1月，英國正式提出建立西歐聯盟的建議，得到積極回應。3月5日，英國、法國、荷蘭、比利時、盧

◆1955年，北大西洋公約組織會議

◆總統杜魯門簽署實施北大西洋公約組織文件

森堡五國在比利時首都布魯塞爾舉行談判，締結了一項以軍事同盟為核心的集體防禦條約，通稱《布魯塞爾條約》（Treaty of Brussels）。3月17日，五國外長在布魯塞爾正式簽約，條約為期五十年。根據規定，締約國在受到侵略威脅時，有互相提供一切援助的義務，這明顯是針對蘇聯的。8月25日，《布魯塞爾條約》生效，布魯塞爾條約組織正式成立，該組織設有外長協商委員會、西方聯盟防務委員會、參謀部和司令官委員會等機構。

布魯塞爾條約組織雖然成立了，但是當時的西歐各國和美國都認為這一組織有著很大的局限性，特別是在當時的情況下，如果沒有美國的參與，西歐的共同安全根本無從談起。美國也認為《布魯塞爾條約》簽約國過少，無法滿足美國在這一地區的安全需要。因此，美國國內要求與西歐國家簽訂共同防禦協定的呼聲日益高漲。1948年6月間，美國參議院通過了范登堡提出的議案，允許美國在互助、互援基礎上，在涉及美國國家安全的情況下，通過憲法程序參加區域

性的或其他性質的集體防務協定，從而為美國與西歐的聯合確立了法律依據。緊接著的7月6日，美國、加拿大和布魯塞爾條約組織成員國在華盛頓舉行會議，討論締結集體安全條約。9月9日，會議通過一份供與會各國政府討論的備忘錄，即所謂「華盛頓文件」。文件對即將成立的北大西洋公約組織的性質、範圍、締約國承擔的義務，以及其與其他歐洲組織的關係等，做了明確規定。

　　1949年3月18日，《北大西洋公約》條文正式公布。4月4日，美國、英國、法國、義大利、荷蘭、比利時、盧森堡、丹麥、加拿大、冰島、挪威和葡萄牙十二國外長，在美國華盛頓的國務院會議大廳舉行《北大西洋公約》簽字儀式。8月24日，《北大西洋

◆1946年1月30日，聯合國大會在倫敦召開首次會議

比利時政治家保羅·亨利·斯巴克被選為聯合國主席。1958年，他成為北大西洋公約組織祕書長。

公約》正式生效，北大西洋公約組織隨之成立。9月17日，北約最高權力機構北大西洋理事會成立，由各成員國外長組成。另外還成立了由各國國防部長組成的防務委員會，由各國總參謀長組成的最高軍事權力機構──軍事委員會。

華沙公約組織的建立

　　北約建立之後，即成為美國對抗蘇聯的重要工具。1952年，深受杜魯門主義之惠的希臘、土耳其加入北約。1954年10月，美國、英國、法國、聯邦德國、比利時、荷蘭、盧森堡、義大利、加拿大九國代表簽訂《巴黎協定》（Paris Agreement），批准聯邦德國加入北約。這樣一來，整個西歐除了西班牙和幾個中立國之外，都成為北約成員，對蘇聯及其東歐各國形成了很大的壓力。1954年11月13日，蘇聯照會美國、中國和歐洲二十三國，對《巴黎協定》表示堅決反對，並建議於11月29日在莫斯科或巴黎召開全歐洲安全會議，討論建立歐洲集體安全體系。西方國家拒絕了蘇聯的提議。這年的11月29日至12月2日，在沒有西方國家參加的情況下，蘇聯與波蘭、捷克斯洛伐克、匈牙利、羅馬尼亞、保加利亞、阿爾巴尼亞、民主德國代表，在莫斯科舉行歐洲和平與安全會議，宣布如果西方國家不顧反對將聯邦德國納入北約，那麼他們不得不採取應對措施以確保自身安全。西方對此不予理會，1955年5月《巴黎協定》正式生效，聯邦德國加入北約。蘇聯立即採取反制手段，不僅廢除了與英國和法國的友好條約，更於1955

年5月11日至14日在波蘭首都華沙召開了第二次歐洲和平與安全會議，與會的八國在莫斯科簽署了《友好合作互助條約》，即《華沙公約》（Warsaw Pact）。

根據《華沙公約》陸續成立了最高決策機構政治協商委員會、最高軍事機構國防部長委員會，外交部部長委員會和聯合武裝力量司令部等機構。

兩大組織的對抗

北約和華約兩大組織的建立，是美蘇冷戰下的產物，而他們的成立也標誌著以冷戰為表現形式的軍事對抗正式開始。所以，北約和華約從根本上說，是美蘇冷戰和爭霸的工具。在建立之初，他們的核心權力，尤其是軍事指揮權分別被美國和蘇聯牢牢攥在手中。北約盟軍最高司令由美國人擔任，北約核襲擊力量的使用權操縱在美國總統手裡。華約聯合武裝力量司令部的歷任總司令，都由蘇聯國防部第一副部長兼任，而其他成員國的國防部長或軍事領導人，則只能出任副司令。

對於兩大條約組織下的各參與國來說，他們的命運或主動或被動地和美國或蘇聯聯繫在一起。他們雖然在集體防禦下獲得了安全庇護，但是美蘇之間的長期對抗，也正是二戰後歐洲乃至整個世界最大的不穩定因素，所以身處其中的各小國也只能是聽命於各自的首領。

二十世紀八〇年代末九〇年代初，世界局勢風雲突變，共產主義運動進入低谷，發生了一連串激烈變動。在這場變動中，華約逐漸走向解體——1991年7月1日，《華沙公約》締約國在布拉格舉行會議，宣布華沙公約組織正式解散。這場持續了三十多年的兩大組織之間的對抗終告結束。

北約在成立之後一直保持著擴張的趨勢。東歐劇變、蘇聯解體後，北約開始向地區性防衛協作組織轉變，積極介入對伊拉克、南斯拉夫、阿富汗等國的戰爭。同時，北約積極東擴，將大批華約成員國和蘇聯加盟共和國吸收進來。時至今日，北約已經擁有了二十八個成員國，成為在地區安全和國際事務中，舉足輕重的一支力量。

◆ 1954年10月，法國、德國、英國、美國在法國巴黎簽署《巴黎協定》

照片中從左至右分別為：法國總理皮埃爾•孟戴斯－弗朗斯、西德總理康拉德•阿登納、英國外交大臣安東尼•艾登、美國國務卿約翰•福斯特•杜勒斯。該協定於1955年5月生效，根據協定，聯邦德國結束被占領狀態，成為主權國家並加入北約。

西元1948年—西元1949年

◎人物：杜魯門　◎地點：德國　◎關鍵詞：第一次柏林危機

哭泣的柏林

　　柏林，這座歷史悠久的古城，曾經是納粹德國的心臟，在第二次世界大戰結束之後一分為二。雖然柏林位於蘇占區內，但是美、英、法卻分區占領了柏林的西半部分，在蘇聯的勢力範圍中深深釘入了一個楔子。在冷戰的大背景下，柏林成為東西方角力的舞臺。多少政治交鋒在這裡上演，柏林危機就是其中最生動的一幕。

蓄謀已久的陰謀

　　1945年，在盟軍和蘇聯紅軍的兩線夾擊下，德軍步步敗退。5月2日，柏林被蘇聯紅軍完全占領。5月8日，納粹德國正式投降，第二次世界大戰歐洲戰場的戰事宣告結束。

　　德國戰敗投降後，按照雅爾達會議的協議規定，蘇、美、英對德國實行分區占領政策，並邀請法國做為第四個占領國。同樣，柏林市也實行四國共管。柏林西部由美、英、法三國占領，東部則由蘇聯占領。1947年6月，馬歇爾計畫出籠後，美國加強了對歐洲的攻勢，但德國問題一直是美英與蘇聯衝突的焦點。為了實現控制歐洲和對抗蘇聯的目的，美國採取了分裂德國的政策，準備把西占區打造成東西方對抗的堅強堡壘。

　　這一年美英占領區首先合併，美國還以薩爾地區（Territory of the Saar Basin）併入法國為條件，促使法國同意法占區與美英占領區合併。1948年2月，美、英、法、比利時、荷蘭、盧森堡六國召開了倫敦外長會議，宣布要召開德國境內西方占領區的制憲會議，準備成立一個西德政府。6月18日，美、英、法又宣布從6月21日起，在西占區

◆第一次伯林危機

1948年，第一次柏林危機爆發時，西柏林每三分鐘就有一架飛機進出。

實行單方面的貨幣改革，發行新的「B」記號馬克。此舉成為德國分裂的前奏。

美英緊鑼密鼓地扶植西德建立的同時，蘇聯也在蘇占區採取積極行動。美英占領區合併後，蘇聯在蘇占區成立德國經濟委員會，獨立管理蘇占區的經濟。在聽聞美、英、法宣布貨幣改革後，蘇聯軍事長官立即發表《告德國民眾書》予以譴責。並於6月22日在蘇占區實行貨幣改革，發行新的「D」記號馬克。而且在6月24日出兵，全面切斷了西占區與柏林之間的水陸交通。柏林危機全面爆發。

舉世矚目的空運

西柏林位於大片蘇占區的腹地，猶如「孤島」。這裡居住了二百五十萬居民，以及盟國的管制委員會和西方國家的占領軍。然而，這座城市根本不生產食物或其他生活必需品，它的生存完全依賴陸路、水路運輸。當時柏林西區的糧食和煤炭儲備僅夠二百五十萬西柏林人維持三十天左右，而封鎖的結束卻遙遙無期。

封鎖的消息傳到華盛頓，美國可謂朝野震驚。如何應對危機，美國政府內部也是意見不一，最後，美國總統杜魯門決定留在柏林。為了避免與蘇聯發生正面衝突，美國政府認為空運是危險較小的補救措施，於是調動運輸機進行持續的大規模空運，在西占區和西柏林之間架起了一座「空中橋梁」。6月26日，美國空軍的第一架C-54「空中霸王」式運輸機從法蘭克福將一批急需的物資運入柏林，代號為「運糧行動」的空運作業

◆ 西柏林機場的裝卸工正從一架美製C-47運輸機上卸下糧食

正式開始。1948年10月15日，美國和英國正式建立聯合空中補給工作小組，由美國空軍中將威廉・特納負責，統一指揮「美英聯合空運特遣隊」的空運活動。

了解到西柏林居民面臨的艱難情況後，愈來愈多的國家不再將柏林空運視作一場解決政治鬥爭的手段，而是人道救援。1949年起，澳洲、紐西蘭和南非等國紛紛派出運輸機和機組人員參與柏林空運。1949年4月16日，西柏林上空運輸機傾巢出動，當天的空運量居然達到了一萬二千八百四十噸，創下了柏林空運中單日最高空運量紀錄。

分裂的德國

在蘇聯切斷了通向美、英、法占領區交

通的同時，美、英、法也對蘇占區所缺乏的煤、鐵、電力進行反封鎖。儘管西方各國都加大了對柏林的空運力度，但是這時的美國人卻更為擔心，西方國家所處地位十分不利。美國政府意識到：空運只是一項權宜措施，最終需透過外交途徑解決危機是勢所必然。因此，美蘇雙方開始積極尋求接觸。

然而，就在蘇、美、英、法四國緊張進行外交談判、謀求解決柏林危機的時候，柏林的分裂趨勢卻在加劇。8月，柏林市警察局、糧食、郵政、社會保險、勞工和財政等部門分裂。從9月起，市議會和市政會議均在柏林西區舉行，其權力也僅限於西區。11月30日，柏林東區選出新市政府，前威瑪共和國（Weimar Republic）第一任總理之子弗里德里希·艾伯特（Friedrich Ebert）出任市長。12月5日，柏林西部選舉市政府，路透擔任市長。美、英、法在三國基礎上重新組織軍政府，對西柏林實行占領管制。至此，柏林市的行政、立法和司法部門完全分裂，東西柏林成為兩個獨立的部分。

柏林分裂了，但美國並不滿足。杜魯門政府緊緊抓著柏林問題不放，極力保持與蘇聯的緊張對峙局面，藉機要脅西歐各國，以加強對西歐的控制，好方便自己建立西德政府和北大西洋公約組織。1949年，建立西德國家的準備工作就緒。4月8日，美國國務院發布對西德的《占領法》，北大西洋公約組織於4月4日成立。

在這種形勢下，蘇聯政府認為，繼續將封鎖做為外交上施加壓力的手段已無效，反倒成了西方攻擊性宣傳的口實。為號召德國人民爭取國家統一，蘇聯轉而發起了廣泛的和平運動。蘇聯策略的改變，使柏林問題得以透過和平談判來解決。從1949年2月開始，美蘇就解決柏林問題進行談判，雙方代表祕密進行接觸，經過幾個星期的周旋，終於在5月4日達成協議。次日，四國宣布自5月12日起雙方同時解除對對方的封鎖，封鎖解除十天後，召開外長會議討論有關德國的各方面問題。戰後第一次柏林危機宣告結束。

第一次柏林危機是戰後美蘇第一次孕育武裝衝突危險的直接對抗，也是美蘇兩國爭奪德國的首次較量，有著極其深遠的影響。它促成了兩個德意志國家的建立。1949年9月，德意志聯邦共和國成立。10月，德意志民主共和國成立。從此，一個民族分裂為兩個政治經濟制度完全對立的國家實體。

布蘭登堡門

布蘭登堡門（Brandenburger Tor）是柏林市區著名的遊覽勝地，始建於1788年的布蘭登堡門是一座新古典主義風格的建築，以雅典衛城的城門為藍本。

為紀念「七年戰爭」勝利而建造的布蘭登堡門，曾象徵著普魯士的崛起和德意志帝國的第一次統一。冷戰時期，布蘭登堡門是東柏林和西柏林的分界，東、西德統一後，布蘭登堡門又成了德國重新統一的象徵，也是德國國家的標誌。

◆德國柏林的美軍檢查站舊址

西元1962年10月

人物：卡斯楚　甘迺迪　　地點：古巴　　關鍵詞：美蘇妥協

古巴飛彈危機

　　由於蘇聯領導人的輕率冒險，1962年在美洲加勒比海地區發生了一場震驚世界的危機——古巴飛彈危機。古巴飛彈危機稱得上是冷戰期間，美蘇兩國之間最激烈的一次對抗。雖然危機僅僅持續了十三天，然而當時美蘇雙方劍拔弩張，常在核彈按鈕旁徘徊，那一次人類空前地接近毀滅的邊緣。但是到最後，危機卻以雙方的妥協而收場。

◆1952年，蘇聯抨擊美國外交政策的漫畫

漫畫中的美國人一邊呼籲「和平、防衛、裁軍」，一邊準備打仗。當時希臘內戰中共產主義陣營失敗，漫畫中的美國將軍正策畫在地圖上希臘的位置建立基地。漫畫中還表現了美國在東英吉利的強大勢力，以及在那裡建立的B-29S空軍基地。

美古交惡

　　1959年的古巴革命，成功地推翻了巴蒂斯塔（Fulgencio Batista）獨裁政權，古巴共和國成立了。古巴新政權成立初期，美國曾積極地維持與古巴的友好關係。卡斯楚出任總理後曾出訪美國，當時他受到艾森豪總統的熱烈歡迎。但是在同年5月，古巴開始推行土地改革。6月，卡斯楚（Fidel Castro）宣布沒收美國人在古巴的全部資產。美國對古巴新政權產生了怨恨和不滿，開始著手對古巴進行貿易封鎖，並支持古巴的流亡分子，以圖顛覆古巴新政權。美國與古巴的關係日益惡化。

　　1961年1月，美國宣布與古巴斷絕外交關係，並對古巴進行經濟制裁。4月15日，在美國中央情報局的策畫下，古巴流亡分子空襲了古巴。4月17日，有一千多名雇傭軍

在古巴中部豬灣（Playa Girón；亦稱吉隆灘）登陸，企圖暴力推翻卡斯楚政府。但是，此次行動僅在七十二小時之後就以失敗告終。

面對美國的多種「為難」，古巴進一步向蘇聯靠攏以尋求援助和支持——卡斯楚宣布古巴是社會主義陣營的一員。古巴的求援，正是蘇聯求之不得的事。赫魯雪夫（NiKita Khrushchev）認為古巴局勢直接關係到蘇聯在拉丁美洲的影響力，關係到蘇聯在國際共產主義運動中的威信。蘇聯正好可以把古巴做為跳板，藉機使蘇聯的影響逐步向拉丁美洲滲透。因此，蘇聯和古巴的關係迅速發展，兩國很快便形成一種特殊的關係。

1962年7月，古巴國防部部長勞爾·卡斯楚（Roúl Castro）訪問蘇聯時請求獲得更多、更直接的軍事援助，雙方透過協商達成祕密協定。此後的一個月內，蘇聯派遣大量軍事技術人員到古巴。同時蘇聯還做出向古巴祕密運送中程導彈和遠端噴氣轟炸機的決定，並著手建造導彈基地，由此引發了美蘇在冷戰期間的又一嚴重危機。

一觸即發

蘇聯領導人赫魯雪夫之所以堅決要把導彈運進古巴，是基於多方面的考量。首先，蘇聯和古巴間隔萬里，而美國與古巴卻近在咫尺，雖然蘇聯可以向古巴源源不斷地運送武器，但是難以抵禦美國一次真正的大規模

◆蘇聯在古巴建造導彈基地位置圖

入侵。此時核導彈是再合適不過的震懾武器，能夠簡單快捷地達到目標。當然，保衛古巴只是一個冠冕堂皇的理由，蘇聯有著自己的如意算盤。

美蘇軍備競賽中，甘迺迪（John F. Kennedy）政府曾在二十世紀五〇年代後期拚命擴充核武器，使美國在蘇美核競賽中始終處於領先地位。當時蘇聯僅有四十四枚洲際導彈和一百五十五架戰略轟炸機，而美國同類武器分別有一百五十六枚和一千三百架，實力遠勝於蘇聯。而且美國在土耳其、義大利和西德都部署有針對蘇聯的導彈，蘇聯境內所有的重要工業城市都處於美國核彈和戰略轟炸機的直接威脅之下，等於是美國已經把蘇聯團團包圍了。因此，在赫魯雪夫看來，向古巴部署導彈顯然是恢復蘇美平衡一個既快捷又便宜，同時又是千載難逢的機會。如果蘇聯把中程導彈安放在古巴，就可以避開美國的預警系統，加強直接打擊美國本土的能力，改變蘇聯的戰略地位，還可以造成不利於美國的政治影響。在必要的時候，這些導彈又可以做為討價還價的籌碼，

◆當時的美國總統甘迺迪

當得知蘇聯向古巴提供導彈時，甘迺迪驚訝不已，迅速召集美國國家安全委員會商討對策，並決定採用封鎖方案。大戰一觸即發。

迫使美國在其他問題上讓步。

　　1962年7月，蘇聯代號為「阿納德爾」的計畫開始實施。蘇聯將幾十枚導彈和幾十架飛機拆卸開來裝到貨櫃中，用商船分批運往古巴。同時有三千五百名蘇聯軍事技術人員陸續乘船前往古巴。這是一個嚴格保密的、規模空前的、充滿危機的計畫。儘管當時的美國中情局也注意到有大批蘇聯船隻駛向古巴的異常現象，但是美國政府對蘇聯在自己眼皮底下安置導彈的大膽行動始料未

及，並未重視這項情報。同時在公開場合中，蘇聯一再否認在古巴擁有攻擊性武器，聲稱蘇聯的船隻是裝運「給古巴人民的日用品和食物」。直到9月2日，蘇聯終於宣布，根據蘇古兩國達成的相關協議，蘇聯將向古巴提供武器及技術專家。至此，蘇聯的運輸計畫已完成，部署工作也已近尾聲了。

　　1962年10月間，美國的U-2高空偵察機多次飛臨古巴上空蒐集情報，美國的專家們在仔細研究了數千張照片後，最終確認古巴正在修築可以發射中程彈道導彈的發射架，並部署了重型轟炸機。10月16日，美國中情局向甘迺迪提供的確切情報稱：蘇聯部署在古巴的武器包括四十二架伊爾-28遠端戰略轟

炸機，四十枚SS-4型和SS-5型中短程導彈，二十四個地對空導彈發射場及四十二架當時超一流的米格-21戰鬥機等。蘇聯導彈已對美國造成了嚴重的威脅。

甘迺迪知情後迅速召集美國國家安全委員會商討對策。經過緊張的研究討論，甘迺迪和他的智囊團最後決定採用封鎖的方案，這是既有效又少冒風險的辦法，對美國最為有利，必要時還可以層層加碼施壓，同時也給蘇聯有個臺階下。總之，此方案有較大的迴轉空間。10月22日晚，甘迺迪向全美發表電視講話，通告了蘇聯在古巴部署核導彈的事實，宣布美國要武裝封鎖古巴，並要求蘇聯在聯合國的監督下撤走導彈。

美國開始集中地面、空中和兩棲作戰部隊。駐紮在世界各地的美軍全都進入了最高戒備狀態。美國一半的戰略轟炸機保持在空中盤旋，滿載核彈頭的核潛艇在各大洋遊弋。此時蘇聯也宣布實施軍事動員，一場核大戰似乎一觸即發。

美蘇妥協

面對美國如此迅速和強烈的反應，蘇聯有點措手不及。最初，蘇聯的態度也很強硬，抗議美國的「隔離」政策。表面上，美蘇雙方針鋒相對，實際上，雙方都不敢發動核戰爭。兩國領導人都十分謹慎地處理這場危機。兩艘蘇聯貨船在美國所設的「隔離線」處停了下來，其他裝載武器的蘇聯船隻也都停駛或返航。考慮到蘇聯的軍事力量仍然處於劣勢，赫魯雪夫開始尋求與美國妥協。

赫魯雪夫和甘迺迪透過祕密管道來往通信。透過這些信件以及其他祕密途徑，經過一番激烈緊張的討價還價後，美蘇達成妥協：蘇聯從古巴撤走導彈等攻擊型武器，美國則承諾不入侵古巴。11月11日，蘇聯在未與古巴協商好的情況下撤走了全部四十二枚導彈。11月20日，在蘇聯同意三十天內撤走伊爾-28遠程戰略轟炸機後，甘迺迪宣布取消對古巴的海上封鎖。加勒比海又恢復了往日的平靜。

對於此次危機的「當事者」古巴人而言，顯然感覺他們被忽視、被背叛了，成了美蘇鬥爭的犧牲品。他們感到失望、氣憤和痛苦，然而國際關係形勢是由大國所主導的，小國只不過是大國間角逐的棋子罷了。

U-2高空偵察機

U-2高空間諜偵察機是由美國洛克希德・馬丁（Lockheed Martin）公司研發的，綽號「黑小姐」。1955年8月4日首飛，共生產了五十五架。U-2飛機被美國用來偵察敵對國家後方的戰略目標，是冷戰時期美國最重要的偵測工具之一。U-2飛機征戰全球，曾偵察過蘇聯、古巴、朝鮮、中國、越南等國家。1962年，正是由於U-2飛機提供的偵察照片，才使美國徹底弄清楚了蘇聯的底細，迫使蘇聯最終從古巴撤出導彈，避免了人類核衝突。從這個意義上來說，當時的U-2飛機是世界的「救星」。

「鐵娘子」柴契爾夫人

⊙早期參政　⊙執政生涯　⊙卸任以後

　　出身平民的柴契爾夫人，靠著剛強的意志，努力奮鬥，1975年當選為英國保守黨領袖，她也因此成為保守黨歷史上第一位女黨魁。1979年柴契爾夫人出任英國首相，成為英國歷史上第一位女首相。在1983年和1987年她又贏得兩次連任。她在職期間的各項政策被稱為「柴契爾主義」。

早期政治活動

　　柴契爾（Margaret Thatcher；又譯佘契爾）夫人在1925年10月13日，出生於英格蘭肯特郡（Kent）的格蘭瑟姆（Grantham），和為人所熟知的科學巨人牛頓是同鄉。她最初名為瑪格麗特·希爾達·羅伯茨。父親阿爾弗瑞德·羅伯茨（Alfred Roberts）在鎮內經營雜貨店，卻熱心地方政治，而且是保守黨的支持者。受父親的影響，柴契爾夫人對保守派的觀點和立場有一定的認識，並對政治有濃厚的興趣。1943年，她從凱斯帝文－格蘭瑟姆女子中學畢業，並獲得獎學金。1944年，她進入牛津大學薩默維爾女子學院攻讀化學，先後獲得牛津大學理學士和文科碩士學位。但她對政治的熱情遠遠超過對化學的熱情，進入牛津大學不久她就加入那裡的保守黨協會並成為主席。

　　大學畢業後，她到一家塑膠製造公司工作，並曾參與研發冰淇淋。但她並沒有放棄對政治的追求，每逢週末她都要乘車前往倫敦參加保守黨的會議、辯論，以及群眾大會

等活動。在1948年的保守黨年會上，柴契爾夫人代表牛津畢業保守黨協會發言，此發言在保守黨內部引起巨大迴響，她也因此被提

◆「鐵娘子」柴契爾夫人

名為達特福（Dartford）選區的議員代表。1950年和1951年，柴契爾夫人兩次參加議員競選，成為當時最年輕的保守黨女性候選人，但結果都以失敗而告終。不過，在她不斷努力、不斷演講下，終於在1959年，在她三十四歲的時候，成為英國歷史上第一名女議員。

1961年，柴契爾夫人出任保守黨政府年金和國民保險部政務次官，直至1964年保守黨下臺。1964年至1970年，她又在英國議會下院任保守黨的前座發言人。1967年，柴契爾夫人進入保守黨影子內閣（即在野內閣），先後擔任社會保險、住房和土地、財經、燃料和動力、運輸和教育等方面的發言人。1970年6月，保守黨上臺執政後，她在內閣中擔任教育和科學大臣，並且任樞密顧問官。1974年2月，保守黨大選落敗後，柴

◆ 柴契爾夫人訪法

1986年1月20日，法國總統密特朗在里爾機場迎接英國首相柴契爾夫人到訪。英法兩國宣布將就在英吉利海峽建設英法海底隧道的問題達成協議。

契爾夫人再次被聘進入影子內閣，先後任環境及財經事務的前座發言人。

1975年2月，柴契爾夫人參與角逐保守黨黨魁並勝出，從而成為英國政黨史上第一位女領導人。1979年5月，保守黨贏得大選，她遂成為英國歷史上第一位女首相。

柴契爾夫人意志剛強，行事果斷，作風還有些潑辣。1976年，她曾發表演說尖刻地抨擊蘇聯擴張政策，招致蘇聯國防部的官方報紙《紅星》稱呼她為「鐵娘子」。從此，「鐵娘子」的綽號流傳於世。

◆英國第一位女首相

1979年5月3日，柴契爾夫人在唐寧街十號的首相官邸外向支持她的選民們揮手致意。

執政生涯

柴契爾夫人上臺之際，正值世界石油價格暴漲、世界經濟惡化之際，英國也籠罩在世界性經濟危機之中，失業人數和通貨膨脹率競相攀升。柴契爾政府採取了一連串的措施調整經濟，包括有選擇性地在一些領域縮減公共開支、降低直接稅、取消對商業活動的管制、推行私有化計畫等。

柴契爾政府根據傅立曼（Milton Friedman）的貨幣主義學說，控制貨幣發行量，提高銀行利率，削減政府開支。此外，還修改稅率，降低直接稅（即個人所得稅），鼓勵有錢人的消費積極性等。

柴契爾政府的經濟政策取得了成效。英國經濟從1982年起開始回升，通貨膨脹率也有顯著下降。但英國為此付出了很大的代價。況且緊縮政策使英國失業率有增無減，在柴契爾夫人執政的頭四年，英國失業人口增加了兩百萬人，1984年底的失業率高達百分之十二‧八。在這種情況下，1984年，英國爆發了煤礦工人大罷工，這是自1926年以來歷時最長的一次罷工。

此時，北愛爾蘭問題也困擾著柴契爾政府。由於民族及教派矛盾，北愛爾蘭地區受到經濟和政治壓迫的愛爾蘭人要求獨立，但卻遭到信奉新教的大不列顛移民的堅決反對，雙方遂發生大規模衝突。北愛爾蘭共和軍在各地進行暴力活動。1984年10月2日，當保守黨在布里奇頓（Brighton）的格萊德旅館舉行年會時，遭到北愛爾蘭共和軍的定時炸彈襲擊，當場炸死五名高級官員，但是柴契爾夫人倖免於難。儘管如此，她仍堅持主張北愛爾蘭應繼續留在聯合王國內。

1982年，柴契爾夫人的經濟政策和強硬作風逐漸引起公眾不滿，保守黨的執政地位岌岌可危。然而就在此時，遙遠的南大西洋傳來了槍炮聲，阿根廷軍隊進攻福克蘭群島（Falkland Islands〔Malvinas；馬爾維納斯群島〕）。福克蘭群島位於阿根廷南端以東的南大西洋水域，扼麥哲倫海峽要道，具有重要的戰略地位。英國從1883年起就占領福克蘭群島，阿根廷要求對距離它只有五百五十

公里的福克蘭群島擁有主權。為此英阿舉行多次談判，但都沒有結果。1982年4月2日，為了擺脫國內困境，阿根廷軍政府決定出兵，並迅速占領全島。柴契爾夫人聞訊後，迅速組織起一支龐大的特混艦隊開赴戰場。十週之後，英國成功奪得福克蘭群島。福克蘭群島戰爭使英國重振國威，柴契爾夫人也一舉成為民族英雄，贏得了更多的支持。

1983年6月，保守黨又一次在大選中獲勝，柴契爾夫人成功連任。接下來在1987年保守黨贏得大選後，她遂成為英國在二十世紀連任三屆的首相。在第二個首相任期內，柴契爾夫人還與中國政府談判解決了香港問題。1984年12月19日，中英在北京簽署了《中英關於香港問題的聯合聲明》，規定1997年英國將香港歸還中國。

此後，柴契爾夫人因決定徵收人頭稅而引起民眾不滿，同時也引發保守黨內部的政治危機。1990年11月22日，柴契爾夫人宣布辭職，結束了她長達十一年之久的首相生涯。

卸任以後

在1991年的保守黨大會上，柴契爾夫人史無前例地獲得全場站立鼓掌致意的殊榮，但她禮貌地婉言拒絕上臺發言。隨後，在1992年的大選中，柴契爾夫人退出了下議院。

1992年，英王冊封柴契爾夫人為終身貴族，她成了林肯郡（Lincolnshire）的女男爵，但她沒有為自己爭取世襲貴族的地位。後來，柴契爾夫人解釋說她不去爭取，是因為她認為自己沒有成為世襲貴族的充足理由。1995年，柴契爾夫人獲贈嘉德勳章，這是英國騎士勳章中最高的一種。

柴契爾夫人在卸任後寫了一套兩冊的回憶錄，分別名為《權力之路》（*The Path to Power*）和《唐寧街歲月》（*The Downing Street Years*），另外還著有幾本有關政治和外交事務的書。

◆ 老年的柴契爾夫人

2005年10月13日，柴契爾夫人在倫敦舉辦壽宴，慶祝她八十大壽。當時，六百多位各國政要出席盛宴。2007年2月，英國下議院舉行柴契爾夫人青銅頭像揭幕儀式。她也成為首位在世時即獲此殊榮的前首相。

西元1985年—西元1987年

◎人物：雷根　◎地點：美國　◎關鍵詞：反導彈系統建立

星際大戰計畫

　　星際大戰計畫即反彈道導彈戰略防禦計畫（Strategic Defense Initiative, SDI）。它是冷戰後期，美國雷根政府出臺的一項國防高技術和國防經濟發展戰略，也是一項綜合而全面的國家總體戰略。美國想以此建立有效的反導彈系統，保證其戰略核力量的生存能力和可靠的威懾能力，維持其核優勢。同時想憑藉其強大的經濟實力，與蘇聯展開太空軍備競賽，藉此拖垮蘇聯。

雷根主義

　　雷根（Ronald Wilson Reagan）總統上臺時，美國正處於經濟衰退期。雷根總統上臺後，推行了一連串政策，一改自尼克森以來對蘇聯緩和的對外戰略，開始進行大張旗鼓的軍備重振，採取積極的挑戰性姿態，重新確立了美蘇之間的戰略均勢。雷根政府大幅度提高軍事預算，調整美國的全球戰略，從而使美國在美蘇爭霸的鬥爭中重新占據優勢。

　　在國際政治領域，雷根政府不再承認尼克森政府提出的「多極化世界」（Multi-Polar World）的思想，推行「雷根主義」。他認為真正能左右世界局勢的仍然是美蘇兩國，而且認為世界上所有的衝突，都可

◆提出「星際大戰計畫」的美國總統雷根

◆ 1985年，雷根總統和戈巴契夫書記在日內瓦高峰會首次會晤

以歸結為美蘇兩國或兩種社會制度的衝突。雷根還把蘇聯稱為「邪惡帝國」、「現代世界的邪惡中心」，並且發誓要「埋葬馬列主義」，推倒「邪惡帝國」。總之，雷根總統竭力強調東西方衝突在當時世界的重要性，推動整個國際形勢向「兩極世界」方向發展，遏制蘇聯是其對外政策的中心目標。

　　1986年3月14日，雷根發表的題為〈自由、地區安全和全球和平〉的國情咨文，首次提出了針對第三世界的施政方針，其主要內容就是強調要和蘇聯爭奪第三世界。他認為蘇聯在二十世紀七〇年代勢力過度伸展，如今已經是內外交困，難以鞏固取得的成果；美國恰好可以利用這個時機以「低烈度戰爭」的方式遏制蘇聯的擴張，企圖把蘇聯取得的政治和軍事進展推回去，從而阻止甚至反擊蘇聯在第三世界對美國造成的威脅。另外，美國還鼓勵第三世界親美的右翼政

雷根認為真正能左右世界局勢的只有美蘇兩國，美蘇兩國的衝突就是世界的衝突。

府，並加強對其他第三世界國家的經濟和軍事援助，幫助它們穩定國內局勢。這可以說是一種比純粹的軍事戰略更加靈活有效的綜合性戰略。從此，「低烈度戰爭」成為美國政府推行「雷根主義」的重要手段。所謂「低烈度戰爭」，就是指美國在不發動美蘇核大戰和大規模常規戰爭的前提下，在第三世界國家與蘇聯爭奪勢力範圍的戰略。

　　美國對外政策最為活躍的地區是在中美洲和加勒比海地區，重點是防止蘇聯擴大影響。在中美洲，美國支持尼加拉瓜的反政府游擊隊，企圖推翻革命政府。1979年3月，加勒比島國格瑞那達（Grenada）發生政變，親西方政權倒臺。蘇聯和古巴隨即向格瑞那

◆1983年3月23日，雷根正式推出「星際大戰」
計畫

此開始了美蘇新一輪的軍備競賽。最終，美國
在這場競賽中取勝，蘇聯的經濟則被拖垮。這
是雷根在推出「星際大戰」計畫的當天，向全
國發表電視講話的場景。

達提供了大批援助，格瑞那達新政權親蘇、
古的傾向日益明顯。為了遏制共產主義在這
一地區的影響，1983年10月，美國藉口保護
僑民而悍然出兵格瑞那達，顛覆了該國的左
翼政權。

星際大戰計畫

二十世紀七〇年代，由於美蘇雙方都擁
有了「第二次報復力量」和同等的摧毀機
會，美蘇走入軍備競賽的死胡同。這時，美
國提出了「高邊疆」戰略，開始尋找新的突
破口以重建戰略優勢。

美國政府想憑藉這一戰略，利用它的高
新技術優勢，建立空間武器系統，形成面對
戰略核導彈的空間防禦網，以消除蘇聯核導
彈對美國的威脅。同時也為了加速實施太空
工業化，以便能夠在宇宙空間獲取豐富的資
源。

1983年3月23日，美國總統雷根發表了
著名的「星際大戰」演說。美國「戰略防禦
計畫」正式出籠，該計畫於1985年1月4日立
項開發，正式名稱為「反彈道導彈防禦系統
的戰略防禦計畫」，並計畫於1994年開始部
署。此計畫的目的是建立一個多層次、多手
段的反導彈綜合防禦系統，是美國繼「阿波
羅」登月計畫後，又一項重大的系統工程。
該計畫的核心內容是以各種手段攻擊敵對方
飛行在外太空的洲際戰略導彈和航天器，防
止敵對國家對美國及其盟國發動核攻擊。

美國的戰略防禦計畫由「洲際彈道導彈
防禦計畫」和「反衛星計畫」兩部分組成。
「洲際彈道導彈防禦計畫」是要在宇宙空間
建立起多層次的防禦網，按飛行軌道把來襲
的導彈分為不同的階段，分別採取不同的防
禦手段，而且用前級防禦層減輕後級防禦層
的壓力，後級防禦層填補前級防禦層的漏
洞，依次達到全部摧毀來襲導彈的目的。
「反衛星計畫」則是研製、部署天基和陸基
相結合的反衛星武器系統，以摧毀對方的衛
星為目標。

「洲際彈道導彈防禦計畫」根據導彈自
發射起，經飛行到命中目標過程中不同的特
點，建立起四層防禦網，針對彈道式導彈的
助推段、後助推段、中段和末段分層攔截。
攔截系統的第一道防線由天基偵察衛星和天
基反導彈衛星組成，使用常規彈頭或定向武
器攻擊處於發射和穿越大氣層階段的戰略導
彈；第二道防線使用陸基或艦載雷射武器摧
毀穿出大氣層的分離彈頭；第三道防線使用

天基定向武器、電磁動能武器、雷射武器攻擊在再入大氣層前階段飛行的核彈頭；最後用反彈道導彈、動能武器、粒子束武器等摧毀重返大氣層後的核彈。經過上述攔截措施，對來襲核彈的摧毀率可達百分之九十九。

衛星在監視、預警、通信、導航等方面具有極為重要的作用，「反衛星計畫」做為反彈道導彈戰略防禦計畫重要的一部分，利用美軍太空基地的監視系統監視敵方衛星，並在必要時指令系統摧毀敵人衛星，使對方衛星失去作用。美國的「星際大戰」計畫，意圖利用其經濟和技術優勢，打破美蘇核均衡，挑起新一輪的軍備競賽，從而拖垮蘇聯的經濟，並透過該計畫帶動經濟、軍事、科學技術等方面發展，保持美國的領先地位。

而蘇聯此時經濟困難，科技發展已漸難跟上美國的步伐。美國及其盟國對蘇聯實施技術封鎖，使蘇聯的處境變得更為惡劣。即便如此，蘇聯仍投入相當大的財力、物力嘗試自行建立一套類似的反導系統，以縮小與美國的軍事差距。

由於試圖追趕美國，蘇聯投入了過多軍事支出，終致無法負擔，使原本已不穩固的經濟再受重創，再也無力繼續與美國爭霸全球。

◆1987年12月8日，美國總統雷根和蘇聯領導人戈巴契夫簽署銷毀導彈計畫

此舉正式結束了蘇美軍備競賽，「星際大戰」計畫也結束了它的使命。

西元1955年—西元1975年

人物：胡志明　**地點：**越南　**關鍵詞：**「冷戰」下的實戰

越南叢林決戰

出於對共產主義的仇視和恐懼，美國捲入了一場後來被認為是根本不該闖進去的戰爭。做為冷戰中的一次「熱戰」，越南戰爭是二戰後美國參戰人數最多、持續時間最長、影響最大的戰爭。越戰改變了冷戰的格局，使美國在冷戰中由強轉弱，並且還加劇了美國的國內衝突。

◆如人間煉獄的越戰

1966年10月，就在美國在越南的軍事行動急速升級的時候，美軍與北越軍隊在南越一個非軍事化區相遇，雙方為了爭奪一個標高為四百八十四公尺的小高地爆發激烈戰鬥。在這場戰鬥中，北越軍隊有一千三百九十七人死亡，二十七人被俘，美軍的傷亡也達到了一千四百餘人。

烏雲不散

越南在二戰前曾是法國的殖民地，二戰中被日本占領。1945年二戰結束前後，胡志明領導下的越南獨立同盟發動總起義。9月2日，越南民主共和國在河內宣告成立。但是法國拒絕承認越南獨立，企圖重建法屬「印度支那聯邦」（French Indochina）。1945年9月23日，在英國的支持下，法國殖民軍占領西貢，並挾持保大皇帝極力恢復殖民政權。北越和法國都積極爭取控制越南全境，雙方為此進行了長達九年的戰爭。最後北越在中華人民共和國的軍事援助下，於1954年的奠邊府戰役中贏得了對法軍的決定性勝利，法國從此撤出越南北部。

1954年，日內瓦會議關於《印度支那停戰協定》簽訂後，南北越暫時以北緯十七度線為界分治。此後，法國軍隊從印支三國撤退。但與此同時，美國開始把印度支那看作遏制「共產主義擴張」的重要組成部分，

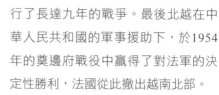

美國拼湊「東南亞軍事集團」，鼓吹所謂「多米諾骨牌」效應（Domino Effect），聲稱如果失掉印支三國，將會在東南亞和整個遠東地區引發災難性的後果。

　　儘管日內瓦會議規定越南統一國家的選舉將於1956年7月舉行，但是這場選舉根本就不可能舉行。1955年，吳庭豔在西貢發動政變，廢黜了保大皇帝，成立越南共和國（簡稱「南越」）。美國公開破壞日內瓦協議，扶植吳庭豔政權。美國希望透過全方位的援助，把南越建成「政治民主、經濟繁榮穩定」的反共堡壘和樣板。可惜吳庭豔集團發動「控共」、「滅共」戰役，屠殺南越愛國者，其血腥、殘暴的統治，非但沒有建成美國所希望的民主繁榮的樣板，反而招致南越人民普遍的不滿和反抗。與此同時，北越開始大力支持並領導南方的武裝鬥爭，北越通過老撾和柬埔寨境內的「胡志明小道」，向南方游擊隊輸送武器彈藥及人員。中國和蘇聯也向北越提供了大量援助。

　　美國不得不更深入地介入南北越之間的衝突。1961年，美國甘迺迪政府發動了一場不宣而戰的「特種戰爭」。這是由美國出錢出槍派顧問、南越出軍隊的代理人戰爭。美國幫助南越軍隊制定和實施「反游擊戰」和

◆ 越戰：歷時十四年的噩夢

照片裡一個披著雨衣的美國士兵躺在用樹幹搭成的工事上酣睡，雨打在他的臉上，他仍睡意十足。不遠處坐著他的戰友，正在為他放哨。不知道他在夢中是否回到了家鄉，但現實中他還需要持續戰爭多年的時間才能回家，誰都無法預計，他是否還能活著回家。

「反叛亂」。即以反革命的「游擊戰」對付人民的游擊戰。1962年2月，美國又在西貢設立「軍援司令部」，並派遣了特種部隊。

　　這一時期美國在南越強制推行「戰略村」策略，把農村居民趕進四面圍著鐵絲網、壕溝和碉堡的「戰略村」，妄圖切斷游擊隊與人民之間的聯繫。越南南方村人，以及部分部隊採取機動的戰術，破解了這種策略，搗毀許多「戰略村」，一些「戰略村」甚至還變成了人民的戰鬥村。與此同時，南

越城市中人民的反抗鬥爭也不斷高漲。南越政權內部鬥爭不斷，使美國背負了沉重的負擔，1963年，吳庭豔被美國策畫的軍事政變推翻，隨後楊文明、阮慶等軍人相繼執政，繼續實施美國的反共堡壘和樣板政策。儘管如此，到1964年初，美國的「特種戰爭」戰略還是宣告破產。此後面對南越風雨飄搖的政局，美國只好擔負起更多的「責任」。

局部戰爭

1964年8月2日，美國聲稱其馬多克斯號驅逐艦（Uss Maddox〔DD-168〕）在靠近北越領海的中立海域執行支援任務時，遭到北越魚雷艇的襲擊。8月4日，往偏北方向行駛的特納・喬伊號（Uss Turner Joy DD-951）又宣稱遭到雷達信號追蹤，並受到北越船隻的攻擊。美國隨即以轟炸北越海軍基地做為報復。這就是著名的「東京灣事件」（Gulf of Tonkin Ineident；又稱「北部灣事件」）。

東京灣事件是越戰的分水嶺。北越和美國都把這一事件看作對方的蓄意攻擊，並都做出了強硬反應。越共游擊隊攻擊多處美軍基地，而北越的一支部隊進入南越集結，標誌著北越正規軍（越南人民軍）對南越的公開進攻。美國國會則通過了「東京灣決議案」，授權總統可以採取包括武力在內的一切手段對付這一挑釁行為。這等同於授予了林登・詹森（Lyndon Baines Johnson）總統發動戰爭的權力。隨後，戰爭被大大升級。1965年3月7日，三千五百名美國海軍陸戰隊士兵在峴港登陸，直接參戰。短短數月之後，美軍在越作戰人數已高達二十二萬。詹

森總統還批准了旨在對北越進行大規模戰略轟炸的「轟雷行動」。從此，越南戰場開始了以美軍為主力、以「南打北轟」為特點的「局部戰爭」。

然而，美國對北越的所有轟炸目標都直接由華盛頓進行嚴密的控制，由於擔心傷及中國或蘇聯派駐在北越的顧問從而引發衝突，擴大戰爭範圍，美國國防部和白宮對於轟炸目標的選擇有非常多的限制。因此，美軍的「轟雷行動」在這種束手束腳的限制下，根本無法發揮其最大功效。

1968年1月底，北越發動的「新春攻勢」規模空前。有超過八萬的北越正規軍和越共游擊隊，對幾乎所有的南越大小城市發起進攻。雖然「新春攻勢」致使北越部隊遭受到約三萬餘人陣亡、四萬人負傷的沉重打擊，但是軍事上的失敗，卻無礙它成為精神上以及宣傳上的大捷。「新春攻勢」成為越戰的轉捩點。美國公眾認為「新春攻勢」表明北越依然擁有巨大的軍事實力，戰爭的結束將是遙遙無期。美國政府高層內部也有人因之而失去戰意。1968年3月，詹森發表演講，宣布終止「轟雷行動」，並表示美軍將逐步撤離越南。5月，美越巴黎談判開始。11月，美國宣布完全停止對北越的轟炸。至此，美國在越南發動的「局部戰爭」也以失敗而告終。

戰爭「越南化」

看著漸漸陷入越南戰爭泥沼的趨勢，美國國內民眾的反戰運動一浪高過一浪，美國社會甚至發生了嚴重的分裂危機。在這種情

況下，美國政府不得不謀求「體面」地結束戰爭的方法。

1969年，尼克森當選為美國總統，表示要推行「越南化」政策。所謂「越南化」就是讓美軍逐步撤出越南，當年6月分即有首批二‧五萬名美軍撤離越南，但是戰爭仍在繼續。1969年3月，美軍開始祕密轟炸柬埔寨境內的北越軍事基地；5月，又爆發了漢堡高地戰役。1970年3月18日，柬埔寨親美的朗諾將軍發動政變，推翻了西哈努克親王政權；5月，美軍「入侵」柬埔寨，進攻那裡的北越基地。然而，美軍的行動無法挽救其失敗的命運。

1973年1月27日，美國終於與越南在巴黎正式簽訂了《關於在越南結束戰爭、恢復和平的協定》。美方表示尊重越南的主權、統一和領土完整。隨後美軍在兩個月內全部撤出越南。這場美國歷史上最漫長的戰爭，就此告終。

在越南戰爭期間，美軍死亡五‧八萬人，受傷三十‧四萬人，另有二千多人失蹤。美國在這場戰爭中耗費了數千億美元，承受了巨大的傷亡，到頭來卻又不得不面對北越統一越南的現實。

美國軍事力量的撤退，為印支三國人民的最終勝利創造了條件。1975年越南人民發動總進攻，經過西原、順化－峴港、西貢三大戰役，徹底打垮南越傀儡政權，解放了西貢，完成南北統一。就在同一年，柬埔寨和老撾的共產黨也先後奪取了本國政權。

◆ 在越南戰爭中犧牲的美國士兵紀念碑

西元1972年2月

人物：尼克森　　地點：中國　　關鍵詞：中美交往初步恢復

尼克森訪華

　　在二十世紀六〇年代末、七〇年代初，由於國際國內形勢的變化，尼克森總統提出「尼克森主義」做為美國全球政策的指導原則。基於此，美國結束了曠日持久的越南戰爭，改變了反華政策，走上兩國關係正常化的道路。

◆尼克森慶祝競選成功

1968年的美國大選中，尼克森擊敗了民主黨人休伯特·韓佛理和獨立競選人喬治·華萊士，成功當選美國總統。

尼克森主義

　　早在1967年，尼克森（Richard Milhous Nixon）就曾指出：「美國將來做為世界警察的作用可能是有限的。」1968年總統競選期間，他又提出「我們已到了美國必須重新估量它在世界上的作用和責任的時候了」，表達了縮小

美國全球義務的意願。就任總統後，尼克森於1969年7月25日在關島就亞洲政策接受記者採訪時，提出了「關島主義」。他在談話中指出：「在我們與所有亞洲友邦的關係方面，現在是著重強調下列兩點的時候了：第一，我們將恪守我們的條約義務；第二，在國內安全問題上，在軍事防衛問題上，除非存在某個核大國的威脅，否則美國將鼓勵並有權期望逐漸由亞洲國家自行處理，逐漸由亞洲國家自行負責。」尼克森在表明美國收縮意圖的同時，強調美國將繼續在亞洲和太平洋地區承擔已有的條約義務和發揮「重大作用」。後來，尼克森又在1969年11月3日的全國電視講話和1970年對外政策年度報告中，提出了以「夥伴關係、實力和談判」為三大支柱的新和平戰略，把關島講話從對亞洲的政策推廣為美國的全球戰略，成為美國處理與盟友關係和對蘇、對華關係的總方針，這就是「尼克森主義」。

◆ 訪華期間，尼克森和夫人在中國有關人士的陪同下，遊覽長城

中美關係解凍

由於中美華沙大使級會談已經中斷，缺乏交流管道的美國採取迂迴戰術，借道與中國友好的巴基斯坦和羅馬尼亞。1969年5月24日，美國國務卿羅傑斯（William P. Rogers）訪問巴基斯坦，請葉海亞（Yahya Khan）總統向北京傳遞美國願與中國改善關係的資訊。7月21日，美國國務院發表公報，開放某些美國公民去中國旅行，並允許他們購買一定量的中國商品，向中國釋出友善。8月1日，尼克森在訪問巴基斯坦時，向葉海亞總統表示希望巴基斯坦能在中美之間發揮橋梁作用。隨後，他又在羅馬尼亞要求齊奧塞斯庫（Nicolae Ceauşescu）總統向中國轉達，美國對改善中美關係的意願。這一消息迅速傳到北京，引起了中國方面的極大關注。

除此之外，尼克森還於9月9日命令美國駐波蘭大使沃爾特・斯托塞爾（Walter Stoessel）設法與中國外交人員取得聯繫，爭取重開華沙會談。斯托塞爾經多方努力，於這年年底與中國臨時代辦雷陽在一次時裝發表會上進行接觸。1970年1月8日，中美在華沙重開大使級談判，美國方面第一次默認臺灣問題應由中國人自己解決，並表達了派特使去北京訪問的願望。這年2月，尼克森在世情咨文中闡述：「我們採取力所能及的步

◆尼克森和夫人訪華之行

驟來改善與北京的實際關係，這肯定是對我們有益的，同時也有利於亞洲和世界的和平與穩定。」

　　中國方面對美國伸來的橄欖枝也做出了積極的回應。1970年12月28日，毛澤東在會見艾德加·史諾（Edgar Snow）時表示：「目前，中國和美國之間的問題要與尼克森解決」，如果尼克森訪華，自己「高興與他談，不論做為旅遊者還是做為總統都行」。

　　1971年4月6日，在日本名古屋參加世界錦標賽的中國乒乓球隊主動邀請美國乒乓球隊來華訪問。美國方面認為這是難得的機遇，馬上表示同意。4月10日，美國乒乓球隊抵達北京。14日，周恩來在接見美國乒乓球隊時說：「你們在中美兩國人民的關係上打開了一個新篇章！」僅僅過了幾個小時，

尼克森即發表聲明，宣布放鬆對華禁運等一連串新規定。當中國經巴基斯坦正式向美國表示「願意在北京公開接待美國總統的一位特使（例如季辛吉〔Henry Alfred Kissinger〕先生）或者美國國務卿，甚至美國總統本人」後，尼克森在4月29日向記者發表談話宣稱「我們已經打開了堅冰」，「我希望，並且事實上我希望在某個時候以某種身分……訪問中國」。不久，他透過巴基斯坦覆信周恩來，表示他接受訪問中國的邀請，建議首先由季辛吉與周恩來或中國政府的另一名高級官員進行初步的祕密會談。

　　7月6日，尼克森在堪薩斯（Kansas）提出了美國、西歐、日本、蘇聯和中國是世界五大力量中心的「五極均勢論」，他強調中國做為五強之一的重要性，宣稱把中國排斥於國際社會之外的做法是不能被接受的，有

必要採取步驟結束這種狀態，美國政策的目標從長期來看，必須是與中國關係正常化。7月8日，從南越回國途經巴基斯坦的季辛吉佯稱腹痛避開新聞界的注意，於第二天凌晨直飛北京，與周恩來舉行祕密會談。7月16日，中美兩國根據祕密會談達成的協議同時發表公告，宣布尼克森總統已接受周恩來總理的邀請，將於1972年5月以前的適當時間訪問中國。公告指出：中美兩國領導人的會晤，是為了謀求兩國關係的正常化，並就雙方關心的問題交換意見。

中美關係新篇章

1972年2月21日至28日，尼克森訪問中國，揭開了中美關係史上新的一頁。在尼克森訪華期間，毛澤東會見了他，雙方就中美關係和國際事務認真、坦率地交換了意見。周恩來和尼克森還就兩國關係正常化和共同關心的其他問題進行會談。

2月28日，中美雙方在上海發表聯合公報指出：中美兩國社會制度和外交政策有著本質的區別。但是雙方同意，兩國不論社會制度如何，都應根據尊重各國主權和領土完整、不侵犯別國、不干涉別國內政、平等互利、和平共處的原則，來處理國與國的關係，雙方「準備在他們的相互關係中實行這些原則」。並聲明「任何一方都不應該在亞洲－太平洋地區謀求霸權，每一方都反對任何其他國家或國家集團進行建立這種霸權的努力」。

關於臺灣問題，中方認為：臺灣問題是阻礙中美兩國關係正常化的關鍵問題；中華人民共和國政府是中國的唯一合法政府，臺灣是中國的一個省，早已歸還中國，臺灣問題是中國的內政，別國無權干涉；全部美國武裝力量和軍事設施必須從臺灣撤走；中國政府反對任何旨在製造「一中一臺」、「一個中國、兩個政府」、「兩個中國」、「臺灣獨立」和鼓吹「臺灣地位未定」的活動。

美方認為：臺灣是中國的一部分，美國對這一立場不提出異議。美國重申，美國對由中國人自己和平解決臺灣問題的關心。考慮到這一前景，美國確認從臺灣撤出全部美國武裝力量和軍事設施的最終目標。在此期間，美國將隨著這個地區緊張局勢的緩和，逐步減少在臺灣的武裝力量和軍事設施。

尼克森訪華是中美關係史上的一個重要里程碑，標誌著中斷達二十多年之久的中美交往的初步恢復，訪華期間雙方共同發表的《上海公報》，為中美關係的正常化和進一步發展奠定了基礎。

◆尼克森在羅賓斯空軍基地，受到支持者們熱烈的歡迎

西元1961年—西元1990年

◎人物：戈巴契夫　柯爾　◎地點：德國　◎關鍵詞：德國分裂

推倒柏林圍牆

　　1990年10月3日，分裂長達四十五年之久的德國再次統一——沒有戰爭，沒有使用暴力，沒有流一滴血，這不能不說是人類歷史上的一個奇蹟。統一後的德國擁有近八千萬的人口，成為世界第三的經濟實體。德國從此進入了一個新的歷史時期。

◆柏林圍牆空中鳥瞰圖

柏林圍牆建於1961年，1990年被拆除。柏林圍牆全長一百五十五公里，初以鐵絲網和磚石為材料建成，後又進行加固，以瞭望塔、混凝土牆、開放地帶及反車輛壕溝組成邊防設施。柏林圍牆是德國分裂的象徵，是冷戰的標誌性建築。

兩德並立

　　1949年，德意志聯邦共和國和德意志民主共和國先後建國。冷戰期間，東西方特別是美蘇之間的長期、全面對抗，使德國統一問題遲遲無法解決。但相反地，德意志民族離分裂卻愈來愈遠。1955年，聯邦德國和民主德國分別加入北約和華約，1973年又同時加入聯合國，1975年又一起參加「歐安會」首腦會議最後文件的簽字——民主德國和聯邦德國並存的局面進一步得到國際社會的承認。

　　二戰結束後初期，美英由於擔心德國工業的強大和軍事復甦，曾拆走德國工廠的機器以摧毀德國的工業，防止潛在的戰爭危險，但是西方盟國很快就意識到，位居東西方對抗前沿的德國西部，對歐洲安全至關重要，而歐洲的強大又在冷戰中至關重要。因此，西方開始努力重建西德。西德地區原本就是德國發達的工業區，加之「馬歇爾計畫」的資金支持，聯邦德國經濟發展迅速，獲得引人矚目的成就。到

1955年，聯邦德國的工業產值超過英法，重新成為資本主義世界的第二工業大國，這個地位保持了將近二十年。進入二十世紀七〇年代後，德國才逐漸被日本超越，退居第三位。到九〇年代，聯邦德國已發展成為高度發達的工業化國家，經濟實力居歐洲首位，在國際上成為僅次於美國和日本的第三大經濟強國，以及美國之後的第二大貿易國。

反觀民主德國，由於地處德國傳統的農業區，經濟基礎薄弱，又要支付給蘇聯巨額戰爭賠款，以致經濟發展舉步維艱。與聯邦德國相比，起步階段即已落後了。儘管如此，民主德國仍然是東歐集團中工業產值以及生活水準最高的，甚至曾經是世界十大發達工業國家之一。但是它的人平均國民生產總值僅及聯邦德國的一半。

東、西德之間愈來愈大的經濟差距，致使大量東德技術工作人員不斷通過西柏林逃往西德，自東德成立之後的十二年間，大約有兩百萬東德人逃往西德。這嚴重影響了東德的經濟生活和社會穩定，同時也造成了蘇聯的外交困境。為了制止東德居民西逃，從1961年8月13日開始，東德政府修築了歷史上著名的柏林圍牆。

被推倒的柏林圍牆

德國統一問題一直是個十分敏感的話題，牽動著歐洲全域乃至冷戰的格局。在建國初期，東、西德都把恢復國家統一做為最高目標，但隨著東西方局勢的發展變化，雙方的態度也都做了調整。總之，兩德對統一問題各執己見。民主德國堅持「兩個國家、

◆ 衝破柏林圍牆

1989年11月10日，人們聚集在布蘭登堡門附近的柏林圍牆前，參加紀念活動。

兩個民族」，認為東、西德因不同的社會制度形成了社會主義民族和資本主義民族，提出兩個德國長期並存，並且相牴觸不可調和。聯邦德國則強調「兩個國家、一個民族」，雖然承認民主德國是擁有獨立主權的國家，但強調兩德關係屬於民族內部的特殊關係。進入二十世紀八〇年代後，由於東歐各國經濟持續滑坡，實行的改革又未能扭轉危機局面，東歐各國共產黨的威信急劇下

降。日益加劇的內部危機使東歐的社會主義政權搖搖欲墜。民主德國在八〇年代以來，以昂納克（Erich Honecker）為首的德國統一社會黨未能採取有力的改革措施，導致國內社會衝突日益明顯。

1989年，波蘭、匈牙利相繼出現政治動盪，但是尚未波及較為保守的民主德國。然而到了5月，匈牙利放寬在匈德邊界限制，此舉為民主德國公民逃往西方提供了便利。大批民主德國人穿越匈牙利和奧地利湧入聯邦德國。在9月和10月，兩個月內就有十多萬名東德青年逃往聯邦德國。這進一步加劇了民主德國的社會動盪，各種勢力粉墨登場，形形色色的反對組織紛紛湧現，政治局勢更加緊張。

10月7日，蘇聯領導人戈巴契夫前來參加民主德國的四十週年國慶活動，在活動上對記者發表談話，批評民主德國領導人的僵化思想，呼籲民主德國盡快進行改革。戈巴契夫此舉無疑是煽風點火，促使民主德國局勢進一步緊張。之後東德的各大城市包括萊比錫、波茨坦等地都爆發了不同規模的反政府示威，東德形勢迅速激化。10月18日，連續執政十八年之久的昂納克被迫辭職。克倫茨（Egon Krenz）繼任為德國統一社會黨總書記，此後民主德國的局勢更加混亂，政權已呈傾危之勢。

局勢的變化完全出乎人們的意料，11月9日，民主德國宣布開放柏林圍牆，並允許居民自由過境。午夜時分，在數萬群眾的衝擊下，柏林圍牆的所有關卡全被人群衝破，大批民主德國的公民湧入西柏林。短短兩天

就有超過四百萬人的民主德國公民，湧向西柏林和聯邦德國。建造已二十八年的柏林圍牆終被拆毀。

統一的時刻

在民主德國政權更迭、局勢動盪之際，聯邦德國總理柯爾（Helmut Kohl）敏銳地覺察到這是統一德國的良機。1989年11月28日，柯爾提出實現德國統一的「十點計畫」，主張民主德國進行「根本的政治和經濟改革」，兩德之間發展「聯邦結構」，最後透過自由自決實現統一。

民主德國的領導人拒絕了柯爾的計畫，認為該計畫「不符合現實」，無視「兩個德國的主權和獨立性」，他們認為統一問題還尚未提上日程。美、蘇、英、法四國和其他歐洲國家也大多認為德國統一「為時尚早」。但柯爾並未放棄統一的努力，他繼續利用東德民眾的情緒，促使事態朝著有利於統

一的方向發展。後來由於東德局勢的持續動盪，迫使東德政府轉而接受統一。

1990年1月29日，東德總理莫德羅（Hans Modrow）訪問莫斯科，戈巴契夫在會談中明確表示「德國統一是毫無疑問的」，德國人「有權統一」。這表明蘇聯為德國統一開了綠燈。回國後的莫德羅當即提出實現德國統一的「四階段方案」。

1990年5月8日，兩德簽署關於建立貨幣、經濟和社會聯盟的第一個「國家條約」。7月1日，條約正式生效，民主德國放棄了國家經濟和財政主權，在貨幣、經濟和社會領域全面引入西德的現行法律制度。

1990年9月12日，蘇、美、英、法四國外長和兩德外長在莫斯科舉行第四輪「2＋4」會談，並簽署《最終解決德國問題的條約》。條約規定了德國統一後的邊界及軍事政治地位，並宣布結束四大國對德國的權利和責任，表示統一的德國享有完全的主權。

1990年10月3日，民主德國正式加入聯邦德國，經過了四十五年的分裂，德國終於再次統一。

◆ 1990年10月3日，黑、紅、黃三色的德國國旗在柏林國會大廈前飄揚

西元**1991**年**12**月

人物：戈巴契夫　葉爾辛　　地點：俄羅斯　　關鍵詞：超級大國消失

蘇聯解體

　　在1991年12月25日晚7時38分，已在克里姆林宮上空飄揚了六十八年之久的飾有鐮刀、斧頭和紅五星的蘇聯國旗，在茫茫暮色中緩緩降下。7時45分，一面代表俄羅斯的三色旗徐徐升起。這一降一升，標誌著人類歷史上第一個社會主義國家從此在世界地圖上消失了，同時也標誌著冷戰的終結和雅爾達體系的瓦解。

◆戈巴契夫2004年10月在紐約接受採訪

戈巴契夫「新思維」

　　1982年11月10日，執政已十八年的蘇聯領導人勃列日涅夫（Leonid Brezhnev）病逝。其後先後繼任蘇共中央總書記的安德羅波夫（Yuri Andropov）和契爾年科（Konstantin Chernenko）都是老態龍鍾、體弱多病的老人，不久即分別於1984年2月和1985年3月病逝。1985年3月11日，蘇共中央召開非常全會，選舉年僅五十四歲的戈巴契夫為黨中央總書記。

　　戈巴契夫生於蘇聯南部斯塔夫羅波爾邊疆區（Stavropol Krai）的一個農民家庭，1952年加入蘇聯共產黨，1955年以優異成績畢業於莫斯科大學法律系。做為當時蘇聯最高領導層中最年輕的一員，思路敏捷、能言善辯的戈巴契夫給多年來頗為沉悶的蘇聯政壇帶來了活力。

　　當戈巴契夫躊躇滿志地入主克里姆林宮之時，蘇聯實際上已經處於內外交困的境地。在國內，經濟成長率降至戰後最低點，農業又連年歉收，生活必需品日益匱乏，居民生活水準逐年下降。政治生活中思想

◆ 葉爾辛和戈巴契夫

僵化，教條主義和官僚主義盛行，貪污腐敗問題嚴重，黨和政府的威信不斷下降。在國際上，由於蘇聯推行全球攻勢戰略，長期與美國開展軍備競賽，進行與自身綜合實力並不相符的擴張，消耗了大量財力和人力，也使國民經濟不堪重負。為了應對日益嚴峻的國內外形勢，戈巴契夫決心在蘇聯進行全面的社會主義改革。首先從經濟改革開始。戈巴契夫提出加速社會經濟發展的戰略方針，即所謂的「加速戰略」。但是「加速戰略」並未取得預期的效果，一連串政策上的失誤最終使經濟改革處於「空轉狀態」。

1988年6月，蘇共召開第十九次代表會議，決定把改革的重點由經濟改革轉向全面的政治體制改革。戈巴契夫在會議上做了長篇報告，首次提出「人道的、民主的社會主義」概念。政治改革的另一個重要內容，是

為二十世紀三〇年代至五〇年代的冤假錯案平反昭雪。然而，也因此對史達林的批評愈來愈激烈。隨之而來的是蘇共中央對輿論的失控，蘇聯思想界出現極度的混亂。

對外關係上，蘇聯根據「新思維」對其外交政策進行調整，外交實踐全面倒向西方，積極改善與美國的關係。在東歐實施所謂「自由選擇」原則，不干涉東歐國家的政治動盪，致使東歐劇變。而東歐劇變反過來又進一步加劇了蘇聯國內的思想混亂。

「八一九」事件

蘇聯的政治體制改革使國內潛伏已久的民族衝突再次浮出水面，蘇聯社會出現前所未有的動亂。1990年3月，蘇聯召開第三次

非常人民代表大會，大會決定修改蘇聯憲法，正式取消憲法中關於「蘇共在國家政治生活中絕對領導地位」的條款。為了使黨和國家分開，大會還決定在蘇聯實行總統制和多黨制，並選舉戈巴契夫為蘇聯第一任總統。從此，蘇聯政局發生翻天覆地的變化。

隨著在政治體制上取消了共產黨的法定領導地位，蘇聯在意識形態領域也開始放棄馬列主義的思想指導地位，實行多元化；經濟上，取消了社會主義公有制，實行私有制並向市場經濟過渡。這時，蘇聯的政治、經濟和意識形態領域都發生了根本性的變化，政治、經濟和民族關係均出現全面危機。

蘇聯的國內局勢在1991年全面惡化。由於政府大幅度提高消費品價格，引起群眾不滿，在3月還爆發了全國煤礦工人大罷工。

◆ 蘇聯解體的關鍵人物

俄羅斯總統葉爾辛（左二）、烏克蘭總統克拉夫丘克（左三）和白俄羅斯最高蘇維埃主席舒什克維奇（左四）等人商議分解蘇聯。

國民經濟迅速走向崩潰的同時，蘇聯各地的民族獨立也愈演愈烈。6月，俄羅斯聯邦發表主權宣言，聲稱本共和國法律「至高無上」。不久，白俄羅斯、烏克蘭等加盟共和國，也紛紛發表主權宣言。蘇聯面臨被解體的危機。在3月舉行的蘇聯全民公決中，絕大多數人贊同保留蘇維埃社會主義共和國聯盟。但是迫於壓力，戈巴契夫在與九個加盟共和國領導人反覆協商後，同意削弱聯盟中央的權力，簽署新的聯盟條約。根據新條約，蘇聯將變成一個鬆散的聯邦制國家。

隨著政治局勢的動盪，蘇聯國內的各種政治力量也加速分化和重組，傳統派和激進派的衝突愈來愈不可調和。為了挽救瀕於瓦解的聯盟，1991年8月19日，傳統派發動了一場不成功的政變。副總統亞納耶夫（Gennady Yanayev）宣布戈巴契夫因健康原因不能履行職務，由他代總統一職。隨後宣布成立國家緊急狀態委員會，並在某些地區實行緊急狀態。激進派俄羅斯聯邦總統葉爾辛（Boris Nikolayevich Yeltsin）立即發表《告俄羅斯公民書》，譴責政變。結果在人民、軍隊和大多數蘇共黨員的聯合反對下，這場政變僅僅維持三天便宣告失敗。戈巴契夫於8月22日返回莫斯科。

▌一個超級大國的消失

「八一九」事件後，蘇聯共產黨的組織迅速瓦解，走向解體。戈巴契夫實際上已被架空，在平定事件中發揮關鍵作用的俄羅斯聯邦總統葉爾辛掌控著實權。8月23日，葉爾辛簽署命令，暫停共產黨在俄羅斯聯邦領

土上的活動，並宣布沒收蘇共中央大樓。8月24日，戈巴契夫宣布辭去蘇共中央總書記職務，並建議蘇共中央「自行解散」。隨後，各加盟共和國的共產黨組織紛紛瓦解，不是被禁止活動，就是自行解散、更改黨名。同時，以葉爾辛為代表的激進民主派也乘機發難，迅速把蘇共排擠出國家政權體系。蘇共不僅在政治上失去權力，在組織上也徹底崩潰。有著八十八年歷史、一千五百萬黨員的蘇聯共產黨就這樣頃刻間煙消雲散。

與此同時，聯盟命運更加堪憂，各加盟共和國再次掀起獨立浪潮。8月24日，蘇聯第二大加盟共和國烏克蘭宣布獨立。截至8月底，白俄羅斯、摩爾多瓦（Moldova）、亞塞拜然（Azerbaijan）、烏茲別克、吉爾吉斯（Kyrgyzstan）先後宣布獨立。9月和10

◆「獨聯體」簽字儀式

1991年12月，葉爾辛（左五）、克拉夫丘克（左二）和舒什克維奇（左三）等，在白俄羅斯會晤，簽署了關於建立獨立國家聯合體的協定。

月，亞美尼亞、土庫曼斯坦（Turkmeni-stan）也宣布獨立。蘇聯已分崩離析。12月8日，俄羅斯、烏克蘭、白俄羅斯領導人在明斯克（Minsk）簽署《關於建立獨立國家聯合體協定議定書》。12月21日，蘇聯加盟共和國中的十一個國家的最高領導人在阿拉木圖（Almaty）簽署了《阿拉木圖宣言》，宣告了「獨立國家聯合體」的誕生。

12月25日，戈巴契夫宣布辭去蘇聯總統職務。次日，蘇聯最高蘇維埃通過最後一項決議，宣布蘇聯正式解體，顯赫一時的超級大國就此消失。

西元1990年—西元1991年

⊙人物：海珊　布希　⊙地點：波斯灣　⊙關鍵詞：沙漠風暴

波灣戰爭

　　1990年8月2日，伊拉克入侵鄰國科威特——在短短十個小時內伊軍就占領科威特全境。針對伊拉克的侵略行為，以美國為首組成了多國部隊，展開代號為「沙漠風暴」的作戰計畫——僅僅用一個月的時間就解放了科威特，並沉重地打擊了伊軍的囂張氣焰。

◆ 伊拉克總統海珊

1979年至2003年任伊拉克總統。在位期間先後爆發了兩伊戰爭、波灣戰爭、伊拉克戰爭。2003年被美軍抓獲，2006年被處以絞刑。

入侵科威特

　　伊拉克入侵科威特既有歷史原因，也有現實原因。歷史上伊拉克和科威特都曾是英國的殖民地，像在印巴那樣，狡猾的英國人並沒有明確劃分兩個地區的界限，這為後來的紛爭埋下種子。1961年科威特宣布獨立時，伊拉克就不予承認。雖然後來在外界壓力下承認了科威特的獨立，但兩國的衝突從未消除。同時，由於伊拉克沒有進入波斯灣的良港，嚴重制約了它的石油輸出，所以一直想從科威特取得布比延島（Bubiyan Island）和沃爾拜島（Warbah Island）的領土權，為此兩國在1973年曾發生過邊界衝突。

　　伊拉克當時也面臨著嚴重的危機。兩伊戰爭不僅造成幾十萬人傷亡，還給伊拉克留下了八百多億的外債，其中欠科威特的就達二百億。兩伊戰爭中伊拉克一直以阿拉伯世界的保衛者自居，因此認為這是一筆「公

債」，阿拉伯國家尤其是科威特應當一筆勾銷，但科威特並未同意。伊拉克還指責科威特在邊境地區偷採了本屬於伊拉克的石油，還和阿聯酋（United Arab Emirates）一起超產、濫售，壓低了國際油價，使伊拉克蒙受巨額損失，因此要求科威特給予賠償。

面對咄咄逼人的伊拉克，科威特本希望透過妥協來換取和解。但是伊拉克得寸進尺地再次提出了布比延島問題，並提出科威特埃米爾（Emir；國家元首名稱）到巴格達向伊拉克謝罪等過分要求。科威特拒絕了伊拉克的無理要求，但是他們沒想到的是，伊拉克一直垂涎科威特巨大的石油儲量（世界總量的百分之二十）和長年積累下的石油外匯，已經下決心要透過武力來解決問題。就在1990年8月1日兩國的談判宣告破裂後，伊拉克便悍然入侵科威特。這便是波斯灣戰爭（The Persian Gulf War；簡稱波灣戰爭）的起因。

沙漠盾牌

伊拉克入侵科威特的行徑受到國際社會的一致譴責。但是伊拉克對此置若罔聞，於8月4日宣布成立了「自由科威特臨時政府」，接著又宣布「科威特共和國」成立。8月7日，伊拉克還宣布伊科「永久合併」，「科威特國家永遠消失」。就這樣，伊拉克吞併了科威特。

伊拉克侵占科威特並試圖在波灣地區建立霸權的舉動，徹底激怒了在這個地區有著重要戰略利益的美國。8月2日和3日，美國總統布希主持召開一連串高層會議，決定採取一切必要手段來應對波灣危機。8月7日，布希總統批准了向伊拉克示威的「沙漠盾牌」計畫。根據計畫，美軍開始向波灣地區集結。但是伊拉克不為所動，海珊在8月12日開出了撤軍條件：以色列退出占領的巴勒斯坦領土，敘利亞退出黎巴嫩，美軍撤離沙烏地阿拉伯。聯合國和美國拒絕了伊拉克的要求，做為報復，伊拉克扣留了滯留在伊拉克和科威特的西方公民，並把一些人質關押在重要目標附近，試圖以「人體盾牌」來對抗美國的「沙漠盾牌」。

伊拉克的舉動激怒了全世界。在美國的協調下，蘇聯和大多數阿拉伯國家對出兵表示支持，紛紛出人出錢參加美國領銜的多國部隊。到11月分，美軍在波灣部署的兵力已達到六十九萬。大軍裝備了三千五百輛坦克、三千輛裝甲車和作戰飛機五千多架、軍艦二百五十餘艘。當時最先進的F-117隱形戰機、戰斧巡航導彈、愛國者導彈等高精尖武器，也出現在戰場上。

沙漠風暴

1991年1月17日，巴格達時間凌晨2時40分，多國部隊對伊拉克發動攻擊，半小時後，布希總統宣布「沙漠風暴」行動開始。

在戰爭開始的三十八天裡，多國部隊出動飛機十一萬架次，投彈九萬多噸。停泊在波斯灣的美軍軍艦發射了二百八十八枚戰斧巡航導彈，對伊拉克軍事目標和交通設施展開狂轟濫炸。面對聯軍先進的武器和壓倒性的優勢，伊拉克遭受到嚴重的懲罰，損失慘重——面對大炮和轟炸，伊軍空有一百二十

波灣戰爭症候群

波灣戰爭後，不少美英參戰老兵出現了肌肉疼痛、長期疲乏、失眠、記憶喪失、頭暈、情緒低落、身體消瘦，以及性功能減退等症狀，一些人甚至在病痛中離開了人世。這種病症被稱作「波灣戰爭症候群」。據研究，可能和多國部隊在戰鬥中大量使用貧鈾彈，以及非法給士兵注射一種含有角鯊烯的疫苗有關。

萬兵力和大量坦克、火炮，卻派不上用場。最後伊拉克損失了大部分指揮中心、機場、導彈陣地和後勤供應基地，防空系統、通信網路和運輸線也遭到了嚴重的破壞。

為了反擊，伊拉克將希望寄託在自己擁有的八百多枚地對地飛彈上。伊軍不斷使用蘇製「飛毛腿」導彈攻擊沙特和以色列，以分裂阿拉伯國家和西方的聯盟。美軍一方面用「愛國者」飛彈予以攔截，在波灣上空上演了一場「愛國者」大戰「飛毛腿」的好戲；另一方面又極力壓制以色列的怒火，迫使它不予還擊，讓伊拉克的離間計無法奏效。

在戰爭的同時，蘇聯等國家繼續著和平的努力。雖然伊拉克也宣布願意有條件撤軍，但是提出的撤軍方案卻被美國拒絕。布希總統於2月22日向伊拉克發出最後通牒，要求伊軍必須於23日17時之前撤出科威特，伊拉克對此嗤之以鼻。當地時間2月24日凌晨4時，多國部隊開始實施代號為「沙漠軍刀」的地面作戰，兵分四路對駐科威特的伊軍展開攻擊。在強大的攻勢面前，伊軍節節敗退，甚至有被合圍全軍覆沒的危險。有鑑於此，伊拉克不得不在27日知會安理會，單方面宣布無條件從科威特撤軍。不過，伊軍撤出時將科威特油田全部點燃，空中瀰漫著黑煙和刺鼻的氣味。

當時，在從科威特通向伊拉克的高速公路上，擠滿了急於撤退的伊軍和伊拉克平

民，這支隊伍遭到多國部隊戰機的猛烈轟炸，讓它獲得了「死亡公路」的稱號。27日凌晨，伊軍全部撤離科威特，同日，科威特市被解放。伊拉克通知安理會，接受聯合國關於伊拉克的所有決議。28日，布希總統宣布戰鬥停止。波灣戰爭基本結束。

波灣戰爭結束後，科威特恢復了主權，伊拉克則陷入了長期的被制裁中，從而一蹶不振。美國則名利雙收，既扮演了正義維護者的角色，又一舉占據了波灣地區的主導權，並從戰後重建中獲取巨大利益，成為這場戰爭最大的贏家。

◆ 美國海軍陸戰隊隊員在奪取的伊拉克貝爾214ST超級運輸直升機前合影

波灣戰爭是第二次世界大戰之後，中東地區爆發的規模最大、技術裝備和作戰手段最為先進的一次局部戰爭，給科威特和伊拉克帶來了巨大損失。

曼德拉的光輝歲月

⊙少年領袖　⊙為自由而戰　⊙老驥伏櫪

　　如今人們一提起南非，首先想到的可能是戰火已熄的足球世界盃。但是，如果問起誰最能代表南非，那麼人們無疑會把曼德拉做為首選。因為在絕大多數人看來，這位被南非人尊為「國父」的南非總統，已然是新南非的象徵。

撼動樹的人

　　1918年7月18日，在南非川斯凱（Transkei）地區科薩人（Xhosa）聚居的姆維佐村（Mvezo），出身騰布王朝王族的葛德拉·漢瑞·孟代肯伊斯瓦（Gadla Henry Mphakanyiswa）家裡傳出了嬰兒的啼哭聲。葛德拉給孩子取了個科薩名字羅利拉拉（Rolihlahla），意思是「撼動樹的人」（搗蛋鬼），這就是納爾遜·曼德拉（Nelson Rolihlahla Mandela）。

　　在父母的關愛下，曼德拉一天天長大並進了教會學校學習。但在他九歲時，他的父親不幸去世。遵照父親的遺願，曼德拉被託付給騰布人（Thembu）的大酋長瓊金塔巴·達林岱波（Jongintaba Dalindyebo）撫養。大酋長很喜歡他，盡了一切努力讓他接受教育，而曼德拉也沒有讓他失望，考進了當時為數不多的接受黑人學生的全日制赫爾堡大學，攻讀法律專業。

　　在學校裡曼德拉一邊學習，一邊積極投身到社會活動中，並結識了不少志同道合的朋友。兩年後，曼德拉被選入校學生代表

◆ 南非總統納爾遜·曼德拉

會，但他認為選舉並不公平而拒絕接受，也因此被停學。停學在家的日子裡，瓊金塔巴為曼德拉定了一門親事。一心想著先立業後成家的曼德拉決定逃婚，就和夥伴一起逃到了約翰尼斯堡。

◆南非開普敦羅本島一角

在約翰尼斯堡，曼德拉在金礦做過警衛、在朋友那裡幫過忙。雖然生活困苦，他還是堅持透過函授學完大學課程，取得當律師必需的文學學士學位。有了文憑，曼德拉開始在律師事務所工作，並在威特沃特斯蘭德大學繼續學法律。

1944年，曼德拉和夥伴們一起加入非洲民族議會（ANC），開始了自己的政治生涯。

漫漫自由路

投身政治運動的曼德拉很快就嶄露頭角，1948年當選為青年聯盟全國書記。不過，也就在這一年，堅持種族主義的南非國民黨在大選中獲勝，開始執行全面種族隔離政策，黑人的政治、經濟權利和居住、行動的自由被剝奪，黑暗的種族隔離時代來臨了。

廣大黑人的不滿情緒日益高漲，青年聯盟適時提出了《行動綱領》，提出「民族自決」、「反對任何形式的白人統治」的口

南非總統納爾遜·曼德拉就曾經被囚禁在該島長達二十七年，當他在此獲釋後，他宣布了黑人自由的到來！1997年1月1日，羅本島正式成為向公眾開放的博物館。1999年被聯合國教科文組織宣布為世界遺產。

號，決定採取積極抵制、不合作、不服從的方式，發動罷工等群眾運動，來應對愈演愈烈的高壓政策。1950年，曼德拉當選為青年聯盟主席，也成為非洲民族議會全新的「戰鬥」形象代言人。

1952年6月，在領導「蔑視不公正法運動」時，曼德拉第一次被捕入獄。雖然一週後就被釋放，但曼德拉卻無法出席12月召開的非洲民族議會全國大會（在這次會上曼德拉被選為非洲民族議會第一副主席）。因為政府發出禁令，禁止他在六個月內參加任何集會，活動範圍也僅限於約翰尼斯堡。此後，曼德拉經常受到禁令的困擾，這給他帶來了不小的麻煩，許多事情只能轉入地下。

隨後，反種族隔離運動走向了低谷，非

◆身帶重病的曼德拉，以標準的禮姿向關心他的人民致以最真摯的謝意

國大內部也出現了嚴重分裂，一部分人脫離非洲民族議會成立了泛非主義者大會（Pan Africanist Congress）。南非政府在1960年3月21日製造了震驚世界的沙佩維爾（Sharpeville）大屠殺，並隨即宣布取締非洲民族議會和泛非主義者大會，和平示威也就失去了合法地位。事實證明，單靠非暴力的合法抗爭根本無法改變現狀，南非必須進行武裝抗爭。

1961年，曼德拉成立了武裝組織「民族之矛」。做為「民族之矛」的領導人，曼德拉曾前往衣索比亞接受軍事訓練，並輾轉非洲各國和英國，為鬥爭爭取支持。不過由於叛徒告密，1962年8月5日，曼德拉被捕了。法庭剛開始只以政治煽動和非法越境罪判了曼德拉五年刑。但是，南非政府搜查「民族之矛」總部，逮捕了大部分核心成員，還繳獲了大批檔案，而這些資料不少都與曼德拉有直接相關。南非政府大喜過望，重開審判。1963年6月12日，曼德拉被以陰謀顛覆罪判處無期徒刑。宣判後，曼德拉立即被送往羅本島（Robben Island）服刑。

羅本島是一個距開普敦（Cape Town）十餘公里的小島，駭人的巨浪加上嚴密的守衛，這裡可說是固若金湯，曼德拉在這裡度過了漫長的二十七年。在監獄裡，曼德拉住在一間狹小的單人牢房裡。牢房裡沒有床、沒有桌椅，只有地上的一張草墊，禦寒之物則僅有三條舊毯子和一塊氈布，根本無法抵禦冬季的寒冷。為了摧垮這些所謂的政治犯的意志，獄方初始整天把他們關在牢房裡，不見天日，後來經過抗爭，他們才被允許參加打石頭、挖石灰等高強度勞動，而終日繁重的勞動使曼德拉的身體變得很糟糕。

做為那個時代世界上「最著名的犯人」，國際上要求釋放曼德拉的呼聲一直沒有停止過，南非政府幾乎每天都能收到抗議書。由於這種壓力，獄方不得不稍稍改善了曼德拉的待遇，不過他還是受到了「特別照顧」：別人可以聽收音機、看報，他不行；別人家屬探監時可以有身體接觸，他不行；別人勞動時一個警衛管一隊，他勞動時三個警衛看他一個……雖然身心都受到了極大的摧殘，但曼德拉卻從來沒有悲觀失望過，也從未放棄過對正義的信仰。

1990年2月11日，南非政府在國內外壓力下，被迫宣布無條件釋放曼德拉，而入獄時正當壯年的曼德拉，此時已經是一位年過七旬的老人。

老驥伏櫪

雖然已經老了，但是曼德拉反對種族隔離制度、建設新南非的雄心壯志從未泯滅。

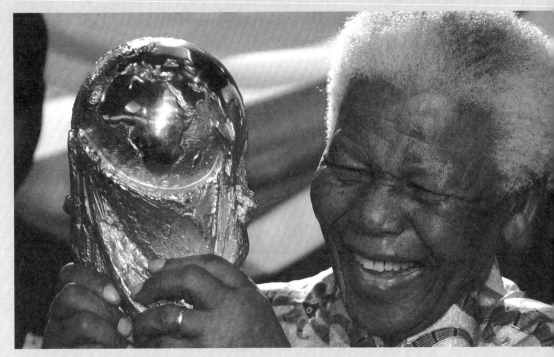

出獄後，他就立即投入工作。1990年3月，他被任命為非洲民族議會副主席、代行主席職務。1991年7月當選為主席。在他領導下，非洲民族議會與南非當局展開談判，商討廢除種族隔離制度。在多方面的努力下，在南非延續了一個多世紀的種族主義制度最終被全面廢止，並制定了種族平等的新憲法。為了表彰曼德拉為廢除南非種族隔離制度所做的貢獻，1993年，他被授予諾貝爾和平獎。1994年，根據新憲法，在南非進行的歷史上首次不分種族的總統選舉中，曼德拉當選為南非第一位黑人總統。

在曼德拉的總統生涯中，他帶領南非人民全力投入到南非的發展中，同時他自己也受到了前所未有的愛戴。雖然功勳卓著，但年邁的曼德拉還是選擇了急流勇退。1997年12月，他辭去非洲民族議會主席一職，並宣

◆「大力神杯」移交給主辦方南非時，曼德拉雙手捧杯的情景

曼德拉原本確定出席南非世界盃開幕式，但因其曾孫女在開幕式前遇車禍身亡而未能出席。閉幕式上，終因身體原因，曼德拉錯過了這屆本土世界盃。

布不再競選總統。1999年6月卸任後，曼德拉仍在為調停地區爭端、防治愛滋病等事務忙碌著。但再偉大的人也有離開人們的一天——2013年12月6日（南非時間2013年12月5日），曼德拉在約翰尼斯堡的住所內逝世，享年九十五歲。

2013年12月15日上午，南非為前總統納爾遜‧曼德拉在其兒時生活過的庫努村，舉行隆重的國葬儀式。來自多個國家的領導人出席葬禮儀式並講話，近五千名各界人士送了曼德拉最後一程。

西元**1951**年至今

◎人物：歐盟各國　◎地點：歐洲　◎關鍵詞：歐洲一體化

歐盟聯體新時光

　　歐洲聯盟簡稱歐盟，總部設在比利時首都布魯塞爾。歐盟是當今世界上一體化程度最高的國家集團，是當今世界經濟和政治舞臺上的一支重要力量。歐盟的發展主要經歷了三個階段：荷盧比三國經濟聯盟、歐洲共同體、歐盟。1991年12月，歐洲共同體馬斯垂克首腦會議通過《歐洲聯盟條約》，通稱《馬斯垂克條約》（簡稱《馬約》）。1993年11月1日，《馬約》正式生效，歐盟正式誕生。

◆第十一任歐盟委員會主席巴羅佐

巴羅佐在擔任歐盟委員會主席之前，曾任葡萄牙總理。

歐洲聯合的呼聲

　　「歐洲聯合」是一個古老的觀念，一般認為自中世紀以來，這種觀念就一直存在於歐洲各民族中。到了二十世紀，歐洲聯合開始有了實質性動作。1900年6月，法國政治科學自由學派在巴黎的會議上第一項議程，就是研究「歐洲聯邦」的可能性。1909年，第一次歐洲聯邦大會在羅馬舉行。1914年，謀求以經濟合作為基礎，建立歐洲聯邦的民間促進組織「歐洲統一聯盟」在倫敦成立，但一戰的爆發破壞了歐盟的進一步建立，使歐盟這一設想成為泡影。不過，血腥的戰爭也使人們對聯邦的憧憬更為強烈了，在法國和義大利都出現了宣導歐洲聯合的呼籲，歐洲人民爭取聯合的行動匯成了泛歐主義的浪潮，到1943年，泛歐大會已經舉辦了五次。

　　二戰中，歐洲再次成為戰爭的策源地和主戰場

之一，戰爭結束時，整個歐洲陷入破敗和蕭條之中，昔日的世界經濟發動機變得千瘡百孔，特別是美國和蘇聯兩個超級大國的崛起，更使歐洲相形見絀。在這樣的情勢下，歐洲聯合的呼聲再次高漲，更為重要的是，與以往主要是民間力量推動不同，歐洲主要國家的領導人也

◆比利時布魯塞爾歐盟總部

產生了聯合的想法。1946年，邱吉爾在瑞士蘇黎世大學發表了題為《歐洲的悲劇》的演說，呼籲：「我們必須建立某種歐洲合眾國！」這篇演說也被認為是二戰後「歐洲聯合」文獻中最重要的一篇。法國領導人戴高樂也一再提到歐洲聯合，他在《戰爭回憶錄》裡寫道：「特別在經濟上，我們希望成立一個西歐集團，它的動脈可能是英吉利海峽、地中海和萊茵河。」德國總理阿登納（Konrad Adenauer）的《回憶錄》也寫道：「歐洲的聯合是絕對迫切需要的。沒有政治上的一致，歐洲各國人民將會淪為超級大國的附庸。」阿登納的話明白指出這些政治家們尋求聯合的一大原因：在英、法、德這些老牌強國地位今非昔比的情況下，抱團來與美蘇抗衡，以保障歐洲不被邊緣化。

歐洲共同體

雖然邱吉爾在戰後首先宣導了歐洲聯合，但是率先邁出第一步的卻是法國。法國顯然也意識到了聯合的必要性，但是與德國的世仇卻成為最大障礙，雖然沒有德國的歐洲聯合是難以想像的，但是要法國主動與德國和解又不可能。還好，戰敗的德國採取了對自己的過去深刻反省的態度。1949年11月3日，阿登納發表了著名的「破冰解凍」演說，表示德國要與法國重建友好合作關係。為了回應德國主動伸出的橄欖枝，法國外長舒曼（Robert Schuman；舊譯徐滿）採納了後來被稱為「歐洲聯合之父」莫內（Jean Monnet）的建議，於1950年5月提出將法德等國的煤炭和鋼鐵生產置於一個超國家的機構控制下，史稱「舒曼計畫」。舒曼計畫提出的當天，就得到了德國方面的積極回應，其他一些國家也表態願意參加這一計畫。1950年6月21日，法國、聯邦德國、義大利、荷蘭、比利時和盧森堡六國，就在巴黎舉行會議磋商舒曼計畫的實施細節，1951年4月18日，六國簽署了《歐洲煤鋼共同體條約》。歐洲煤鋼共同體的成立，標誌著歐洲

◆歐元貨幣

聯合的開始。

1952年底和1953年初，荷蘭外長科恩兩次提出建立六國共同市場，得到一致響應。1953年6月，六國外長在義大利墨西拿通過了《墨西拿決議》，提出成立歐洲經濟共同體。1957年3月，六國外長又聚首羅馬，簽署了《歐洲經濟共同體條約》和《歐洲原子能共同體條約》，在得到各國議會批准後，於1958年1月1日正式生效。另一方面，做為歐洲聯合基礎的法德關係雖然經歷了一些波折，但是在1963年，兩國終於簽署了《法德友好合作條約》，法德全面和解和合作以條約的形式固定下來，而合作的法德也成了歐洲聯合發展的主要動力。1965年4月8日，六國在布魯塞爾簽訂了《關於建立歐洲共同體單一理事會和單一委員會的條約》，決定將煤鋼共同體、經濟共同體和原子能共同體合併，總稱歐洲共同體，簡稱「歐共體」。《布魯塞爾條約》於1967年7月1日生效，三個共同體仍各自獨立存在，但經濟共同體仍位居核心地位。

反觀英國，它對歐共體的態度則經歷了從對立到主動靠攏的轉變。最初，英國聯合其他一些國家成立了自由貿易聯盟，試圖與歐共體分庭抗禮，但是很快就敗下陣來。不得已，英國開始尋求加入歐共體，但是它在1961年和1967年的兩次申請都遭到拒絕，直到1973年才和愛爾蘭、丹麥一起被接納。此後，希臘、西班牙和葡萄牙先後加入，使歐共體成員國達到十二個。

歐共體內部建立起了關稅同盟，統一了外貿政策和農業政策，創立了歐洲貨幣體系，並建立了統一預算和政治合作制度，逐

步發展成為歐洲國家經濟、政治利益的代言人。1990年，歐共體各國國內生產總值首次超過了美國和日本，出口貿易額占世界貿易總額的百分之四十，成為當時世界上最大、一體化程度最高的區域經濟組織。

歐洲聯盟

慢慢地，歐共體國家間的關係愈來愈密切，偏重經濟的歐共體愈來愈無法滿足國家間這種關係的需要，超越經濟的聯合成為歐洲面臨的新任務。1991年12月11日，歐共體馬斯垂克（Maastricht）首腦會議，通過了以建立歐洲經濟貨幣聯盟和歐洲政治聯盟為目標的《歐洲聯盟條約》，亦稱《馬斯垂克條約》（簡稱《馬約》）。1993年11月1日《馬約》正式生效，歐共體更名為歐盟，這標誌著歐共體從經濟實體過渡到經濟政治實體。1995年，奧地利、瑞典和芬蘭加入，使歐盟成員國達到十五個。

1999年，歐盟迎來了歷史上嶄新的一頁，從這一年1月1日起，歐盟的統一貨幣——歐元開始使用，除英國、希臘、瑞典和丹麥外的十一個國家於1998年首批成為歐元國，後來希臘於2000年加入歐元區，這些國家的貨幣政策從此統一交由設在德國法蘭克福的歐洲中央銀行負責。2002年1月1日零時，歐元正式流通，如今歐元區已擴大到十六個國家，它已成為世界上重要的國際結算貨幣。

2002年 11月18日，歐盟十五國外長會議決定邀請賽普勒斯、匈牙利、捷克、愛沙尼亞、拉脫維亞、立陶宛、馬爾他、波蘭、斯洛伐克和斯洛文尼亞等十個國家入盟。2003年4月16日，在雅典舉行的歐盟首腦會議上，上述十國正式簽署入盟協定。2004年5月1日，這十個國家正式成為歐盟成員國，歐盟完成了第五次也是規模最大的一次擴大。2007年1月，歐盟又迎來了羅馬尼亞和保加利亞兩國的加盟。經歷了六次擴大的歐盟如今已經成為一個包括二十七個國家、總人口超過四‧九億的龐然「大國」。

歐盟成立以來，各成員國經濟發展迅速，1995年至2000年間經濟成長速度達3%，人均國內生產總值由1997年的一‧九萬美元上升到1999年的二‧〇六萬美元。如今，歐盟國民生產總值高達十三萬億多美元，已經超過了美國，成為世界第一大經濟實體。

正如在前文提到的，歐洲聯合的進程遠沒有停歇。可以預見，前進的歐盟將來會給歐洲，甚至世界帶來更多有益的變化。

歐盟主要機構

- 歐洲理事會——即歐盟首腦會議，為最高決策機構。
- 歐盟理事會——即歐盟各國部長理事會，是歐盟的決策機構。
- 歐盟委員會——歐盟的常設執行機構。
- 歐洲議會——歐盟的立法、監督和諮詢機構。
- 歐洲法院——歐盟的仲裁機構。
- 歐洲審計院——負責歐盟的財政和審計管理。

西元**2001**年9月

○人物：布希　賓拉登　○地點：美國　○關鍵詞：恐怖攻擊

驚世撞擊「9‧11」

　　美國東部時間2001年9月11日，被劫持的飛機震驚了全世界的人們——兩架飛機先後撞上紐約世界貿易中心的雙子星大樓，兩座大樓立即燃起熊熊大火，很快就轟然倒塌；一架飛機撞上美國國防部，五角大樓局部結構被撞得面目全非。第四架則墜毀在賓夕法尼亞州。美國民眾和世界各地的人們透過電視鏡頭目睹了這一幕，有人失聲痛哭，有人目瞪口呆，也有人拍手稱快，可是誰能想到這一撞，世界就此改變。

驚天一撞

　　2001年9月11日，紐約的天氣很不錯，這個世界上最繁華都市的人們還是像往日那樣充滿自信地忙碌著，誰也沒想到這一天會是一個改變世界的日子。

　　這天早上，四趟航班如往常般開始了例行飛行——分別是美國航空公司從波士頓飛往洛杉磯的11次、175次航班，執行飛行任務的是兩架波音757；美國航空公司從華盛頓飛往洛杉磯的77次航班和美國聯合航空公司從紐澤西飛往舊金山的93次航班，是兩架波音767。不過，讓大家想不

◆美國紐約世貿大樓

到的是，飛機上已經混入了恐怖分子！

　　起飛二十分鐘後，恐怖分子就動手了。8時19分，11次航班的服務員向公司報告飛機可能已經被劫持。美國航空公司立即向空管部門報告這一情況。空管部門立即啟動應急機制，要求美國軍方協助攔截，而此時11次航班已經掉轉航向飛向紐約。美國空軍的兩架F-15戰機緊急升空準備攔截11次航班，但就在他們剛剛起飛的8時46分10秒，11次航班以近八百公里的時速撞上了位於紐約曼哈頓島西南端的世界貿易中心雙子星大樓的北樓。飛機撞進了這座一百一十層摩天大樓的九十四層至九十八層之間，大樓立即起火。由於所有通道都被阻斷，撞機位置以上的人們全部被困。就在人們還以為這是一起悲慘的航空事故時，9時02分54秒，175次航班以更高的速度撞向世界貿易中心雙子星大樓南樓的七十八層至八十四層處，並立即發生爆炸，部分飛機殘骸直衝出樓體，一直掉到六個街區之外。9時37分，77次航班又撞上了位於華盛頓市西南部的美國國防部五角大樓，雖然幸運的是這個地方剛剛翻修過還沒完全投入使用，但是也造成了一百多人死亡。10時03分11秒，一直沒有消息的93次航班墜毀在賓夕法尼亞州尚克斯維爾附近，機上無一人生還，後來據攻擊策畫者透露，這架飛機的目標是美國國會大廈，行動代號是「法律工廠」。

　　8時49分，美國有線電視網開始對撞機事件進行直播報導。9時59分04秒，南樓轟然倒塌，10時28分31秒，北樓也自上而下坍塌。轉眼間，高度名列世界第五、美國第二

◆爆炸中的美國紐約世貿大樓

的世貿中心雙子星大樓接連倒地，把二千八百一十九人埋在了下面，全世界億萬觀眾見證了這可怕的一幕。

　　這四起劫機事件顯然是經過精心策畫，以恐怖攻擊為目的。飛機雖然以位於美國東海岸的紐約和華盛頓為目標，但劫機者劫持的，都是從東海岸飛往西海岸的長途航班。這樣剛剛起飛的飛機上載有大量燃料，無異於四顆炸彈，據估計11次航班就把至少六十九噸燃料傾進世貿北樓，引起的熊熊大火破壞了大樓的結構而倒塌。另外，757和767這兩種型號的波音飛機正是採用了相同的駕駛艙模組，說明恐怖分子所受的飛行訓練是有針對性的，後來的調查也證實了這一點。

　　襲擊目標顯然也是精心挑選的。華盛頓是美國的首都、政治中心，國會大廈是其樞紐，五角大樓是美軍的指揮中心；紐約是美國的經濟、文化中心，而世貿中心是世界上最大的商業建築群，是美國的金融、貿易中心之一，高達415.14公尺的雙子星既是紐約的標誌性建築，也可以說是美國的象徵，襲

◆遭撞擊後的美國五角大樓

擊這些地方可以給美國造成最大的傷害。四次航班的起飛時間很相近，説明恐怖分子想在同一時間發動襲擊，以製造最大影響。

美國的反擊

襲擊發生後，美國聯邦航空管理局迅速宣布關閉領空，所有飛機必須立即降落，國際航班則須轉飛加拿大或墨西哥。當時美國總統小布希正在佛羅里達州一所學校參觀，出於安全考慮，立即登上「空軍一號」總統專機升空。在飛機上，小布希授權美國空軍，可以擊落任何一架對美國造成危險的可疑飛機。地面上，白宮、財政部、國會大廈等美國主要國家機構開始撤離工作人員，位於紐約的聯合國總部也實施了緊急疏散措施，紐約曼哈頓地區隨後也全面疏散。為了防止不測，美軍還封鎖了美墨邊境，航空母艦也開進了紐約港，大批軍艦在東海岸巡弋，美國進入了高度戒備狀態。

在美國上空忙碌了幾乎一個白天後，小布希在下午6時54分重返白宮。晚上8時30分，小布希發表電視講話，向恐怖主義宣戰：「今天，我們的同胞、我們的生活及我們珍視的自由受到了恐怖主義分子的攻擊……恐怖攻擊可以震撼我們的建築，但無法動搖我們國家牢固的基礎。這些行徑可以粉碎鋼鐵，但無法挫傷美國人民捍衛國家的決心……我已下令找出肇事元凶，並將其繩之以法。膽敢包庇肇事者的人也會被我們視為恐怖分子……美國過去能，今天也會戰勝自己的敵人。」小布希強硬的表現鼓舞了所有美國人，也讓他的支持率竄升到驚人的百

分之八九・五八。

人們都說「911」事件和六十年前的珍珠港很像，都是美國受到了突然襲擊。不過與珍珠港不同的是，「911」發生在從未受過直接攻擊的美國本土而非外島，而且小布希也不像羅斯福那樣知道敵人是誰，是個人、團體還是某個國家。儘管如此，美國高層還是很快就鎖定了目標。9月13日，美國國務卿鮑爾（Colin Luther Powell）宣布奧薩馬・賓拉登（Osama bin Ladin）是襲擊的幕後主使。

美國決心把賓拉登繩之以法。9月16日，鮑爾向塔利班（Taliban）政權發出最後通牒，不是交出賓拉登，就是開戰。但是由於基地組織雖然為攻擊事件額手稱慶，但並未公開承認對此負責，所以塔利班拒絕交出賓拉登。第二天，一個巴基斯坦代表團到阿富汗遊說塔利班交出賓拉登，但是無功而返，塔利班還封鎖了阿富汗領空，宣稱將擊退任何入侵者。

面對恐怖攻擊，幾乎全世界都站到了美國一邊，各國領導人紛紛發電慰問，並聲明支持美國的反恐行動。聯合國也於9月28日通過1373號決議，為全球反恐合作指引了方向。9月19日，美軍開始向阿富汗周邊部署軍隊，反恐戰爭已是箭在弦上。

美國東部時間2001年10月7日中午12時30分（當地時間晚上9點），美英聯軍開始了對阿富汗的軍事攻擊，向塔利班武裝和基地組織的訓練營投下了難以計數的炸彈和飛彈。此後，美英軍隊一直在阿富汗搜尋賓拉登，不斷地打擊殘餘塔利班武裝和基地組

織。只是美國設想不到的是，他們為此整整花了十年時間——2011年5月1日，賓拉登終結被美軍擊斃。

時至今日，「911」事件已經過去十多年，恐怖頭子賓拉登也已被擊斃多年，但恐怖分子依然存在，恐怖活動依然不時出現，人類反恐的道路依然很漫長。

◆ 驚恐911

「911」恐怖攻擊事件，給太多的家庭帶來了傷痛，他們無法相信瞬間失去親人的現實。照片上家屬將親人的照片，放在被恐怖分子襲擊過後的廢墟上，以此表達無盡的痛苦和悲憤。

西元二十世紀**40**年代至今

◎人物：阿姆斯壯　◎地點：全球　◎關鍵詞：第三次工業革命

新世紀新革命

　　繼第一次以蒸汽技術和第二次以電力技術為主的科技革命之後，人類文明又進入了以原子能、電子電腦、空間技術和生物工程等為標誌，涉及資訊技術、新能源技術和新材料技術等領域的新革命。人們將此次給人類社會生活和現代化發展推向更高境界的重大飛躍，定義為「第三次工業革命」。

人造衛星飛上天

　　1957年10月4日，蘇聯貝康諾太空發射場（Baikonur Cosmodrome）上，碩大的R-7型洲際彈道飛彈噴射出熾熱的火焰，這不僅僅是一次出於軍事目的的發射，還把人類歷史上第一顆人造衛星「史普尼克一號」（Sputnik 1；或稱「伴侶一號」）送上了天，標誌著「太空時代」的來臨。

　　第二次世界大戰之後，蘇聯得到了納粹德國研製出的V-2型火箭技術和一批工程師，這形成了蘇聯軍方研發洲際彈道飛彈和運載火箭的全部家底。在國內經濟因戰爭而遭受巨大創傷的情況下，蘇聯還是對軍方的這一研究給予充分的支持。很快地，蘇聯就在大推力火箭方面取得突破性的進展。

　　1957年8月21日，蘇聯第一枚R-7型多級遠端彈道火箭向太平洋進行全程發射試驗成功。隨後，火箭專家柯羅列夫（Sergei Korolev）趁機向蘇聯政府建議用R-7型火箭發射一枚衛星。

　　在研造衛星的同時，柯羅列夫還主持對R-7型火箭進行改造，成功研製「衛星」號運載火箭。這種火箭由一枚核心火箭和四

◆第一顆人造衛星「史普尼克一號」模型

個助推火箭捆綁構成。發射後，核心火箭和助推火箭同時點火，在到達預定速度時，助推火箭先行熄火並分離，核心火箭則繼續工作直到把衛星送入軌道。為了控制航向，火箭上還加裝了十二具可以擺動的小型游標發動機。

1957年10月4日，載著「史普尼克一號」的「衛星」號運載火箭，在位於哈薩克大草原腹地的貝康諾太空發射場發射升空。第二天，塔斯社（TACC）播發了新聞，宣布人造衛星發射成功。消息傳出，全世界的目光都聚集到太空中這個耀眼的「小球」身上。這一爆炸性新聞在讓大家為之興奮和驚奇的同時，也讓當日蘇聯的頭號敵人美國如

◆ 史普尼克一號

各國太空人員在柯羅列夫博物館中，參加有關第一顆人造衛星「史普尼克一號」的紀念活動。

坐針氈。美國總統艾森豪不安地認為，做為核超級大國的蘇聯，在航太技術方面也超越了美國，在人類頭頂幾百公里處首先擁有了「獨家發言權」。於是，艾森豪總統私下裡匆忙召集了會議，與科學界領袖商討對策，最終促成了次年美國航空暨太空總署（NASA）的成立，拉開了美蘇太空爭霸的序幕。

「史普尼克一號」在天空中運行了九十二天，繞地球約一千四百圈，行程六千萬公里，於1958年1月4日隕落。

「阿波羅」載人登月

◆美國太空人阿姆斯壯在月球上行走

說起登月，就不能不提當時美蘇爭霸的大環境。做為二戰後唯一的兩個超級大國，美蘇理所當然地站在進軍外太空的最前沿，並把這一領域做為展現自己實力和牽制對手的重要管道。在最初的較量中，蘇聯占得先機。1957年10月4日，蘇聯發射了世界上第一顆人造地球衛星。1961年4月12日，蘇聯又率先用「東方一號」太空船把太空人尤里·加加林（Yuri Gagarin）送入太空並安全返回。面對窘境，美國只能是見招拆招，什麼都比蘇聯慢了一拍。人類首次涉足外太空之後，做為距離地球最近的星體——月球理所當然地成為美蘇下一局較量的賽場。在這場科技和金錢的大比拚中，最終美國笑到了最後。

1969年7月20日16時17分，「阿波羅11號」登月艙在月球的靜海安全著陸。22點56分，美國太空人阿姆斯壯從登月艙的梯子上爬下，踩在了月球的土地上，留下了人類在月球的第一個腳印。

就這樣，美國進行的世界上第一次登月飛行取得了成功。隨後，美國又進行了六次登月飛行，除了「阿波羅13號」發生事故外，整個「阿波羅」登月計畫共把十二名太空人送上月球。這些太空人在月球上總共待了三百零二小時二十分鐘，在月球上設立了核動力科學站，進行了一連串科學實驗。

經過歷次月球之旅，人類獲取了很多關於月球的資訊，帶回的月球岩石和土壤樣品就達到了三百八十一公斤，其中還包括年齡達四十六億年的結晶岩，為研究太陽系的形成提供了新材料。

一網聯天下

1946年，世界上第一臺電子電腦在美國誕生，剛開始只是用於軍事目的，而且這種使用電子管的電腦是占地約五十多坪，重達三十噸，需要一百千瓦電力支援的龐然大物。

1969年12月，美國國防部研究計畫署（ARPA）建立了一個小型軍用網，稱為美國國防部研究計畫署網路（ARPANET，阿帕網），把美國西南部四所大學的四臺電腦連接起來供科學家們進行電腦聯網實驗。

在阿帕網技術的基礎上，又形成了幾十個新的區域網路，但是每個網路只能實現本網路內部電腦之間的通訊，而無法實現跨網互通。為了解決這一問題，美國國防部研究計畫署又資助學術界和工商界對此問題進行科學與技術的突破，以期打造出真正的互聯網。這種無邊界（既可以內部互聯，也可以無限接入新的電腦）的網路，被定名為IN-TERNETWORK，簡稱INTERNET，也就是網際網路（互聯網）。

2009年全球網際網路用戶已經超過十億，也就是說全世界每六個人中就有一個人是網路使用者。

網路的出現改變了這個世界，使人們的生活發生了根本的改變。這個依靠光纖、電話線和網路線，把遍布全球的電腦連接起來的龐大網路，以大數據為人們提供各種服務，成了很多人無法離開的生活必需品。

第三次技術革命就這樣慢慢開始了。它的規模、深度和影響，遠遠超越了前兩次技術革命。它成了加速現代生產力發展和推動人類進步的巨大動力之一。

「挑戰者」號殉難

1986年1月28日，美國「挑戰者」號發射升空。但七十三秒之後，「挑戰者」號突然爆炸。伴隨著巨大的響聲和耀眼的火球，價值十二億美元的太空船灰飛煙滅，機上七名太空人也全部遇難。

此次飛機上天，美國還做了一個大膽的決定——首次搭乘了來自民間的女教師麥考利夫。所以這次發射備受關注，幾乎全美國的中小學生都在電視機前等著目睹這一偉大時刻。但結果看到了這令人心碎的一幕。

人類登天路上的這次巨大挫折，給美國人乃至全世界人留下了難以磨滅的痛苦記憶。

大事年表 Chronology of Events

300萬年前—六世紀

約前3100年，埃及形成統一的奴隸制國家。

約前3000年，兩河流域出現奴隸制城市國家。

約前2100年，埃及奴隸和貧民大起義。

前1894年，古巴比倫王國建立。

前539年，波斯占領巴比倫。

前525年，波斯占領埃及。

前509年，羅馬成立貴族專政的奴隸制共和國。

前330年，波斯被馬其頓占領。

前3世紀，摩伽陀國統一印度大部分地區。

前73年，斯巴達克斯起義。

前27年，屋大維建立羅馬元首制，共和國轉為帝國。

三世紀，日本奴隸制國家興起。

313年，基督教在羅馬取得合法地位。

395年，羅馬分裂為東西兩部。

476年，西羅馬帝國滅亡，西歐奴隸制度崩潰。

六世紀，法蘭克王國建立。

六世紀—1487年

622年，穆罕默德從麥加出走麥地那，伊斯蘭教紀元。

646年，日本大化改新。

676年，新羅統一朝鮮。

八世紀中期，阿拉伯帝國形成。

九世紀早期，英吉利王國形成。

九世紀，封建制度在西歐開始形成。

962年，神聖羅馬帝國建立。

1054年，基督教會分裂。

1066年，法國諾曼第公爵征服英國。

1192年，日本幕府政治建立。

十三世紀，衣索比亞封建國家興起。

十四世紀，歐洲文藝復興運動開始。

1337年，英法百年戰爭開始。

1358年，法國農民起義。

1453年，東羅馬帝國滅亡，英法百年戰爭結束。

1480年，俄羅斯擺脫蒙古控制。

1487年，迪亞士到達好望角。

1492年—1775年

1492年，哥倫布初次到達美洲。

1497年，達·伽馬開闢西歐到印度的新航路。

1517年，馬丁·路德發動宗教改革。

1519年，麥哲倫船隊環航地球。

1524年，德意志農民起義。

1588年，英國海軍擊敗西班牙「無敵艦隊」。

1592年，朝鮮軍民抗擊日本侵略的衛國戰爭。

1600年，英國東印度公司建立。

1640年，英國資產階級革命開始。

1649年，英國國王查理一世被處死。

1660年，英國斯圖亞特王朝復辟。

1688年，英國政變，資產階級和新貴族的統治確立。

1689年，中俄簽訂《尼布楚條約》。

十八世紀中期，英國打敗法國，成為最強大的殖民國家。

十八世紀六〇年代，英國工業革命開始。

1775年，北美獨立戰爭開始。

1776年—1857年

1776年，《獨立宣言》發表，美國成立。

1785年，瓦特改良蒸汽機。

1789年，巴黎人民攻占巴士底監獄。

1792年，法蘭西第一共和國成立。

1793年，法國雅各賓派專政。

1794年，法國資產階級革命結束。

1804年，拿破崙稱帝，法蘭西第一帝國開始。

1810，拉丁美洲反對西班牙殖民統治的獨立運動開始。

1831年和1834年，法國里昂工人起義。

1836年，英國憲章運動開始。

1844年，西里西亞工人起義。

1848年，歐洲革命開始。

1848年，法國二次革命。

1848年，法國巴黎工人六月起義。

1853年，俄、英、法克里米亞戰爭開始。

1857年，印度民族起義開始。

大事年表 Chronology of Events

1858年—1910年

1858年，《中俄璦琿條約》簽訂。

1860年，《中俄北京條約》簽訂。

1861年，美國內戰開始。

1864年，第一國際成立。

1868年，日本明治維新開始。

1870年，普法戰爭開始。

1871年，巴黎公社運動。

1876年，第一國際宣布解散。

1881年，蘇丹馬赫迪反英大起義開始。

1882年，德、奧、義三國同盟形成。

1886年，美國工人舉行爭取八小時工作日的總罷工。

1889年，第二國際建立。

1892年，俄法簽訂軍事協定。

1894年，朝鮮甲午農民戰爭。

1895年，衣索比亞抗義衛國戰爭開始。

1903年，俄國布爾什維克黨形成。

1905年，俄國爆發資產階級民主革命。

1907年，英、法、俄協約最後形成。

1910年，墨西哥資產階級革命開始。

1914年—1932年

1914年，第一次世界大戰開始。

1917年，俄國十月革命勝利。

1918年，德國十一月革命爆發。

1918年，印度民族解放運動高漲。

1919年1月，德國柏林起義。

1919年3月，埃及人民武裝起義。

1919年3月，共產國際成立。

1919年1月，巴黎和會開始。

1922年10月，義大利墨索里尼上臺。

1922年12月，蘇維埃社會主義共和國聯盟成立。

1923年，土耳其共和國成立。

1929年，資本主義世界經濟危機開始。

1931年，日本開始侵略中國東北地區。

1932年，朝鮮抗日游擊隊誕生。

1933年—1945年

1933年1月，德國希特勒
上臺。

1933年3月，羅斯福
就任總統，實行
「新政」。

1935年，衣索比亞反
義大利侵略的民族解
放戰爭開始。

1936年，西班牙反法西斯的民族革命戰爭開
始。

1937年，中國全面抗日。

1938年，慕尼黑會議。

1939年，第二次世界大戰全面爆發。

1940年，德、義、日三國同盟條約簽訂。

1941年，蘇聯衛國戰爭開始。

1942年，蘇聯史達林格勒保衛戰。

1943年，德黑蘭會議。

1944年，諾曼第登陸，歐洲第二戰場
開闢。

1945年2月，雅爾達會
議。

1945年5月，德國無條
件投降。

1945年—2001年

1945年7月，波茨坦會議。

1945年9月，日本無條件投降。

1945年10月，聯合國建立。

1948年，美國開始實行「馬歇爾
計畫」。

1949年4月，北大西洋公約組
織成立。

1949年10月，中華人民共和國
成立。

1950年，美國入侵朝鮮開始。

1959年，古巴革命勝利。

二十世紀六〇年代初，美國入侵越南開始。

1967年，歐洲共同體成立。

1971年，中國在聯合國的合法席位得到恢
復。

1978年，中國共產黨十一屆三中全會召開。

1979年，中美建交。

1990年，波灣戰爭開始。

1991年，蘇聯解體。

1992年，北美自由貿
易區形成。

1993年，歐洲聯盟建
立。

2001年，911恐
怖攻擊事件。

這樣看圖讀歷史超有趣，266張精美圖片＋大師畫作，讓你秒懂世界史